POESÍA
COMPLETA

JORGE LUIS BORGES

POESÍA
COMPLETA

Jorge Luis Borges nació en 1899 en Buenos Aires. En 1914 se mudó con su familia a Suiza y vivió también en España, donde comenzó a publicar en distintas revistas literarias. En 1921, de regreso en Buenos Aires, participó activamente de la vida cultural del momento; fundó las revistas *Prisma* y *Proa,* y firmó el primer manifiesto ultraísta. En 1923 publicó su libro de poesía *Fervor de Buenos Aires* y en 1935, *Historia universal de la infamia.* En las décadas siguientes, su obra creció: publicó diversos libros de poesía, cuento y ensayo, así como numerosos trabajos en colaboración. Fue presidente de la Sociedad Argentina de Escritores, director de la Biblioteca Nacional, miembro de la Academia Argentina de Letras, profesor universitario y conferencista. Entre los premios que obtuvo, cabe destacar el Premio Nacional de Literatura, el Formentor y el Cervantes. Considerado uno de los más importantes autores en lengua hispana de todos los tiempos, recibió el título de doctor *honoris causa* de las universidades de Columbia, Yale, Oxford, Michigan, Santiago de Chile, La Sorbona y Harvard. Falleció en Ginebra en 1986.

POESÍA COMPLETA

JORGE LUIS BORGES

VINTAGE ESPAÑOL
Una división de Random House, Inc.
Nueva York

A Leonor Acevedo de Borges

Quiero dejar escrita una confesión, que a un tiempo será íntima y general, ya que las cosas que le ocurren a un hombre les ocurren a todos. Estoy hablando de algo ya remoto y perdido, los días de mi santo, los más antiguos. Yo recibía los regalos y yo pensaba que no era más que un chico y que no había hecho nada, absolutamente nada, para merecerlos. Por supuesto, nunca lo dije; la niñez es tímida. Desde entonces me has dado tantas cosas y son tantos los años y los recuerdos. Padre, Norah, los abuelos, tu memoria y en ella la memoria de los mayores —los patios, los esclavos, el aguatero, la carga de los húsares del Perú y el oprobio de Rosas—, tu prisión valerosa, cuando tantos hombres callábamos, las mañanas del Paso del Molino, de Ginebra y de Austin, las compartidas claridades y sombras, tu fresca ancianidad, tu amor a Dickens y a Eça de Queiroz, Madre, vos misma.

Aquí estamos hablando los dos, et tout le reste est littérature *como escribió, con excelente literatura, Verlaine.*

J. L. B.

I do not set up to be a poet. Only an allround literary man: a man who talks, not one who sings... Excuse this apology, but I don't like to come before people who have a note of song, and let it be supposed I do not know the difference.

The Letters of Robert Louis Stevenson
II, 77 (London, 1899)

POESÍA COMPLETA

PRÓLOGO

*Este prólogo podría denominarse la estética de Berkeley, no porque la
haya profesado el metafísico irlandés –una de las personas más queri-
bles que en la memoria de los hombres perduran–, sino porque aplica
a las letras el argumento que éste aplicó a la realidad. El sabor de la
manzana (declara Berkeley) está en el contacto de la fruta con el pa-
ladar, no en la fruta misma; análogamente (diría yo) la poesía está en
el comercio del poema con el lector, no en la serie de símbolos que re-
gistran las páginas de un libro. Lo esencial es el hecho estético, el* thrill,
*la modificación física que suscita cada lectura. Esto acaso no es nuevo,
pero a mis años las novedades importan menos que la verdad.*

*La literatura impone su magia por artificios; el lector acaba por
reconocerlos y desdeñarlos; de ahí la constante necesidad de mínimas
o máximas variaciones, que pueden recuperar un pasado o prefigurar
un porvenir.*

*He compilado en este volumen toda mi obra poética, salvo algún
ejercicio cuya omisión nadie deplorará o notará y que (como de cier-
tos cuentos de* Las mil y una noches *dijo el arabista Edward William
Lane) no podía ser purificado sin destrucción. He limado algunas
fealdades, algún exceso de hispanismo o argentinismo, pero en gene-
ral, he preferido resignarme a los diversos o monótonos Borges de
1923, 1925, 1929, 1960, 1964, 1969 así como al de 1976 y 1977.
Esta suma incluye un breve apéndice o museo de poesías apócrifas.*

*Como todo joven poeta, yo creí alguna vez que el verso libre es
más fácil que el verso regular; ahora sé que es más arduo y que re-
quiere la íntima convicción de ciertas páginas de Carl Sandburg o de
su padre, Whitman.*

*Tres suertes puede correr un libro de versos: puede ser adjudicado
al olvido, puede no dejar una sola línea pero sí una imagen total del
hombre que lo hizo, puede legar a las antologías unos pocos poemas.*

Si el tercero fuera mi caso yo querría sobrevivir en el «Poema conjetural», en el «Poema de los dones», en «Everness», en «El Golem» y en «Límites». Pero toda poesía es misteriosa; nadie sabe del todo lo que le ha sido dado escribir. La triste mitología de nuestro tiempo habla de la subconsciencia o, lo que aún es menos hermoso, de lo subconsciente; los griegos invocaban la musa, los hebreos el Espíritu Santo; el sentido es el mismo.

J. L. B.

FERVOR DE BUENOS AIRES

(1923)

PRÓLOGO

No he reescrito el libro. He mitigado sus excesos barrocos, he limado
asperezas, he tachado sensiblerías y vaguedades y, en el decurso de
esta labor a veces grata y otras veces incómoda, he sentido que aquel
muchacho que en 1923 lo escribió ya era esencialmente –¿qué signi-
fica esencialmente?– el señor que ahora se resigna o corrige. Somos
el mismo; los dos descreemos del fracaso y del éxito, de las escuelas
literarias y de sus dogmas; los dos somos devotos de Schopenhauer,
de Stevenson y de Whitman. Para mí, Fervor de Buenos Aires pre-
figura todo lo que haría después. Por lo que dejaba entrever, por lo
que prometía de algún modo, lo aprobaron generosamente Enrique
Díez-Canedo y Alfonso Reyes.

Como los de 1969, los jóvenes de 1923 eran tímidos. Temerosos
de una íntima pobreza, trataban como ahora de escamotearla bajo
inocentes novedades ruidosas. Yo, por ejemplo, me propuse dema-
siados fines: remedar ciertas fealdades (que me gustaban) de Miguel
de Unamuno, ser un escritor español del siglo XVII, ser Macedonio
Fernández, descubrir las metáforas que Lugones ya había descubier-
to, cantar un Buenos Aires de casas bajas y, hacia el poniente o hacia
el Sur, de quintas con verjas.

En aquel tiempo, buscaba los atardeceres, los arrabales y la desdi-
cha; ahora, las mañanas, el centro y la serenidad.

J. L. B.

Buenos Aires, 18 de agosto de 1969

A quien leyere

Si las páginas de este libro consienten algún
verso feliz, perdóneme el lector la descortesía
de haberlo usurpado yo, previamente. *Nues-*
tras nadas poco difieren; es trivial y fortuita la
circunstancia de que seas tú el lector de estos
ejercicios, y yo su redactor.

J. L. B.

LA RECOLETA

Convencidos de caducidad
por tantas nobles certidumbres del polvo,
nos demoramos y bajamos la voz
entre las lentas filas de panteones,
cuya retórica de sombra y de mármol
promete o prefigura la deseable
dignidad de haber muerto.
Bellos son los sepulcros,
el desnudo latín y las trabadas fechas fatales,
la conjunción del mármol y de la flor
y las plazuelas con frescura de patio
y los muchos ayeres de la historia
hoy detenida y única.
Equivocamos esa paz con la muerte
y creemos anhelar nuestro fin
y anhelamos el sueño y la indiferencia.
Vibrante en las espadas y en la pasión
y dormida en la hiedra,
sólo la vida existe.
El espacio y el tiempo son formas suyas,
son instrumentos mágicos del alma,
y cuando ésta se apague,
se apagarán con ella el espacio, el tiempo y la muerte,
como al cesar la luz
caduca el simulacro de los espejos
que ya la tarde fue apagando.
Sombra benigna de los árboles,
viento con pájaros que sobre las ramas ondea,
alma que se dispersa en otras almas,

fuera un milagro que alguna vez dejaran de ser,
milagro incomprensible,
aunque su imaginaria repetición
infame con horror nuestros días.
Estas cosas pensé en la Recoleta,
en el lugar de mi ceniza.

EL SUR

Desde uno de tus patios haber mirado
las antiguas estrellas,
desde el banco de sombra haber mirado
esas luces dispersas,
que mi ignorancia no ha aprendido a nombrar
ni a ordenar en constelaciones,
haber sentido el círculo del agua
en el secreto aljibe,
el olor del jazmín y la madreselva,
el silencio del pájaro dormido,
el arco del zaguán, la humedad
—esas cosas, acaso, son el poema.

CALLE DESCONOCIDA*

Penumbra de la paloma
llamaron los hebreos a la iniciación de la tarde
cuando la sombra no entorpece los pasos
y la venida de la noche se advierte
como una música esperada y antigua,
como un grato declive.
En esa hora en que la luz
tiene una finura de arena,
di con una calle ignorada,
abierta en noble anchura de terraza,
cuyas cornisas y paredes mostraban
colores tenues como el mismo cielo
que conmovía el fondo.
Todo —la medianía de las casas,
las modestas balaustradas y llamadores,
tal vez una esperanza de niña en los balcones—
entró en mi vano corazón
con limpidez de lágrima.
Quizá esa hora de la tarde de plata
diera su ternura a la calle,
haciéndola tan real como un verso
olvidado y recuperado.
Sólo después reflexioné
que aquella calle de la tarde era ajena,
que toda casa es un candelabro
donde las vidas de los hombres arden
como velas aisladas,
que todo inmeditado paso nuestro
camina sobre Gólgotas.

LA PLAZA SAN MARTÍN

A Macedonio Fernández

En busca de la tarde
fui apurando en vano las calles.
Ya estaban los zaguanes entorpecidos de sombra.
Con fino bruñimiento de caoba
la tarde entera se había remansado en la plaza,
serena y sazonada,
bienhechora y sutil como una lámpara,
clara como una frente,
grave como ademán de hombre enlutado.
Todo sentir se aquieta
bajo la absolución de los árboles
–jacarandás, acacias–
cuyas piadosas curvas
atenúan la rigidez de la imposible estatua
y en cuya red se exalta
la gloria de las luces equidistantes
del leve azul y de la tierra rojiza.
¡Qué bien se ve la tarde
desde el fácil sosiego de los bancos!
Abajo
el puerto anhela latitudes lejanas
y la honda plaza igualadora de almas
se abre como la muerte, como el sueño.

EL TRUCO*

Cuarenta naipes han desplazado la vida.
Pintados talismanes de cartón
nos hacen olvidar nuestros destinos
y una creación risueña
va poblando el tiempo robado
con las floridas travesuras
de una mitología casera.
En los lindes de la mesa
la vida de los otros se detiene.
Adentro hay un extraño país:
las aventuras del envido y del quiero,
la autoridad del as de espadas,
como don Juan Manuel, omnipotente,
y el siete de oros tintineando esperanza.
Una lentitud cimarrona
va demorando las palabras
y como las alternativas del juego
se repiten y se repiten,
los jugadores de esta noche
copian antiguas bazas:
hecho que resucita un poco, muy poco,
a las generaciones de los mayores
que legaron al tiempo de Buenos Aires
los mismos versos y las mismas diabluras.

UN PATIO

Con la tarde
se cansaron los dos o tres colores del patio.
Esta noche, la luna, el claro círculo,
no domina su espacio.
Patio, cielo encauzado.
El patio es el declive
por el cual se derrama el cielo en la casa.
Serena,
la eternidad espera en la encrucijada de estrellas.
Grato es vivir en la amistad oscura
de un zaguán, de una parra y de un aljibe.

INSCRIPCIÓN SEPULCRAL

Para mi bisabuelo
el coronel Isidoro Suárez

Dilató su valor sobre los Andes.
Contrastó montañas y ejércitos.
La audacia fue costumbre de su espada.
Impuso en la llanura de Junín
término venturoso a la batalla
y a las lanzas del Perú dio sangre española.
Escribió su censo de hazañas
en prosa rígida como los clarines belísonos.
Eligió el honroso destierro.
Ahora es un poco de ceniza y de gloria.

LA ROSA

A Judith Machado

La rosa,
la inmarcesible rosa que no canto,
la que es peso y fragancia,
la del negro jardín en la alta noche,
la de cualquier jardín y cualquier tarde,
la rosa que resurge de la tenue
ceniza por el arte de la alquimia,
la rosa de los persas y de Ariosto,
la que siempre está sola,
la que siempre es la rosa de las rosas,
la joven flor platónica,
la ardiente y ciega rosa que no canto,
la rosa inalcanzable.

BARRIO RECUPERADO

Nadie vio la hermosura de las calles
hasta que pavoroso en clamor
se derrumbó el cielo verdoso
en abatimiento de agua y de sombra.
El temporal fue unánime
y aborrecible a las miradas fue el mundo,
pero cuando un arco bendijo
con los colores del perdón la tarde,
y un olor a tierra mojada
alentó los jardines,
nos echamos a caminar por las calles
como por una recuperada heredad,
y en los cristales hubo generosidades de sol
y en las hojas lucientes
dijo su trémula inmortalidad el estío.

SALA VACÍA

Los muebles de caoba perpetúan
entre la indecisión del brocado
su tertulia de siempre.
Los daguerrotipos
mienten su falsa cercanía
de tiempo detenido en un espejo
y ante nuestro examen se pierden
como fechas inútiles
de borrosos aniversarios.
Desde hace largo tiempo
sus angustiadas voces nos buscan
y ahora apenas están
en las mañanas iniciales de nuestra infancia.
La luz del día de hoy
exalta los cristales de la ventana
desde la calle de clamor y de vértigo
y arrincona y apaga la voz lacia
de los antepasados.

ROSAS*

En la sala tranquila
cuyo reloj austero derrama
un tiempo ya sin aventuras ni asombro
sobre la decente blancura
que amortaja la pasión roja de la caoba,
alguien, como reproche cariñoso,
pronunció el nombre familiar y temido.
La imagen del tirano
abarrotó el instante,
no clara como un mármol en la tarde,
sino grande y umbría
como la sombra de una montaña remota
y conjeturas y memorias
sucedieron a la mención eventual
como un eco insondable.
Famosamente infame
su nombre fue desolación en las casas,
idolátrico amor en el gauchaje
y horror del tajo en la garganta.
Hoy el olvido borra su censo de muertes,
porque son venales las muertes
si las pensamos como parte del Tiempo,
esa inmortalidad infatigable
que anonada con silenciosa culpa las razas
y en cuya herida siempre abierta
que el último dios habrá de restañar el último día,
cabe toda la sangre derramada.
No sé si Rosas
fue sólo un ávido puñal como los abuelos decían;

creo que fue como tú y yo
un hecho entre los hechos
que vivió en la zozobra cotidiana
y dirigió para exaltaciones y penas
la incertidumbre de otros.

Ahora el mar es una larga separación
entre la ceniza y la patria.
Ya toda vida, por humilde que sea,
puede pisar su nada y su noche.
Ya Dios lo habrá olvidado
y es menos una injuria que una piedad
demorar su infinita disolución
con limosnas de odio.

FINAL DE AÑO

Ni el pormenor simbólico
de reemplazar un tres por un dos
ni esa metáfora baldía
que convoca un lapso que muere y otro que surge
ni el cumplimiento de un proceso astronómico
aturden y socavan
la altiplanicie de esta noche
y nos obligan a esperar
las doce irreparables campanadas.
La causa verdadera
es la sospecha general y borrosa
del enigma del Tiempo;
es el asombro ante el milagro
de que a despecho de infinitos azares,
de que a despecho de que somos
las gotas del río de Heráclito,
perdure algo en nosotros:
inmóvil,
algo que no encontró lo que buscaba.

CARNICERÍA

Más vil que un lupanar,
la carnicería infama la calle.
Sobre el dintel
una ciega cabeza de vaca
preside el aquelarre
de carne charra y mármoles finales
con la remota majestad de un ídolo.

ARRABAL

A Guillermo de Torre

El arrabal es el reflejo de nuestro tedio.
Mis pasos claudicaron
cuando iban a pisar el horizonte
y quedé entre las casas,
cuadriculadas en manzanas
diferentes e iguales
como si fueran todas ellas
monótonos recuerdos repetidos
de una sola manzana.
El pastito precario,
desesperadamente esperanzado,
salpicaba las piedras de la calle
y divisé en la hondura
los naipes de colores del poniente
y sentí *Buenos Aires.*
Esta ciudad que yo creí mi pasado
es mi porvenir, mi presente;
los años que he vivido en Europa son ilusorios,
yo estaba siempre (y estaré) en Buenos Aires.

REMORDIMIENTO
POR CUALQUIER MUERTE

Libre de la memoria y de la esperanza,
ilimitado, abstracto, casi futuro,
el muerto no es un muerto: es la muerte.
Como el Dios de los místicos
de Quien deben negarse todos los predicados,
el muerto ubicuamente ajeno
no es sino la perdición y ausencia del mundo.
Todo se lo robamos,
no le dejamos ni un color ni una sílaba:
aquí está el patio que ya no comparten sus ojos,
allí la acera donde acechó su esperanza.
Aun lo que pensamos
podría estar pensándolo él;
nos hemos repartido como ladrones
el caudal de las noches y de los días.

JARDÍN

Zanjones,
sierras ásperas,
médanos,
sitiados por jadeantes singladuras
y por las leguas de temporal y de arena
que desde el fondo del desierto se agolpan.
En un declive está el jardín.
Cada arbolito es una selva de hojas.
Lo asedian vanamente
los estériles cerros silenciosos
que apresuran la noche con su sombra
y el triste mar de inútiles verdores.
Todo el jardín es una luz apacible
que ilumina la tarde.
El jardincito es como un día de fiesta
en la pobreza de la tierra.

Yacimientos del Chubut, 1922

INSCRIPCIÓN
EN CUALQUIER SEPULCRO

No arriesgue el mármol temerario
gárrulas transgresiones al todopoder del olvido,
enumerando con prolijidad
el nombre, la opinión, los acontecimientos, la patria.
Tanto abalorio bien adjudicado está a la tiniebla
y el mármol no hable lo que callan los hombres.
Lo esencial de la vida fenecida
–la trémula esperanza,
el milagro implacable del dolor y el asombro del goce–
siempre perdurará.
Ciegamente reclama duración el alma arbitraria
cuando la tiene asegurada en vidas ajenas,
cuando tú mismo eres el espejo y la réplica
de quienes no alcanzaron tu tiempo
y otros serán (y son) tu inmortalidad en la tierra.

LA VUELTA

Al cabo de los años del destierro
volví a la casa de mi infancia
y todavía me es ajeno su ámbito.
Mis manos han tocado los árboles
como quien acaricia a alguien que duerme
y he repetido antiguos caminos
como si recobrara un verso olvidado
y vi al desparramarse la tarde
la frágil luna nueva
que se arrimó al amparo sombrío
de la palmera de hojas altas,
como a su nido el pájaro.

¡Qué caterva de cielos
abarcará entre sus paredes el patio,
cuánto heroico poniente
militará en la hondura de la calle
y cuánta quebradiza luna nueva
infundirá al jardín su ternura,
antes que me reconozca la casa
y de nuevo sea un hábito!

AFTERGLOW

Siempre es conmovedor el ocaso
por indigente o charro que sea,
pero más conmovedor todavía
es aquel brillo desesperado y final
que herrumbra la llanura
cuando el sol último se ha hundido.
Nos duele sostener esa luz tirante y distinta,
esa alucinación que impone al espacio
el unánime miedo de la sombra
y que cesa de golpe
cuando notamos su falsía,
como cesan los sueños
cuando sabemos que soñamos.

AMANECER

En la honda noche universal
que apenas contradicen los faroles
una racha perdida
ha ofendido las calles taciturnas
como presentimiento tembloroso
del amanecer horrible que ronda
los arrabales desmantelados del mundo.
Curioso de la sombra
y acobardado por la amenaza del alba
reviví la tremenda conjetura
de Schopenhauer y de Berkeley
que declara que el mundo
es una actividad de la mente,
un sueño de las almas,
sin base ni propósito ni volumen.
Y ya que las ideas
no son eternas como el mármol
sino inmortales como un bosque o un río,
la doctrina anterior
asumió otra forma en el alba
y la superstición de esa hora
cuando la luz como una enredadera
va a implicar las paredes de la sombra,
doblegó mi razón
y trazó el capricho siguiente:
Si están ajenas de sustancia las cosas
y si esta numerosa Buenos Aires
no es más que un sueño
que erigen en compartida magia las almas,

hay un instante
en que peligra desaforadamente su ser
y es el instante estremecido del alba,
cuando son pocos los que sueñan el mundo
y sólo algunos trasnochadores conservan,
cenicienta y apenas bosquejada,
la imagen de las calles
que definirán después con los otros.
¡Hora en que el sueño pertinaz de la vida
corre peligro de quebranto,
hora en que le sería fácil a Dios
matar del todo Su obra!

Pero de nuevo el mundo se ha salvado.
La luz discurre inventando sucios colores
y con algún remordimiento
de mi complicidad en el resurgimiento del día
solicito mi casa,
atónica y glacial en la luz blanca,
mientras un pájaro detiene el silencio
y la noche gastada
se ha quedado en los ojos de los ciegos.

BENARÉS

Falsa y tupida
como un jardín calcado en un espejo,
la imaginada urbe
que no han visto nunca mis ojos
entreteje distancias
y repite sus casas inalcanzables.
El brusco sol
desgarra la compleja oscuridad
de templos, muladares, cárceles, patios
y escalará los muros
y resplandecerá en un río sagrado.
Jadeante
la ciudad que oprimió un follaje de estrellas
desborda el horizonte
y en la mañana llena
de pasos y de sueño
la luz va abriendo como ramas las calles.
Juntamente amanece
en todas las persianas que miran al Oriente
y la voz de un almuédano
apesadumbra desde su alta torre
el aire de este día
y anuncia a la ciudad de los muchos dioses
la soledad de Dios.
(Y pensar
que mientras juego con dudosas imágenes,
la ciudad que canto, persiste
en un lugar predestinado del mundo,
con su topografía precisa,

poblada como un sueño,
con hospitales y cuarteles
y lentas alamedas
y hombres de labios podridos
que sienten frío en los dientes.)

AUSENCIA

Habré de levantar la vasta vida
que aún ahora es tu espejo:
cada mañana habré de reconstruirla.
Desde que te alejaste,
cuántos lugares se han tornado vanos
y sin sentido, iguales
a luces en el día.
Tardes que fueron nicho de tu imagen,
músicas en que siempre me aguardabas,
palabras de aquel tiempo,
yo tendré que quebrarlas con mis manos.
¿En qué hondonada esconderé mi alma
para que no vea tu ausencia
que como un sol terrible, sin ocaso,
brilla definitiva y despiadada?
Tu ausencia me rodea
como la cuerda a la garganta,
el mar al que se hunde.

LLANEZA

A Haydée Lange

Se abre la verja del jardín
con la docilidad de la página
que una frecuente devoción interroga
y adentro las miradas
no precisan fijarse en los objetos
que ya están cabalmente en la memoria.
Conozco las costumbres y las almas
y ese dialecto de alusiones
que toda agrupación humana va urdiendo.
No necesito hablar
ni mentir privilegios;
bien me conocen quienes aquí me rodean,
bien saben mis congojas y mi flaqueza.
Eso es alcanzar lo más alto,
lo que tal vez nos dará el Cielo:
no admiraciones ni victorias
sino sencillamente ser admitidos
como parte de una Realidad innegable,
como las piedras y los árboles.

CAMINATA

Olorosa como un mate curado
la noche acerca agrestes lejanías
y despeja las calles
que acompañan mi soledad,
hechas de vago miedo y de largas líneas.
La brisa trae corazonadas de campo,
dulzura de las quintas, memorias de los álamos,
que harán temblar bajo rigideces de asfalto
la detenida tierra viva
que oprime el peso de las casas.
En vano la furtiva noche felina
inquieta los balcones cerrados
que en la tarde mostraron
la notoria esperanza de las niñas.
También está el silencio en los zaguanes.
En la cóncava sombra
vierten un tiempo vasto y generoso
los relojes de la medianoche magnífica,
un tiempo caudaloso
donde todo soñar halla cabida,
tiempo de anchura de alma, distinto
de los avaros términos que miden
las tareas del día.
Yo soy el único espectador de esta calle;
si dejara de verla se moriría.
(Advierto un largo paredón erizado
de una agresión de aristas
y un farol amarillo que aventura
su indecisión de luz.

También advierto estrellas vacilantes.)
Grandiosa y viva
como el plumaje oscuro de un Ángel
cuyas alas tapan el día,
la noche pierde las mediocres calles.

LA NOCHE DE SAN JUAN

El poniente implacable en esplendores
quebró a filo de espada las distancias.
Suave como un sauzal está la noche.
Rojos chisporrotean
los remolinos de las bruscas hogueras;
leña sacrificada
que se desangra en altas llamaradas,
bandera viva y ciega travesura.
La sombra es apacible como una lejanía;
hoy las calles recuerdan
que fueron campo un día.
Toda la santa noche la soledad rezando
su rosario de estrellas desparramadas.

CERCANÍAS

Los patios y su antigua certidumbre,
los patios cimentados
en la tierra y el cielo.
Las ventanas con reja
desde la cual la calle
se vuelve familiar como una lámpara.
Las alcobas profundas
donde arde en quieta llama la caoba
y el espejo de tenues resplandores
es como un remanso en la sombra.
Las encrucijadas oscuras
que lancean cuatro infinitas distancias
en arrabales de silencio.
He nombrado los sitios
donde se desparrama la ternura
y estoy solo y conmigo.

SÁBADOS

A C.G.

Afuera hay un ocaso, alhaja oscura
engastada en el tiempo,
y una honda ciudad ciega
de hombres que no te vieron.
La tarde calla o canta.
Alguien descrucifica los anhelos
clavados en el piano.
Siempre, la multitud de tu hermosura.

*

A despecho de tu desamor
tu hermosura
prodiga su milagro por el tiempo.
Está en ti la ventura
como la primavera en la hoja nueva.
Ya casi no soy nadie,
soy tan sólo ese anhelo
que se pierde en la tarde.
En ti está la delicia
como está la crueldad en las espadas.

*

Agravando la reja está la noche.
En la sala severa
se buscan como ciegos nuestras dos soledades.
Sobrevive a la tarde

la blancura gloriosa de tu carne.
En nuestro amor hay una pena
que se parece al alma.

*

Tú
que ayer sólo eras toda la hermosura
eres también todo el amor, ahora.

TROFEO

Como quien recorre una costa
maravillado de la muchedumbre del mar,
albriciado de luz y pródigo espacio,
yo fui el espectador de tu hermosura
durante un largo día.
Nos despedimos al anochecer
y en gradual soledad
al volver por la calle cuyos rostros aún te conocen,
se oscureció mi dicha, pensando
que de tan noble acopio de memorias
perdurarían escasamente una o dos
para ser decoro del alma
en la inmortalidad de su andanza.

ATARDECERES

La clara muchedumbre de un poniente
ha exaltado la calle,
la calle abierta como un ancho sueño
hacia cualquier azar.
La límpida arboleda
pierde el último pájaro, el oro último.
La mano jironada de un mendigo
agrava la tristeza de la tarde.

El silencio que habita los espejos
ha forzado su cárcel.
La oscuridá es la sangre
de las cosas heridas.
En el incierto ocaso
la tarde mutilada
fue unos pobres colores.

CAMPOS ATARDECIDOS

El poniente de pie como un Arcángel
tiranizó el camino.
La soledad poblada como un sueño
se ha remansado alrededor del pueblo.
Los cencerros recogen la tristeza
dispersa de la tarde. La luna nueva
es una vocecita desde el cielo.
Según va anocheciendo
vuelve a ser campo el pueblo.

El poniente que no se cicatriza
aún le duele a la tarde.
Los trémulos colores se guarecen
en las entrañas de las cosas.
En el dormitorio vacío
la noche cerrará los espejos.

DESPEDIDA

Entre mi amor y yo han de levantarse
trescientas noches como trescientas paredes
y el mar será una magia entre nosotros.

No habrá sino recuerdos.
Oh tardes merecidas por la pena,
noches esperanzadas de mirarte,
campos de mi camino, firmamento
que estoy viendo y perdiendo...
Definitiva como un mármol
entristecerá tu ausencia otras tardes.

LÍNEAS QUE PUDE HABER
ESCRITO Y PERDIDO HACIA 1922

Silenciosas batallas del ocaso
en arrabales últimos,
siempre antiguas derrotas de una guerra en el cielo,
albas ruinosas que nos llegan
desde el fondo desierto del espacio
como desde el fondo del tiempo,
negros jardines de la lluvia, una esfinge en un libro
que yo tenía miedo de abrir
y cuya imagen vuelve en los sueños,
la corrupción y el eco que seremos,
la luna sobre el mármol,
árboles que se elevan y perduran
como divinidades tranquilas,
la mutua noche y la esperada tarde,
Walt Whitman, cuyo nombre es el universo,
la espada valerosa de un rey
en el silencioso lecho de un río,
los sajones, los árabes y los godos
que, sin saberlo, me engendraron,
¿soy yo esas cosas y las otras
o son llaves secretas y arduas álgebras
de lo que no sabremos nunca?

Calle desconocida. Es inexacta la noticia de los primeros versos. De Quincey (*Writings*, tercer volumen, pág. 293) anota que, según la nomenclatura judía, la penumbra del alba tiene el nombre de penumbra de la paloma; la del atardecer, del cuervo.

El truco. En esta página de dudoso valor asoma por primera vez una idea que me ha inquietado siempre. Su declaración más cabal está en «Nueva refutación del tiempo» (*Otras inquisiciones*, 1952).

Su error, ya denunciado por Parménides y Zenón de Elea, es postular que el tiempo está hecho de instantes individuales, que es dable separar unos de otros, así como el espacio de puntos.

Rosas. Al escribir este poema, yo no ignoraba que un abuelo de mis abuelos era antepasado de Rosas. El hecho nada tiene de singular, si consideramos la escasez de la población y el carácter casi incestuoso de nuestra historia.

Hacia 1922 nadie presentía el revisionismo. Este pasatiempo consiste en «revisar» la historia argentina, no para indagar la verdad sino para arribar a una conclusión de antemano resuelta: la justificación de Rosas o de cualquier otro déspota disponible. Sigo siendo, como se ve, un salvaje unitario.

LUNA DE ENFRENTE

(1925)

PRÓLOGO

*Hacia 1905, Hermann Bahr decidió: «El único deber, ser moderno».
Veintitantos años después, yo me impuse también esa obligación del
todo superflua. Ser moderno es ser contemporáneo, ser actual: todos
fatalmente lo somos. Nadie –fuera de cierto aventurero que soñó
Wells– ha descubierto el arte de vivir en el futuro o en el pasado. No
hay obra que no sea de su tiempo: la escrupulosa novela histórica Sa-
lammbô, cuyos protagonistas son los mercenarios de las guerras pú-
nicas, es una típica novela francesa del siglo XIX. Nada sabemos de la
literatura de Cartago, que verosímilmente fue rica, salvo que no po-
día incluir un libro como el de Flaubert.*

*Olvidadizo de que ya lo era, quise también ser argentino. Incurrí
en la arriesgada adquisición de uno o dos diccionarios de argentinis-
mos, que me suministraron palabras que hoy puedo apenas descifrar:
madrejón, espadaña, estaca pampa…*

*La ciudad de Fervor de Buenos Aires no deja nunca de ser ínti-
ma: la de este volumen tiene algo de ostentoso y de público. No quie-
ro ser injusto con él. Una que otra composición –«El general Quiro-
ga va en coche al muere»– posee acaso toda la vistosa belleza de una
calcomanía; otras –«Manuscrito hallado en un libro de Joseph Con-
rad»– no deshonran, me permito afirmar, a quien las compuso. El
hecho es que las siento ajenas; no me conciernen sus errores ni sus
eventuales virtudes.*

Poco he modificado este libro. Ahora ya no es mío.

J. L. B.
Buenos Aires, 25 de agosto de 1969

CALLE CON ALMACÉN ROSADO

Ya se le van los ojos a la noche en cada bocacalle
y es como una sequía husmeando lluvia.
Ya todos los caminos están cerca,
y hasta el camino del milagro.
El viento trae el alba entorpecida.
El alba es nuestro miedo de hacer cosas distintas y se nos viene
[encima.
Toda la santa noche he caminado
y su inquietud me deja
en esta calle que es cualquiera.
Aquí otra vez la seguridad de la llanura
en el horizonte
y el terreno baldío que se deshace en yuyos y alambres
y el almacén tan claro
como la luna nueva de ayer tarde.
Es familiar como un recuerdo la esquina
con esos largos zócalos y la promesa de un patio.
¡Qué lindo atestiguarte, calle de siempre, ya que miraron tan pocas
[cosas mis días!
Ya la luz raya el aire.
Mis años recorrieron los caminos de la tierra y del agua
y sólo a vos te siento, calle quieta y rosada.
Pienso si tus paredes concibieron la aurora,
almacén que en la punta de la noche eres claro.
Pienso y se me hace voz ante las casas
la confesión de mi pobreza:
no he mirado los ríos ni la mar ni la sierra,
pero intimó conmigo la luz de Buenos Aires

y yo forjo los versos de mi vida y mi muerte
con esa luz de calle.
Calle grande y sufrida,
eres la única música de que sabe mi vida.

AL HORIZONTE DE UN SUBURBIO

Pampa:
Yo diviso tu anchura que ahonda las afueras,
yo me desangro en tus ponientes.

Pampa:
Yo te oigo en las tenaces guitarras sentenciosas
y en altos benteveos y en el ruido cansado
de los carros de pasto que vienen del verano.

Pampa:
El ámbito de un patio colorado me basta
para sentirte mía.

Pampa:
Yo sé que te desgarran
surcos y callejones y el viento que te cambia.
Pampa sufrida y macha que ya estás en los cielos.
No sé si eres la muerte. Sé que estás en mi pecho.

UNA DESPEDIDA

Tarde que socavó nuestro adiós.
Tarde acerada y deleitosa y monstruosa como un ángel oscuro.
Tarde cuando vivieron nuestros labios en la desnuda intimidad de
[los besos.
El tiempo inevitable se desbordaba
sobre el abrazo inútil.
Prodigábamos pasión juntamente, no para nosotros sino para la
[soledad ya inmediata.
Nos rechazó la luz; la noche había llegado con urgencia.
Fuimos hasta la verja en esa gravedad de la sombra que ya el
[lucero alivia.
Como quien vuelve de un perdido prado yo volví de tu abrazo.
Como quien vuelve de un país de espadas yo volví de tus lágrimas.
Tarde que dura vívida como un sueño
entre las otras tardes.
Después yo fui alcanzando y rebasando
noches y singladuras.

AMOROSA ANTICIPACIÓN

Ni la intimidad de tu frente clara como una fiesta
ni la costumbre de tu cuerpo, aún misterioso y tácito y de niña,
ni la sucesión de tu vida asumiendo palabras o silencios
serán favor tan misterioso
como mirar tu sueño implicado
en la vigilia de mis brazos.
Virgen milagrosamente otra vez por la virtud absolutoria del sueño,
quieta y resplandeciente como una dicha que la memoria elige,
me darás esa orilla de tu vida que tú misma no tienes.
Arrojado a quietud,
divisaré esa playa última de tu ser
y te veré por vez primera, quizá,
como Dios ha de verte,
desbaratada la ficción del Tiempo,
sin el amor, sin mí.

EL GENERAL QUIROGA
VA EN COCHE AL MUERE

El madrejón desnudo ya sin una sed de agua
y una luna perdida en el frío del alba
y el campo muerto de hambre, pobre como una araña.

El coche se hamacaba rezongando la altura;
un galerón enfático, enorme, funerario.
Cuatro tapaos con pinta de muerte en la negrura
tironeaban seis miedos y un valor desvelado.

Junto a los postillones jineteaba un moreno.
Ir en coche a la muerte ¿qué cosa más oronda?
El general Quiroga quiso entrar en la sombra
llevando seis o siete degollados de escolta.

Esa cordobesada bochinchera y ladina
(meditaba Quiroga) ¿qué ha de poder con mi alma?
Aquí estoy afianzado y metido en la vida
como la estaca pampa bien metida en la pampa.

Yo, que he sobrevivido a millares de tardes
y cuyo nombre pone retemblor en las lanzas,
no he de soltar la vida por estos pedregales.
¿Muere acaso el pampero, se mueren las espadas?

Pero al brillar el día sobre Barranca Yaco
hierros que no perdonan arreciaron sobre él;
la muerte, que es de todos, arreó con el riojano
y una de puñaladas lo mentó a Juan Manuel.

Ya muerto, ya de pie, ya inmortal, ya fantasma,
se presentó al infierno que Dios le había marcado,
y a sus órdenes iban, rotas y desangradas,
las ánimas en pena de hombres y de caballos.

JACTANCIA DE QUIETUD

Escrituras de luz embisten la sombra, más prodigiosas que
[meteoros.
La alta ciudad inconocible arrecia sobre el campo.
Seguro de mi vida y de mi muerte, miro los ambiciosos y quisiera
[entenderlos.
Su día es ávido como el lazo en el aire.
Su noche es tregua de la ira en el hierro, pronto en acometer.
Hablan de humanidad.
Mi humanidad está en sentir que somos voces de una misma
[penuria.
Hablan de patria.
Mi patria es un latido de guitarra, unos retratos y una vieja espada,
la oración evidente del sauzal en los atardeceres.
El tiempo está viviéndome.
Más silencioso que mi sombra, cruzo el tropel de su levantada
[codicia.
Ellos son imprescindibles, únicos, merecedores del mañana.
Mi nombre es alguien y cualquiera.
Paso con lentitud, como quien viene de tan lejos que no espera
[llegar.

MONTEVIDEO

Resbalo por tu tarde como el cansancio por la piedad de un
                                             [declive.
La noche nueva es como un ala sobre tus azoteas.
Eres el Buenos Aires que tuvimos, el que en los años se alejó
                                             [quietamente.
Eres nuestra y fiestera, como la estrella que duplican las aguas.
Puerta falsa en el tiempo, tus calles miran al pasado más leve.
Claror de donde la mañana nos llega, sobre las dulces aguas turbias.
Antes de iluminar mi celosía tu bajo sol bienaventura tus quintas.
Ciudad que se oye como un verso.
Calles con luz de patio.

MANUSCRITO HALLADO
EN UN LIBRO DE JOSEPH CONRAD

En las trémulas tierras que exhalan el verano,
el día es invisible de puro blanco. El día
es una estría cruel en una celosía,
un fulgor en las costas y una fiebre en el llano.

Pero la antigua noche es honda como un jarro
de agua cóncava. El agua se abre a infinitas huellas,
y en ociosas canoas, de cara a las estrellas,
el hombre mide el vago tiempo con el cigarro.

El humo desdibuja gris las constelaciones
remotas. Lo inmediato pierde prehistoria y nombre.
El mundo es unas cuantas tiernas imprecisiones.
El río, el primer río. El hombre, el primer hombre.

SINGLADURA

El mar es una espada innumerable y una plenitud de pobreza.
La llamarada es traducible en ira, el manantial en tiempo, y la
[cisterna en clara aceptación.
El mar es solitario como un ciego.
El mar es un antiguo lenguaje que yo no alcanzo a descifrar.
En su hondura, el alba es una humilde tapia encalada.
De su confín surge el claror, igual que una humareda.
Impenetrable como de piedra labrada
persiste el mar ante los muchos días.
Cada tarde es un puerto.
Nuestra mirada flagelada de mar camina por su cielo:
última playa blanda, celeste arcilla de las tardes.
¡Qué dulce intimidad la del ocaso en el huraño mar!
Claras como una feria brillan las nubes.
La luna nueva se ha enredado a un mástil.
La misma luna que dejamos bajo un arco de piedra y cuya luz
[agraciaría los sauzales.
En la cubierta, quietamente, yo comparto la tarde con mi hermana,
[como un trozo de pan.

DAKAR

Dakar está en la encrucijada del sol, del desierto y del mar.
El sol nos tapa el firmamento, el arenal acecha en los caminos, el
[mar es un encono.
He visto un jefe en cuya manta era más ardiente lo azul que en el
[cielo incendiado.
La mezquita cerca del biógrafo luce una claridad de plegaria.
La resolana aleja las chozas, el sol como un ladrón escala los muros.
África tiene en la eternidad su destino, donde hay hazañas,
[ídolos, reinos, arduos bosques y espadas.
Yo he logrado un atardecer y una aldea.

LA PROMISIÓN EN ALTA MAR

No he recobrado tu cercanía, mi patria, pero ya tengo tus estrellas.
Lo más lejano del firmamento las dijo y ahora se pierden en su
[gracia los mástiles.
Se han desprendido de las altas cornisas como un asombro de
[palomas.
Vienen del patio donde el aljibe es una torre inversa entre dos
[cielos.
Vienen del creciente jardín cuya inquietud arriba al pie del muro
[como un agua sombría.
Vienen de un atardecer de provincia, lacio como un yuyal.
Son inmortales y vehementes; no ha de medir su eternidad
[ningún pueblo.
Ante su firmeza de luz todas las noches de los hombres se
[curvarán como hojas secas.
Son un claro país y de algún modo está mi tierra en su ámbito.

CASI JUICIO FINAL

Mi callejero *no hacer nada* vive y se suelta por la variedad de la
[noche.
La noche es una fiesta larga y sola.
En mi secreto corazón yo me justifico y ensalzo.
He atestiguado el mundo; he confesado la rareza del mundo.
He cantado lo eterno: la clara luna volvedora y las mejillas que
[apetece el amor.
He conmemorado con versos la ciudad que me ciñe
y los arrabales que se desgarran.
He dicho asombro donde otros dicen solamente costumbre.
Frente a la canción de los tibios, encendí mi voz en ponientes.
A los antepasados de mi sangre y a los antepasados de mis sueños
[he exaltado y cantado.
He sido y soy.
He trabado en firmes palabras mi sentimiento
que pudo haberse disipado en ternura.
El recuerdo de una antigua vileza vuelve a mi corazón.
Como el caballo muerto que la marea inflige a la playa, vuelve a
[mi corazón.
Aún están a mi lado, sin embargo, las calles y la luna.
El agua sigue siendo grata en mi boca y el verso no me niega su
[música.
Siento el pavor de la belleza; ¿quién se atreverá a condenarme si
[esta gran luna de mi soledad me perdona?

76

MI VIDA ENTERA

Aquí otra vez, los labios memorables, único y semejante a vosotros.
He persistido en la aproximación de la dicha y en la intimidad de
                                                    [la pena.
He atravesado el mar.
He conocido muchas tierras; he visto una mujer y dos o tres
                                                    [hombres.
He querido a una niña altiva y blanca y de una hispánica quietud.
He visto un arrabal infinito donde se cumple una insaciada
                                    [inmortalidad de ponientes.
He paladeado numerosas palabras.
Creo profundamente que eso es todo y que ni veré ni ejecutaré
                                                    [cosas nuevas.
Creo que mis jornadas y mis noches
se igualan en pobreza y en riqueza a las de Dios y a las de todos
                                                    [los hombres.

ÚLTIMO SOL EN VILLA LURO

Tarde como de Juicio Final.
La calle es una herida abierta en el cielo.
Ya no sé si fue un Ángel o un ocaso la claridad que ardió en la
[hondura.
Insistente, como una pesadilla, carga sobre mí la distancia.
Al horizonte un alambrado le duele.
El mundo está como inservible y tirado.
En el cielo es de día, pero la noche es traicionera en las zanjas.
Toda la luz está en las tapias azules y en ese alboroto de chicas.
Ya no sé si es un árbol o es un dios, ese que asoma por la verja
[herrumbrada.
Cuántos países a la vez: el campo, el cielo, las afueras.
Hoy he sido rico de calles y de ocaso filoso y de la tarde hecha
[estupor.
Lejos, me devolveré a mi pobreza.

VERSOS DE CATORCE

A mi ciudad de patios cóncavos como cántaros
y de calles que surcan las leguas como un vuelo,
a mi ciudad de esquinas con aureola de ocaso
y arrabales azules, hechos de firmamento,

a mi ciudad que se abre clara como una pampa,
yo volví de las viejas tierras antiguas del Occidente
y recobré sus casas y la luz de sus casas
y la trasnochadora luz de los almacenes

y supe en las orillas, del querer, que es de todos
y a punta de poniente desangré el pecho en salmos
y canté la aceptada costumbre de estar solo
y el retazo de pampa colorada de un patio.

Dije las calesitas, noria de los domingos,
y el paredón que agrieta la sombra de un paraíso,
y el destino que acecha tácito, en el cuchillo,
y la noche olorosa como un mate curado.

Yo presentí la entraña de la voz *las orillas*,
palabra que en la tierra pone el azar del agua
y que da a las afueras su aventura infinita
y a los vagos campitos un sentido de playa.

Así voy devolviéndole a Dios unos centavos
del caudal infinito que me pone en las manos.

CUADERNO SAN MARTÍN

(1929)

*As to an occasional copy of verses, there are
few men who have leisure to read, and are pos-
sessed of any music in their souls, who are not
capable of versifying on some ten or twelve
occasions during their natural lives: at a pro-
per conjunction of the stars. There is no harm
in taking advantage of such occasions.*

FITZGERALD,
en una carta a Bernard Barton (1842)

PRÓLOGO

He hablado mucho, he hablado demasiado, sobre la poesía como brusco don del Espíritu, sobre el pensamiento como una actividad de la mente; he visto en Verlaine el ejemplo de puro poeta lírico; en Emerson, de poeta intelectual. Creo ahora que en todos los poetas que merecen ser releídos ambos elementos coexisten. ¿Cómo clasificar a Shakespeare o a Dante?

En lo que se refiere a los ejercicios de este volumen, es notorio que aspiran a la segunda categoría. Debo al lector algunas observaciones. Ante la indignación de la crítica, que no perdona que un autor se arrepienta, escribo ahora «Fundación mítica de Buenos Aires» y no «Fundación mitológica», ya que la última palabra sugiere macizas divinidades de mármol. Esta composición, por lo demás, es fundamentalmente falsa. Edimburgo o York o Santiago de Compostela pueden mentir eternidad; no así Buenos Aires, que hemos visto brotar de un modo esporádico, entre los huecos y los callejones de tierra.

Las dos piezas de «Muertes de Buenos Aires» –título que debo a Eduardo Gutiérrez– imperdonablemente exageran la connotación plebeya de la Chacarita y la connotación patricia de la Recoleta. Pienso que el énfasis de «Isidoro Acevedo» hubiera hecho sonreír a mi abuelo. Fuera de «Llaneza», «La noche que en el Sur lo velaron» es acaso el primer poema auténtico que escribí.

J. L. B.
Buenos Aires, 1969

FUNDACIÓN MÍTICA DE BUENOS AIRES

¿Y fue por este río de sueñera y de barro
que las proas vinieron a fundarme la patria?
Irían a los tumbos los barquitos pintados
entre los camalotes de la corriente zaina.

Pensando bien la cosa, supondremos que el río
era azulejo entonces como oriundo del cielo
con su estrellita roja para marcar el sitio
en que ayunó Juan Díaz y los indios comieron.

Lo cierto es que mil hombres y otros mil arribaron
por un mar que tenía cinco lunas de anchura
y aún estaba poblado de sirenas y endriagos
y de piedras imanes que enloquecen la brújula.

Prendieron unos ranchos trémulos en la costa,
durmieron extrañados. Dicen que en el Riachuelo,
pero son embelecos fraguados en la Boca.
Fue una manzana entera y en mi barrio: en Palermo.

Una manzana entera pero en mitá del campo
expuesta a las auroras y lluvias y suestadas.
La manzana pareja que persiste en mi barrio:
Guatemala, Serrano, Paraguay, Gurruchaga.

Un almacén rosado como revés de naipe
brilló y en la trastienda conversaron un truco;
el almacén rosado floreció en un compadre,
ya patrón de la esquina, ya resentido y duro.

El primer organito salvaba el horizonte
con su achacoso porte, su habanera y su gringo.
El corralón seguro ya opinaba Yrigoyen,
algún piano mandaba tangos de Saborido.

Una cigarrería sahumó como una rosa
el desierto. La tarde se había ahondado en ayeres,
los hombres compartieron un pasado ilusorio.
Sólo faltó una cosa: la vereda de enfrente.

A mí se me hace cuento que empezó Buenos Aires:
la juzgo tan eterna como el agua y el aire.

ELEGÍA DE LOS PORTONES

A Francisco Luis Bernárdez

Barrio Villa Alvear: entre las calles Nicaragua, Arroyo
Maldonado, Canning y Rivera. Muchos terrenos bal-
díos existen aún y su importancia es reducida.

MANUEL BILBAO, *Buenos Aires*, 1902

Ésta es una elegía
de los rectos portones que alargaban su sombra
en la plaza de tierra.
Ésta es una elegía
que se acuerda de un largo resplandor agachado
que los atardeceres daban a los baldíos.
(En los pasajes mismos había cielo bastante
para toda una dicha
y las tapias tenían el color de las tardes.)
Ésta es una elegía
de un Palermo trazado con vaivén de recuerdo
y que se va en la muerte chica de los olvidos.

Muchachas comentadas por un vals de organito
o por los mayorales de corneta insolente
de los 64,
sabían en las puertas la gracia de su espera.

Había huecos de tunas
y la ribera hostil del Maldonado
—menos agua que barro en la sequía—
y zafadas veredas en que flameaba el corte
y una frontera de silbatos de hierro.

Hubo cosas felices,
cosas que sólo fueron para alegrar las almas:
el arriate del patio
y el andar hamacado del compadre.

Palermo del principio, vos tenías
unas cuantas milongas para hacerte valiente
y una baraja criolla para tapar la vida
y unas albas eternas para saber la muerte.

El día era más largo en tus veredas
que en las calles del Centro,
porque en los huecos hondos se aquerenciaba el cielo.

Los carros de costado sentencioso
cruzaban tu mañana
y eran en las esquinas tiernos los almacenes
como esperando un ángel.

Desde mi calle de altos (es cosa de una legua)
voy a buscar recuerdos a tus calles nocheras.
Mi silbido de pobre penetrará en los sueños
de los hombres que duermen.

Esa higuera que asoma sobre una parecita
se lleva bien con mi alma
y es más grato el rosado firme de tus esquinas
que el de las nubes blandas.

CURSO DE LOS RECUERDOS

Recuerdo mío del jardín de casa:
vida benigna de las plantas,
vida cortés de misteriosa
y lisonjeada por los hombres.

Palmera la más alta de aquel cielo
y conventillo de gorriones;
parra firmamental de uva negra,
los días del verano dormían a tu sombra.

Molino colorado:
remota rueda laboriosa en el viento,
honor de nuestra casa, porque a las otras
iba el río bajo la campanita del aguatero.

Sótano circular de la base
que hacías vertiginoso el jardín,
daba miedo entrever por una hendija
tu calabozo de agua sutil.

Jardín, frente a la verja cumplieron sus caminos
los sufridos carreros
y el charro carnaval aturdió
con insolentes murgas.

El almacén, padrino del malevo,
dominaba la esquina;
pero tenías cañaverales para hacer lanzas
y gorriones para la oración.

El sueño de tus árboles y el mío
todavía en la noche se confunden
y la devastación de la urraca
dejó un antiguo miedo en mi sangre.

Tus contadas varas de fondo
se nos volvieron geografía;
un alto era «la montaña de tierra»
y una temeridad su declive.

Jardín, yo cortaré mi oración
para seguir siempre acordándome:
voluntad o azar de dar sombra
fueron tus árboles.

ISIDORO ACEVEDO

Es verdad que lo ignoro todo sobre él
—salvo los nombres de lugar y las fechas:
fraudes de la palabra—
pero con temerosa piedad he rescatado su último día,
no el que los otros vieron, el suyo,
y quiero distraerme de mi destino para escribirlo.

Adicto al diálogo ladino del truco,
alsinista y nacido del buen lado del Arroyo del Medio,
comisario de frutos del país en el mercado antiguo del Once,
comisario de la tercera,
se batió cuando Buenos Aires lo quiso
en Cepeda, en Pavón y en la playa de los Corrales.

Pero mi voz no debe asumir sus batallas,
porque él se las llevó en un sueño final.
Porque lo mismo que otros hombres escriben versos
hizo mi abuelo un sueño.

Cuando una congestión pulmonar lo estaba arrasando
y la inventiva fiebre le falseó la cara del día,
congregó los archivos de su memoria
para fraguar su sueño.

Esto aconteció en una casa de la calle Serrano,
en el verano ardido del novecientos cinco.

Soñó con dos ejércitos
que entraban en la sombra de una batalla;

enumeró los comandos, las banderas, las unidades.
«Ahora están parlamentando los jefes», dijo en voz que le oyeron
y quiso incorporarse para verlos.

Hizo leva de pampa:
vio terreno quebrado para que pudiera aferrarse la infantería
y llanura resuelta para que el tirón de la caballería fuera
                                                    [invencible.

Hizo una leva última,
congregó los miles de rostros que el hombre sabe, sin saber,
                                        [después de los años:
caras de barba que se estarán desvaneciendo en daguerrotipos,
caras que vivieron junto a la suya en el puente Alsina y Cepeda.

Entró a saco en sus días
para esa visionaria patriada que necesitaba su fe, no que una
                                        [flaqueza le impuso;
juntó un ejército de sombras ecuestres
para que lo mataran.

Así, en el dormitorio que miraba al jardín,
murió en un sueño por la patria.

En metáfora de viaje me dijeron su muerte; no la creí.
Yo era chico, yo no sabía entonces de muerte, yo era inmortal;
yo lo busqué por muchos días por los cuartos sin luz.

LA NOCHE QUE EN EL SUR LO VELARON

A Letizia Álvarez de Toledo

Por el deceso de alguien
—misterio cuyo vacante nombre poseo y cuya realidad no
[abarcamos—
hay hasta el alba una casa abierta en el Sur,
una ignorada casa que no estoy destinado a rever,
pero que me espera esta noche
con desvelada luz en las altas horas del sueño,
demacrada de malas noches, distinta,
minuciosa de realidad.

A su vigilia gravitada en muerte camino
por las calles elementales como recuerdos,
por el tiempo abundante de la noche,
sin más oíble vida
que los vagos hombres de barrio junto al apagado almacén
y algún silbido solo en el mundo.

Lento el andar, en la posesión de la espera,
llego a la cuadra y a la casa y a la sincera puerta que busco
y me reciben hombres obligados a gravedad
que participaron de los años de mis mayores,
y nivelamos destinos en una pieza habilitada que mira al patio
—patio que está bajo el poder y en la integridad de la noche—
y decimos, porque la realidad es mayor, cosas indiferentes
y somos desganados y argentinos en el espejo
y el mate compartido mide horas vanas.

Me conmueven las menudas sabidurías
que en todo fallecimiento se pierden
–hábito de unos libros, de una llave, de un cuerpo entre los otros–.
Yo sé que todo privilegio, aunque oscuro, es de linaje de milagro
y mucho lo es el de participar en esta vigilia,
reunida alrededor de lo que no se sabe: del muerto,
reunida para acompañar y guardar su primera noche en la
                                                        [muerte.

(El velorio gasta las caras;
los ojos se nos están muriendo en lo alto como Jesús.)

¿Y el muerto, el increíble?
Su realidad está bajo las flores diferentes de él
y su mortal hospitalidad nos dará
un recuerdo más para el tiempo
y sentenciosas calles del Sur para merecerlas despacio
y brisa oscura sobre la frente que vuelve
y la noche que de la mayor congoja nos libra:
la prolijidad de lo real.

MUERTES DE BUENOS AIRES

I
LA CHACARITA

Porque la entraña del cementerio del Sur
fue saciada por la fiebre amarilla hasta decir basta;
porque los conventillos hondos del Sur
mandaron muerte sobre la cara de Buenos Aires
y porque Buenos Aires no pudo mirar esa muerte,
a paladas te abrieron
en la punta perdida del Oeste,
detrás de las tormentas de tierra
y del barrial pesado y primitivo que hizo a los cuarteadores.
Allí no había más que el mundo
y las costumbres de las estrellas sobre unas chacras,
y el tren salía de un galpón en Bermejo
con los olvidos de la muerte:
muertos de barba derrumbada y ojos en vela,
muertas de carne desalmada y sin magia.

Trapacerías de la muerte –sucia como el nacimiento del hombre–
siguen multiplicando tu subsuelo y así reclutas
tu conventillo de ánimas, tu montonera clandestina de huesos
que caen al fondo de tu noche enterrada
lo mismo que a la hondura de un mar,
hacia una muerte sin inmortalidad y sin honra.
Una dura vegetación de sobras en pena
hace fuerza contra tus paredones interminables
cuyo sentido es perdición,
y convencidas de mortalidad las orillas
apuran su caliente vida a tus pies

en calles traspasadas por una llamarada baja de barro
o se aturden con desgano de bandoneones
o con balidos de cornetas sonsas en carnaval.
(El fallo de destino más para siempre,
que dura en mí lo escuché esa noche en tu noche
cuando la guitarra bajo la mano del orillero
dijo lo mismo que las palabras, y ellas decían:

La muerte es vida vivida,
la vida es muerte que viene;
la vida no es otra cosa
que muerte que anda luciendo.)

Mono del cementerio, la Quema
gesticula advenediza muerte a tus pies.
Gastamos y enfermamos la realidad: 210 carros
infaman las mañanas, llevando
a esa necrópolis de humo
las cotidianas cosas que hemos contagiado de muerte.

Cúpulas estrafalarias de madera y cruces en alto
se mueven –piezas negras de un ajedrez final– por tus calles
y su achacosa majestad va encubriendo
las vergüenzas de nuestras muertes.
En tu disciplinado recinto
la muerte es incolora, hueca, numérica;
se disminuye a fechas y a nombres,
muertes de la palabra.

Chacarita:
desaguadero de esta patria de Buenos Aires, cuesta final,
barrio que sobrevives a los otros, que sobremueres,
lazareto que estás en esta muerte no en la otra vida,
he oído tu palabra de caducidad y no creo en ella,
porque tu misma convicción de angustia es acto de vida
y porque la plenitud de una sola rosa es más que tus mármoles.

II
La Recoleta

Aquí es pundonorosa la muerte,
aquí es la recatada muerte porteña,
la consanguínea de la duradera luz venturosa
del atrio del Socorro
y de la ceniza minuciosa de los braseros
y del fino dulce de leche de los cumpleaños
y de las hondas dinastías de patios.
Se acuerdan bien con ella
esas viejas dulzuras y también los viejos rigores.

Tu frente es el pórtico valeroso
y la generosidad de ciego del árbol
y la dicción de pájaros que aluden, sin saberla, a la muerte
y el redoble, endiosador de pechos, de los tambores
en los entierros militares;
tu espalda, los tácitos conventillos del Norte
y el paredón de las ejecuciones de Rosas.

Crece en disolución bajo los sufragios de mármol
la nación irrepresentable de muertos
que se deshumanizaron en tu tiniebla
desde que María de los Dolores Maciel, niña del Uruguay
—simiente de tu jardín para el cielo—
se durmió, tan poca cosa, en tu descampado.

Pero yo quiero demorarme en el pensamiento
de las livianas flores que son tu comentario piadoso
—suelo amarillo bajo las acacias de tu costado,
flores izadas a conmemoración en tus mausoleos—
y en el porqué de su vivir gracioso y dormido
junto a las atroces reliquias de los que amamos.

Dije el enigma y diré también su palabra:
siempre las flores vigilaron la muerte,
porque siempre los hombres incomprensiblemente supimos
que su existir dormido y gracioso
es el que mejor puede acompañar a los que murieron
sin ofenderlos con soberbia de vida,
sin ser más vida que ellos.

A FRANCISCO LÓPEZ MERINO

Si te cubriste, por deliberada mano, de muerte,
si tu voluntad fue rehusar todas las mañanas del mundo,
es inútil que palabras rechazadas te soliciten,
predestinadas a imposibilidad y a derrota.

Sólo nos queda entonces
decir el deshonor de las rosas que no supieron demorarte,
el oprobio del día que te permitió el balazo y el fin.

¿Qué sabrá oponer nuestra voz
a lo confirmado por la disolución, la lágrima, el mármol?
Pero hay ternuras que por ninguna muerte son menos:
las íntimas, indescifrables noticias que nos cuenta la música,
la patria que condesciende a higuera y aljibe,
la gravitación del amor, que nos justifica.

Pienso en ellas y pienso también, amigo escondido,
que tal vez a imagen de la predilección, obramos la muerte,
que la supiste de campanas, niña y graciosa,
hermana de tu aplicada letra de colegial,
y que hubieras querido distraerte en ella como en un sueño.

Si esto es verdad y si cuando el tiempo nos deja,
nos queda un sedimento de eternidad, un gusto del mundo,
entonces es ligera tu muerte,
como los versos en que siempre estás esperándonos,
entonces no profanarán tu tiniebla
estas amistades que invocan.

BARRIO NORTE

Esta declaración es la de un secreto
que está vedado por la inutilidad y el descuido,
secreto sin misterio ni juramento
que sólo por la indiferencia lo es:
hábitos de hombres y de anocheceres lo tienen,
lo preserva el olvido, que es el modo más pobre del misterio.

Alguna vez era una amistad este barrio,
un argumento de aversiones y afectos, como las otras cosas de
                                                    [amor;
apenas si persiste esa fe
en unos hechos distanciados que morirán:
en la milonga que de las Cinco Esquinas se acuerda,
en el patio como una firme rosa bajo las paredes crecientes,
en el despintado letrero que dice todavía *La Flor del Norte*,
en los muchachos de guitarra y baraja del almacén,
en la memoria detenida del ciego.

Ese disperso amor es nuestro desanimado secreto.

Una cosa invisible está pereciendo del mundo,
un amor no más ancho que una música.
Se nos aparta el barrio,
los balconcitos retacones de mármol no nos enfrentan cielo.
Nuestro cariño se acobarda en desganos,
la estrella de aire de las Cinco Esquinas es otra.

Pero sin ruido y siempre,
en cosas incomunicadas, perdidas, como lo están siempre las cosas,

en el gomero con su veteado cielo de sombra,
en la bacía que recoge el primer sol y el último,
perdura ese hecho servicial y amistoso,
esa lealtad oscura que mi palabra está declarando:
el barrio.

EL PASEO DE JULIO

Juro que no por deliberación he vuelto a la calle
de alta recova repetida como un espejo,
de parrillas con la trenza de carne de los Corrales,
de prostitución encubierta por lo más distinto: la música.

Puerto mutilado sin mar, encajonada racha salobre,
resaca que te adheriste a la tierra: paseo de Julio,
aunque recuerdos míos, antiguos hasta la ternura, te sepan
nunca te sentí patria.

Sólo poseo de ti una deslumbrada ignorancia,
una insegura propiedad como la de los pájaros en el aire,
pero mi verso es de interrogación y de prueba
y para obedecer lo entrevisto.

Barrio con lucidez de pesadilla al pie de los otros,
tus espejos curvos denuncian el lado de fealdad de las caras,
tu noche calentada en lupanares pende de la ciudad.

Eres la perdición fraguándose un mundo
con los reflejos y las deformaciones del nuestro;
sufres de caos, adoleces de irrealidad,
te empeñas en jugar con naipes raspados la vida;
tu alcohol mueve peleas,
tus adivinas interrogan envidiosos libros de magia.

¿Será porque el infierno es vacío
que es espuria tu misma fauna de monstruos
y la sirena prometida por ese cartel es muerta y de cera?

Tienes la inocencia terrible
de la resignación, del amanecer, del conocimiento,
la del espíritu no purificado, borrado
por los días del destino
y que ya blanco de muchas luces, ya nadie,
sólo codicia lo presente, lo actual, como los hombres viejos.

Detrás de los paredones de mi suburbio, los duros carros
rezarán con varas en alto a su imposible dios de hierro y de polvo,
pero ¿qué dios, qué ídolo, que veneración la tuya, paseo de Julio?

Tu vida pacta con la muerte;
toda felicidad, con sólo existir, te es adversa.

EL HACEDOR

(1960)

A Leopoldo Lugones

Los rumores de la plaza quedan atrás y entro en la Biblioteca. De una manera casi física siento la gravitación de los libros, el ámbito sereno de un orden, el tiempo disecado y conservado mágicamente. A izquierda y a derecha, absortos en su lúcido sueño, se perfilan los rostros momentáneos de los lectores, a la luz de las lámparas estudiosas, como en la hipálage de Milton. Recuerdo haber recordado ya esa figura, en este lugar, y después aquel otro epíteto que también define por el contorno, el árido camello *del* Lunario, y después aquel hexámetro de la Eneida, *que maneja y supera el mismo artificio:*

Ibant obscuri sola sub nocte per umbram.

Estas reflexiones me dejan en la puerta de su despacho. Entro, cambiamos unas cuantas convencionales y cordiales palabras y le doy este libro. Si no me engaño, usted no me malquería, Lugones, y le hubiera gustado que le gustara algún trabajo mío. Ello no ocurrió nunca, pero esta vez usted vuelve las páginas y lee con aprobación algún verso, acaso porque en él ha reconocido su propia voz, acaso porque la práctica deficiente le importa menos que la sana teoría.

En este punto se deshace mi sueño, como el agua en el agua. La vasta Biblioteca que me rodea está en la calle México, no en la calle Rodríguez Peña, y usted, Lugones, se mató a principios del treinta y ocho. Mi vanidad y mi nostalgia han armado una escena imposible. Así será (me digo) pero mañana yo también habré muerto y se confundirán nuestros tiempos y la cronología se perderá en un orbe de símbolos y de algún modo será justo afirmar que yo le he traído este libro y que usted lo ha aceptado.

J. L. B.
Buenos Aires, 9 de agosto de 1960

POEMA DE LOS DONES

Nadie rebaje a lágrima o reproche
esta declaración de la maestría
de Dios, que con magnífica ironía
me dio a la vez los libros y la noche.

De esta ciudad de libros hizo dueños
a unos ojos sin luz, que sólo pueden
leer en las bibliotecas de los sueños
los insensatos párrafos que ceden

las albas a su afán. En vano el día
les prodiga sus libros infinitos,
arduos como los arduos manuscritos
que perecieron en Alejandría.

De hambre y de sed (narra una historia griega)
muere un rey entre fuentes y jardines;
yo fatigo sin rumbo los confines
de esa alta y honda biblioteca ciega.

Enciclopedias, atlas, el Oriente
y el Occidente, siglos, dinastías,
símbolos, cosmos y cosmogonías
brindan los muros, pero inútilmente.

Lento en mi sombra, la penumbra hueca
exploro con el báculo indeciso,
yo, que me figuraba el Paraíso
bajo la especie de una biblioteca.

Algo, que ciertamente no se nombra
con la palabra *azar*, rige estas cosas;
otro ya recibió en otras borrosas
tardes los muchos libros y la sombra.

Al errar por las lentas galerías
suelo sentir con vago horror sagrado
que soy el otro, el muerto, que habrá dado
los mismos pasos en los mismos días.

¿Cuál de los dos escribe este poema
de un yo plural y de una sola sombra?
¿Qué importa la palabra que me nombra
si es indiviso y uno el anatema?

Groussac o Borges, miro este querido
mundo que se deforma y que se apaga
en una pálida ceniza vaga
que se parece al sueño y al olvido.

EL RELOJ DE ARENA

Está bien que se mida con la dura
sombra que una columna en el estío
arroja o con el agua de aquel río
en que Heráclito vio nuestra locura.

El tiempo, ya que al tiempo y al destino
se parecen los dos: la imponderable
sombra diurna y el curso irrevocable
del agua que prosigue su camino.

Está bien, pero el tiempo en los desiertos
otra substancia halló, suave y pesada,
que parece haber sido imaginada
para medir el tiempo de los muertos.

Surge así el alegórico instrumento
de los grabados de los diccionarios,
la pieza que los grises anticuarios
relegarán al mundo ceniciento

del alfil desparejo, de la espada
inerme, del borroso telescopio,
del sándalo mordido por el opio,
del polvo, del azar y de la nada.

¿Quién no se ha demorado ante el severo
y tétrico instrumento que acompaña
en la diestra del dios a la guadaña
y cuyas líneas repitió Durero?

Por el ápice abierto el cono inverso
deja caer la cautelosa arena,
oro gradual que se desprende y llena
el cóncavo cristal de su universo.

Hay un agrado en observar la arcana
arena que resbala y que declina
y, a punto de caer, se arremolina
con una prisa que es del todo humana.

La arena de los ciclos es la misma
e infinita es la historia de la arena;
así, bajo tus dichas o tu pena,
la invulnerable eternidad se abisma.

No se detiene nunca la caída.
Yo me desangro, no el cristal. El rito
de decantar la arena es infinito
y con la arena se nos va la vida.

En los minutos de la arena creo
sentir el tiempo cósmico: la historia
que encierra en sus espejos la memoria
o que ha disuelto el mágico Leteo.

El pilar de humo y el pilar de fuego,
Cartago y Roma y su apretada guerra,
Simón Mago, los siete pies de tierra
que el rey sajón ofrece al rey noruego,

todo lo arrastra y pierde este incansable
hilo sutil de arena numerosa.
No he de salvarme yo, fortuita cosa
de tiempo, que es materia deleznable.

AJEDREZ

I

En su grave rincón, los jugadores
rigen las lentas piezas. El tablero
los demora hasta el alba en su severo
ámbito en que se odian dos colores.

Adentro irradian mágicos rigores
las formas: torre homérica, ligero
caballo, armada reina, rey postrero,
oblicuo alfil y peones agresores.

Cuando los jugadores se hayan ido,
cuando el tiempo los haya consumido,
ciertamente no habrá cesado el rito.

En el Oriente se encendió esta guerra
cuyo anfiteatro es hoy toda la tierra.
Como el otro, este juego es infinito.

Tenue rey, sesgo alfil, encarnizada
reina, torre directa y peón ladino
sobre lo negro y blanco del camino
buscan y libran su batalla armada.

No saben que la mano señalada
del jugador gobierna su destino,
no saben que un rigor adamantino
sujeta su albedrío y su jornada.

También el jugador es prisionero
(la sentencia es de Omar) de otro tablero
de negras noches y de blancos días.

Dios mueve al jugador, y éste, la pieza.
¿Qué dios detrás de Dios la trama empieza
de polvo y tiempo y sueño y agonías?

LOS ESPEJOS

Yo que sentí el horror de los espejos
no sólo ante el cristal impenetrable
donde acaba y empieza, inhabitable,
un imposible espacio de reflejos

sino ante el agua especular que imita
el otro azul en su profundo cielo
que a veces raya el ilusorio vuelo
del ave inversa o que un temblor agita

y ante la superficie silenciosa
del ébano sutil cuya tersura
repite como un sueño la blancura
de un vago mármol o una vaga rosa,

hoy, al cabo de tantos y perplejos
años de errar bajo la varia luna,
me pregunto qué azar de la fortuna
hizo que yo temiera los espejos.

Espejos de metal, enmascarado
espejo de caoba que en la bruma
de su rojo crepúsculo disfuma
ese rostro que mira y es mirado,

infinitos los veo, elementales
ejecutores de un antiguo pacto,
multiplicar el mundo como el acto
generativo, insomnes y fatales.

Prolongan este vano mundo incierto
en su vertiginosa telaraña;
a veces en la tarde los empaña
el hálito de un hombre que no ha muerto.

Nos acecha el cristal. Si entre las cuatro
paredes de la alcoba hay un espejo,
ya no estoy solo. Hay otro. Hay el reflejo
que arma en el alba un sigiloso teatro.

Todo acontece y nada se recuerda
en esos gabinetes cristalinos
donde, como fantásticos rabinos,
leemos los libros de derecha a izquierda.

Claudio, rey de una tarde, rey soñado,
no sintió que era un sueño hasta aquel día
en que un actor mimó su felonía
con arte silencioso, en un tablado.

Que haya sueños es raro, que haya espejos,
que el usual y gastado repertorio
de cada día incluya el ilusorio
orbe profundo que urden los reflejos.

Dios (he dado en pensar) pone un empeño
en toda esa inasible arquitectura
que edifica la luz con la tersura
del cristal y la sombra con el sueño.

Dios ha creado las noches que se arman
de sueños y las formas del espejo
para que el hombre sienta que es reflejo
y vanidad. Por eso nos alarman.

ELVIRA DE ALVEAR

Todas las cosas tuvo y lentamente
todas la abandonaron. La hemos visto
armada de belleza. La mañana
y el claro mediodía le mostraron,
desde su cumbre, los hermosos reinos
de la tierra. La tarde fue borrándolos.
El favor de los astros (la infinita
y ubicua red de causas) le había dado
la fortuna, que anula las distancias
como el tapiz del árabe, y confunde
deseo y posesión y el don del verso,
que transforma las penas verdaderas
en una música, un rumor y un símbolo,
y el fervor, y en la sangre la batalla
de Ituzaingó y el peso de laureles,
y el goce de perderse en el errante
río del tiempo (río y laberinto)
y en los lentos colores de las tardes.
Todas las cosas la dejaron, menos
una. La generosa cortesía
la acompañó hasta el fin de su jornada,
más allá del delirio y del eclipse,
de un modo casi angélico. De Elvira
lo primero que vi, hace tantos años,
fue la sonrisa y es también lo último.

SUSANA SOCA

Con lento amor miraba los dispersos
colores de la tarde. Le placía
perderse en la compleja melodía
o en la curiosa vida de los versos.
No el rojo elemental sino los grises
hilaron su destino delicado,
hecho a discriminar y ejercitado
en la vacilación y en los matices.
Sin atreverse a hollar este perplejo
laberinto, atisbaba desde afuera
las formas, el tumulto y la carrera,
como aquella otra dama del espejo.
Dioses que moran más allá del ruego
la abandonaron a ese tigre, el Fuego.

LA LUNA

Cuenta la historia que en aquel pasado
tiempo en que sucedieron tantas cosas
reales, imaginarias y dudosas,
un hombre concibió el desmesurado

proyecto de cifrar el universo
en un libro y con ímpetu infinito
erigió el alto y arduo manuscrito
y limó y declamó el último verso.

Gracias iba a rendir a la fortuna
cuando al alzar los ojos vio un bruñido
disco en el aire y comprendió, aturdido,
que se había olvidado de la luna.

La historia que he narrado aunque fingida,
bien puede figurar cl maleficio
de cuantos ejercemos el oficio
de cambiar en palabras nuestra vida.

Siempre se pierde lo esencial. Es una
ley de toda palabra sobre el numen.
No lo sabrá eludir este resumen
de mi largo comercio con la luna.

No sé dónde la vi por vez primera,
si en el cielo anterior de la doctrina
del griego o en la tarde que declina
sobre el patio del pozo y de la higuera.

Según se sabe, esta mudable vida
puede, entre tantas cosas, ser muy bella
y hubo así alguna tarde en que con ella
te miramos, oh luna compartida.

Más que las lunas de las noches puedo
recordar las del verso: la hechizada
dragon moon que da horror a la balada
y la luna sangrienta de Quevedo.

De otra luna de sangre y de escarlata
habló Juan en su libro de feroces
prodigios y de júbilos atroces;
otras más claras lunas hay de plata.

Pitágoras con sangre (narra una
tradición) escribía en un espejo
y los hombres leían el reflejo
en aquel otro espejo que es la luna.

De hierro hay una selva donde mora
el alto lobo cuya extraña suerte
es derribar la luna y darle muerte
cuando enrojezca el mar la última aurora.

(Esto el Norte profético lo sabe
y también que ese día los abiertos
mares del mundo infestará la nave
que se hace con las uñas de los muertos.)

Cuando, en Ginebra o Zurich, la fortuna
quiso que yo también fuera poeta,
me impuse, como todos, la secreta
obligación de definir la luna.

Con una suerte de estudiosa pena
agotaba modestas variaciones,
bajo el vivo temor de que Lugones
ya hubiera usado el ámbar o la arena.

De lejano marfil, de humo, de fría
nieve fueron las lunas que alumbraron
versos que ciertamente no lograron
el arduo honor de la tipografía.

Pensaba que el poeta es aquel hombre
que, como el rojo Adán del Paraíso,
impone a cada cosa su preciso
y verdadero y no sabido nombre.

Ariosto me enseñó que en la dudosa
luna moran los sueños, lo inasible,
el tiempo que se pierde, lo posible
o lo imposible, que es la misma cosa.

De la Diana triforme Apolodoro
me dejó divisar la sombra mágica;
Hugo me dio una hoz que era de oro,
y un irlandés, su negra luna trágica.

Y, mientras yo sondeaba aquella mina
de las lunas de la mitología,
ahí estaba, a la vuelta de la esquina,
la luna celestial de cada día.

Sé que entre todas las palabras, una
hay para recordarla o figurarla.
El secreto, a mi ver, está en usarla
con humildad. Es la palabra *luna*.

Ya no me atrevo a macular su pura
aparición con una imagen vana;
la veo indescifrable y cotidiana
y más allá de mi literatura.

Sé que la luna o la palabra *luna*
es una letra que fue creada para
la compleja escritura de esa rara
cosa que somos, numerosa y una.

Es uno de los símbolos que al hombre
da el hado o el azar que un día
de exaltación gloriosa o de agonía
pueda escribir su verdadero nombre.

LA LLUVIA

Bruscamente la tarde se ha aclarado
porque ya cae la lluvia minuciosa.
Cae y cayó. La lluvia es una cosa
que sin duda sucede en el pasado.

Quien la oye caer ha recobrado
el tiempo en que la suerte venturosa
le reveló una flor llamada *rosa*
y el curioso color del colorado.

Esta lluvia que ciega los cristales
alegrará en perdidos arrabales
las negras uvas de una parra en cierto

patio que ya no existe. La mojada
tarde me trae la voz, la voz deseada,
de mi padre que vuelve y que no ha muerto.

A LA EFIGIE DE UN CAPITÁN
DE LOS EJÉRCITOS DE CROMWELL

No rendirán de Marte las murallas
a éste, que salmos del Señor inspiran;
desde otra luz (desde otro siglo) miran
los ojos, que miraron las batallas.
La mano está en los hierros de la espada.
Por la verde región anda la guerra;
detrás de la penumbra está Inglaterra,
y el caballo y la gloria y tu jornada.
Capitán, los afanes son engaños,
vano el arnés y vana la porfía
del hombre, cuyo término es un día;
todo ha concluido hace ya muchos años.
El hierro que ha de herirte se ha herrumbrado;
estás (como nosotros) condenado.

A UN VIEJO POETA

Caminas por el campo de Castilla
y casi no lo ves. Un intrincado
versículo de Juan es tu cuidado
y apenas reparaste en la amarilla

puesta del sol. La vaga luz delira
y en el confín del Este se dilata
esa luna de escarnio y de escarlata
que es acaso el espejo de la Ira.

Alzas los ojos y la miras. Una
memoria de algo que fue tuyo empieza
y se apaga. La pálida cabeza

bajas y sigues caminando triste,
sin recordar el verso que escribiste:
Y su epitafio la sangrienta luna.

EL OTRO TIGRE

And the craft that createth a semblance.
MORRIS, *Sigurd the Volsung*, 1876

Pienso en un tigre. La penumbra exalta
la vasta Biblioteca laboriosa
y parece alejar los anaqueles;
fuerte, inocente, ensangrentado y nuevo,
él irá por su selva y su mañana
y marcará su rastro en la limosa
margen de un río cuyo nombre ignora
(en su mundo no hay nombres ni pasado
ni porvenir, sólo un instante cierto.)
Y salvará las bárbaras distancias
y husmeará en el trenzado laberinto
de los olores el olor del alba
y el olor deleitable del venado.
Entre las rayas del bambú descifro
sus rayas y presiento la osatura
bajo la piel espléndida que vibra.
En vano se interponen los convexos
mares y los desiertos del planeta;
desde esta casa de un remoto puerto
de América del Sur, te sigo y sueño,
oh tigre de las márgenes del Ganges.
Cunde la tarde en mi alma y reflexiono
que el tigre vocativo de mi verso
es un tigre de símbolos y sombras,
una serie de tropos literarios

y de memorias de la enciclopedia
y no el tigre fatal, la aciaga joya
que, bajo el sol o la diversa luna,
va cumpliendo en Sumatra o en Bengala
su rutina de amor, de ocio y de muerte.
Al tigre de los símbolos he opuesto
el verdadero, el de caliente sangre,
el que diezma la tribu de los búfalos
y hoy, 3 de agosto del 59,
alarga en la pradera una pausada
sombra, pero ya el hecho de nombrarlo
y de conjeturar su circunstancia
lo hace ficción del arte y no criatura
viviente de las que andan por la tierra.

Un tercer tigre buscaremos. Éste
será como los otros una forma
de mi sueño, un sistema de palabras
humanas y no el tigre vertebrado
que, más allá de las mitologías,
pisa la tierra. Bien lo sé, pero algo
me impone esta aventura indefinida,
insensata y antigua, y persevero
en buscar por el tiempo de la tarde
el otro tigre, el que no está en el verso.

BLIND PEW

Lejos del mar y de la hermosa guerra,
que así el amor lo que ha perdido alaba,
el bucanero ciego fatigaba
los terrosos caminos de Inglaterra.

Ladrado por los perros de las granjas,
pifia de los muchachos del poblado,
dormía un achacoso y agrietado
sueño en el negro polvo de las zanjas.

Sabía que en remotas playas de oro
era suyo un recóndito tesoro
y esto aliviaba su contraria suerte;

a ti también, en otras playas de oro,
te aguarda incorruptible tu tesoro:
la vasta y vaga y necesaria muerte.

ALUSIÓN A UNA SOMBRA
DE MIL OCHOCIENTOS NOVENTA Y TANTOS

Nada. Sólo el cuchillo de Muraña.
Sólo en la tarde gris la historia trunca.
No sé por qué en las tardes me acompaña
ese asesino que no he visto nunca.
Palermo era más bajo. El amarillo
paredón de la cárcel dominaba
arrabal y barrial. Por esa brava
región anduvo el sórdido cuchillo.
El cuchillo. La cara se ha borrado
y de aquel mercenario cuyo austero
oficio era el coraje, no ha quedado
más que una sombra y un fulgor de acero.
Que el tiempo, que los mármoles empaña,
salve este firme nombre, Juan Muraña.

ALUSIÓN A LA MUERTE
DEL CORONEL FRANCISCO BORGES
(1833-1874)

Lo dejo en el caballo, en esa hora
crepuscular en que buscó la muerte;
que de todas las horas de su suerte
ésta perdure, amarga y vencedora.
Avanza por el campo la blancura
del caballo y del poncho. La paciente
muerte acecha en los rifles. Tristemente
Francisco Borges va por la llanura.
Esto que lo cercaba, la metralla,
esto que ve, la pampa desmedida,
es lo que vio y oyó toda la vida.
Está en lo cotidiano, en la batalla.
Alto lo dejo en su épico universo
y casi no tocado por el verso.

IN MEMORIAM A. R.

El vago azar o las precisas leyes
que rigen este sueño, el universo,
me permitieron compartir un terso
trecho del curso con Alfonso Reyes.

Supo bien aquel arte que ninguno
supo del todo, ni Simbad ni Ulises,
que es pasar de un país a otros países
y estar íntegramente en cada uno.

Si la memoria le clavó su flecha
alguna vez, labró con el violento
metal del arma el numeroso y lento
alejandrino o la afligida endecha.

En los trabajos lo asistió la humana
esperanza y fue lumbre de su vida
dar con el verso que ya no se olvida
y renovar la prosa castellana.

Más allá del Myo Cid de paso tardo
y de la grey que aspira a ser oscura,
rastreaba la fugaz literatura
hasta los arrabales del lunfardo.

En los cinco jardines del Marino
se demoró, pero algo en él había
inmortal y esencial que prefería
el arduo estudio y el deber divino.

Prefirió, mejor dicho, los jardines
de la meditación, donde Porfirio
erigió ante las sombras y el delirio
el Árbol del Principio y de los Fines.

Reyes, la indescifrable Providencia
que administra lo pródigo y lo parco
nos dio a los unos el sector o el arco,
pero a ti la total circunferencia.

Lo dichoso buscabas o lo triste
que ocultan frontispicios y renombres;
como el Dios del Erígena, quisiste
ser nadie para ser todos los hombres.

Vastos y delicados esplendores
logró tu estilo, esa precisa rosa,
y a las guerras de Dios tornó gozosa
la sangre militar de tus mayores.

¿Dónde estará (pregunto) el mexicano?
¿Contemplará con el horror de Edipo
ante la extraña Esfinge, el Arquetipo
inmóvil de la Cara o de la Mano?

¿O errará, como Swedenborg quería,
por un orbe más vívido y complejo
que el terrenal, que apenas es reflejo
de aquella alta y celeste algarabía?

Si (como los imperios de la laca
y del ébano enseñan) la memoria
labra su íntimo Edén, ya hay en la gloria
otro México y otro Cuernavaca.

Sabe Dios los colores que la suerte
propone al hombre más allá del día;
yo ando por estas calles. Todavía
muy poco se me alcanza de la muerte.

Sólo una cosa sé. Que Alfonso Reyes
(dondequiera que el mar lo haya arrojado)
se aplicará dichoso y desvelado
al otro enigma y a las otras leyes.

Al impar tributemos, al diverso
las palmas y el clamor de la victoria;
no profane mi lágrima este verso
que nuestro amor inscribe a su memoria.

LOS BORGES

Nada o muy poco sé de mis mayores
portugueses, los Borges: vaga gente
que prosigue en mi carne, oscuramente,
sus hábitos, rigores y temores.
Tenues como si nunca hubieran sido
y ajenos a los trámites del arte,
indescifrablemente forman parte
del tiempo, de la tierra y del olvido.
Mejor así. Cumplida la faena,
son Portugal, son la famosa gente
que forzó las murallas del Oriente
y se dio al mar y al otro mar de arena.
Son el rey que en el místico desierto
se perdió y el que jura que no ha muerto.

A LUIS DE CAMOENS

Sin lástima y sin ira el tiempo mella
las heroicas espadas. Pobre y triste
a tu patria nostálgica volviste,
oh capitán, para morir en ella
y con ella. En el mágico desierto
la flor de Portugal se había perdido
y el áspero español, antes vencido,
amenazaba su costado abierto.
Quiero saber si aquende la ribera
última comprendiste humildemente
que todo lo perdido, el Occidente
y el Oriente, el acero y la bandera,
perduraría (ajeno a toda humana
mutación) en tu *Eneida* lusitana.

MIL NOVECIENTOS VEINTITANTOS

La rueda de los astros no es infinita
y el tigre es una de las formas que vuelven,
pero nosotros, lejos del azar y de la aventura,
nos creíamos desterrados a un tiempo exhausto,
el tiempo en el que nada puede ocurrir.
El universo, el trágico universo, no estaba aquí
y fuerza era buscarlo en los ayeres;
yo tramaba una humilde mitología de tapias y cuchillos
y Ricardo pensaba en sus reseros.
No sabíamos que el porvenir encerraba el rayo,
no presentimos el oprobio, el incendio y la tremenda noche de la
                                                              [Alianza;
nada nos dijo que la historia argentina echaría a andar por las
                                                              [calles,
la historia, la indignación, el amor,
las muchedumbres como el mar, el nombre de Córdoba,
el sabor de lo real y de lo increíble, el horror y la gloria.

ODA COMPUESTA EN 1960

El claro azar o las secretas leyes
que rigen este sueño, mi destino,
quieren, oh necesaria y dulce patria
que no sin gloria y sin oprobio abarcas
ciento cincuenta laboriosos años,
que yo, la gota, hable contigo, el río,
que yo, el instante, hable contigo, el tiempo,
y que el íntimo diálogo recurra,
como es de uso, a los ritos y a la sombra
que aman los dioses y al pudor del verso.

Patria, yo te he sentido en los ruinosos
ocasos de los vastos arrabales
y en esa flor de cardo que el pampero
trae al zaguán y en la paciente lluvia
y en las lentas costumbres de los astros
y en la mano que templa una guitarra
y en la gravitación de la llanura
que desde lejos nuestra sangre siente
como el britano el mar y en los piadosos
símbolos y jarrones de una bóveda
y en el rendido amor de los jazmines

y en la plata de un marco y en el suave
roce de la caoba silenciosa
y en sabores de carnes y de frutas
y en la bandera casi azul y blanca
de un cuartel y en historias desganadas
de cuchillo y de esquina y en las tardes

iguales que se apagan y nos dejan
y en la vaga memoria complacida
de patios con esclavos que llevaban
el nombre de sus amos y en las pobres
hojas de aquellos libros para ciegos
que el fuego dispersó y en la caída
de las épicas lluvias de setiembre
que nadie olvidará, pero estas cosas
son apenas tus modos y tus símbolos.

Eres más que tu largo territorio
y que los días de tu largo tiempo,
eres más que la suma inconcebible
de tus generaciones. No sabemos
cómo eres para Dios en el viviente
seno de los eternos arquetipos,
pero por ese rostro vislumbrado
vivimos y morimos y anhelamos,
oh inseparable y misteriosa patria.

ARIOSTO Y LOS ÁRABES

Nadie puede escribir un libro. Para
que un libro sea verdaderamente,
se requieren la aurora y el poniente,
siglos, armas y el mar que une y separa.

Así lo pensó Ariosto, que al agrado
lento se dio, en el ocio de caminos
de claros mármoles y negros pinos,
de volver a soñar lo ya soñado.

El aire de su Italia estaba henchido
de sueños, que con formas de la guerra
que en duros siglos fatigó la tierra
urdieron la memoria y el olvido.

Una legión que se perdió en los valles
de Aquitania cayó en una emboscada;
así nació aquel sueño de una espada
y del cuerno que clama en Roncesvalles.

Sus ídolos y ejércitos el duro
sajón sobre los huertos de Inglaterra
dilató en apretada y torpe guerra
y de esas cosas quedó un sueño: Arturo.

De las islas boreales donde un ciego
sol desdibuja el mar, llegó aquel sueño
de una virgen dormida que a su dueño
aguarda, tras un círculo de fuego.

Quién sabe si de Persia o del Parnaso
vino aquel sueño del corcel alado
que por el aire el hechicero armado
urge y que se hunde en el desierto ocaso.

Como desde el corcel del hechicero,
Ariosto vio los reinos de la tierra
surcada por las fiestas de la guerra
y del joven amor aventurero.

Como a través de tenue bruma de oro
vio en el mundo un jardín que sus confines
dilata en otros íntimos jardines
para el amor de Angélica y Medoro.

Como los ilusorios esplendores
que al Indostán deja entrever el opio,
pasan por el Furioso los amores
en un desorden de calidoscopio.

Ni el amor ignoró ni la ironía
y soñó así, de pudoroso modo,
el singular castillo en el que todo
es (como en esta vida) una falsía.

Como a todo poeta, la fortuna
o el destino le dio una suerte rara;
iba por los caminos de Ferrara
y al mismo tiempo andaba por la luna.

Escoria de los sueños, indistinto
limo que el Nilo de los sueños deja,
con ellos fue tejida la madeja
de ese resplandeciente laberinto,

de ese enorme diamante en el que un hombre
puede perderse venturosamente
por ámbitos de música indolente,
más allá de su carne y de su nombre.

Europa entera se perdió. Por obra
de aquel ingenuo y malicioso arte,
Milton pudo llorar de Brandimarte
el fin y de Dalinda la zozobra.

Europa se perdió, pero otros dones
dio el vasto sueño a la famosa gente
que habita los desiertos del Oriente
y la noche cargada de leones.

De un rey que entrega, al despuntar el día,
su reina de una noche a la implacable
cimitarra, nos cuenta el deleitable
libro que al tiempo hechiza todavía.

Alas que son la brusca noche, crueles
garras de las que pende un elefante,
magnéticas montañas cuyo amante
abrazo despedaza los bajeles,

la tierra sostenida por un toro
y el toro por un pez; abracadabras,
talismanes y místicas palabras
que en el granito abren cavernas de oro;

esto soñó la sarracena gente
que sigue las banderas de Agramante;
esto, que vagos rostros con turbante
soñaron, se adueñó del Occidente.

Y el Orlando es ahora una risueña
región que alarga inhabitadas millas
de indolentes y ociosas maravillas
que son un sueño que ya nadie sueña.

Por islámicas artes reducido
a simple erudición, a mera historia,
está solo, soñándose. (La gloria
es una de las formas del olvido.)

Por el cristal ya pálido la incierta
luz de una tarde más toca el volumen
y otra vez arden y otra se consumen
los oros que envanecen la cubierta.

En la desierta sala el silencioso
libro viaja en el tiempo. Las auroras
quedan atrás y las nocturnas horas
y mi vida, este sueño presuroso.

AL INICIAR EL ESTUDIO
DE LA GRAMÁTICA ANGLOSAJONA

Al cabo de cincuenta generaciones
(tales abismos nos depara a todos el tiempo)
vuelvo en la margen ulterior de un gran río
que no alcanzaron los dragones del viking,
a las ásperas y laboriosas palabras
que, con una boca hecha polvo,
usé en los días de Nortumbria y de Mercia,
antes de ser Haslam o Borges.
El sábado leímos que Julio César
fue el primero que vino de Romeburh para debelar a Bretaña;
antes que vuelvan los racimos habré escuchado
la voz del ruiseñor del enigma
y la elegía de los doce guerreros
que rodean el túmulo de su rey.
Símbolos de otros símbolos, variaciones
del futuro inglés o alemán me parecen estas palabras
que alguna vez fueron imágenes
y que un hombre usó para celebrar el mar o una espada;
mañana volverán a vivir,
mañana *fyr* no será *fire* sino esa suerte
de dios domesticado y cambiante
que a nadie le está dado mirar sin un antiguo asombro.
Alabada sea la infinita
urdimbre de los efectos y de las causas
que antes de mostrarme el espejo
en que no veré a nadie o veré a otro
me concede esta pura contemplación
de un lenguaje del alba.

LUCAS, XXIII

Gentil o hebreo o simplemente un hombre
cuya cara en el tiempo se ha perdido;
ya no rescataremos del olvido
las silenciosas letras de su nombre.

Supo de la clemencia lo que puede
saber un bandolero que Judea
clava a una cruz. Del tiempo que antecede
nada alcanzamos hoy. En su tarea

última de morir crucificado,
oyó, entre los escarnios de la gente,
que el que estaba muriéndose a su lado
era Dios y le dijo ciegamente:

*Acuérdate de mí cuando vinieres
a tu reino*, y la voz inconcebible
que un día juzgará a todos los seres
le prometió desde la Cruz terrible

el Paraíso. Nada más dijeron
hasta que vino el fin, pero la historia
no dejará que muera la memoria
de aquella tarde en que los dos murieron.

Oh amigos, la inocencia de este amigo
de Jesucristo, ese candor que hizo

que pidiera y ganara el Paraíso
desde las ignominias del castigo,

era el que tantas veces al pecado
lo arrojó y al azar ensangrentado.

ADROGUÉ

Nadie en la noche indescifrable tema
que yo me pierda entre las negras flores
del parque, donde tejen su sistema
propicio a los nostálgicos amores

o al ocio de las tardes, la secreta
ave que siempre un mismo canto afina,
el agua circular y la glorieta,
la vaga estatua y la dudosa ruina.

Hueca en la hueca sombra, la cochera
marca (lo sé) los trémulos confines
de este mundo de polvo y de jazmines,
grato a Verlaine y grato a Julio Herrera.

Su olor medicinal dan a la sombra
los eucaliptos: ese olor antiguo
que, más allá del tiempo y del ambiguo
lenguaje, el tiempo de las quintas nombra.

Mi paso busca y halla el esperado
umbral. Su oscuro borde la azotea
define y en el patio ajedrezado
la canilla periódica gotea.

Duermen del otro lado de las puertas
aquellos que por obra de los sueños
son en la sombra visionaria dueños
del vasto ayer y de las cosas muertas.

Cada objeto conozco de este viejo
edificio: las láminas de mica
sobre esa piedra gris que se duplica
continuamente en el borroso espejo

y la cabeza de león que muerde
una argolla y los vidrios de colores
que revelan al niño los primores
de un mundo rojo y de otro mundo verde.

Más allá del azar y de la muerte
duran, y cada cual tiene su historia,
pero todo esto ocurre en esa suerte
de cuarta dimensión, que es la memoria.

En ella y sólo en ella están ahora
los patios y jardines. El pasado
los guarda en ese círculo vedado
que a un tiempo abarca el véspero y la aurora.

¿Cómo pude perder aquel preciso
orden de humildes y queridas cosas,
inaccesibles hoy como las rosas
que dio al primer Adán el Paraíso?

El antiguo estupor de la elegía
me abruma cuando pienso en esa casa
y no comprendo cómo el tiempo pasa,
yo, que soy tiempo y sangre y agonía.

ARTE POÉTICA

Mirar el río hecho de tiempo y agua
y recordar que el tiempo es otro río,
saber que nos perdemos como el río
y que los rostros pasan como el agua.

Sentir que la vigilia es otro sueño
que sueña no soñar y que la muerte
que teme nuestra carne es esa muerte
de cada noche, que se llama sueño.

Ver en el día o en el año un símbolo
de los días del hombre y de sus años,
convertir el ultraje de los años
en una música, un rumor y un símbolo,

ver en la muerte el sueño, en el ocaso
un triste oro, tal es la poesía
que es inmortal y pobre. La poesía
vuelve como la aurora y el ocaso.

A veces en las tardes una cara
nos mira desde el fondo de un espejo;
el arte debe ser como ese espejo
que nos revela nuestra propia cara.

Cuentan que Ulises, harto de prodigios,
lloró de amor al divisar su Ítaca
verde y humilde. El arte es esa Ítaca
de verde eternidad, no de prodigios.

También es como el río interminable
que pasa y queda y es cristal de un mismo
Heráclito inconstante, que es el mismo
y es otro, como el río interminable.

MUSEO

CUARTETA

Murieron otros, pero ello aconteció en el pasado,
que es la estación (nadie lo ignora) más propicia a la muerte.
¿Es posible que yo, súbdito de Yaqub Almansur,
muera como tuvieron que morir las rosas y Aristóteles?

Del *Diván de Almotásim el Magrebí*
(siglo XII)

LÍMITES

Hay una línea de Verlaine que no volveré a recordar.
Hay una calle próxima que está vedada a mis pasos,
hay un espejo que me ha visto por última vez,
hay una puerta que he cerrado hasta el fin del mundo.
Entre los libros de mi biblioteca (estoy viéndolos)
hay alguno que ya nunca abriré.
Este verano cumpliré cincuenta años;
la muerte me desgasta, incesante.

De *Inscripciones*, de Julio Platero Haedo
(Montevideo, 1923)

EL POETA DECLARA SU NOMBRADÍA

El Círculo del cielo mide mi gloria,
las bibliotecas del Oriente se disputan mis versos,
los emires me buscan para llenarme de oro la boca,
los ángeles ya saben de memoria mi último zéjel.
Mis instrumentos de trabajo son la humillación y la angustia;
ojalá yo hubiera nacido muerto.

Del *Diván de Abulcásim el Hadramí*
(siglo XII)

EL ENEMIGO GENEROSO

*Magnus Barford, en el año 1102, emprendió la conquis-
ta general de los reinos de Irlanda; se dice que la víspe-
ra de su muerte recibió este saludo de Muirchertach, rey
en Dublín:*

Que en tus ejércitos militen el oro y la tempestad, Magnus Barford.
Que mañana, en los campos de mi reino, sea feliz tu batalla.
Que tus manos de rey tejan terribles la tela de la espada.
Que sean alimento del cisne rojo los que se oponen a tu espada.
Que te sacien de gloria tus muchos dioses, que te sacien de sangre.
Que seas victorioso en la aurora rey que pisas a Irlanda.
Que de tus muchos días ninguno brille como el día de mañana.
Porque ese día será el último. Te lo juro, rey Magnus.
Porque antes que se borre su luz, te venceré y te borraré, Magnus
[Barford.

De *Anhang zur Heimskringla*
de H. Gering, 1893

LE REGRET D'HÉRACLITE

Yo, que tantos hombres he sido, no he sido nunca
aquel en cuyo amor desfallecía Matilde Urbach.

Gaspar Camerarius, en
Deliciae Poetarum Borussiae, VII, 16.

EPÍLOGO

Quiera Dios que la monotonía esencial de esta miscelánea (que el tiempo ha compilado, no yo, y que admite piezas pretéritas que no me he atrevido a enmendar, porque las escribí con otro concepto de la literatura) sea menos evidente que la diversidad geográfica o histórica de los temas. De cuantos libros he entregado a la imprenta, ninguno, creo, es tan personal como esta colecticia y desordenada silva de varia lección, *precisamente porque abunda en reflejos y en interpolaciones. Pocas cosas me han ocurrido y muchas he leído. Mejor dicho: pocas cosas me han ocurrido más dignas de memoria que el pensamiento de Schopenhauer o la música verbal de Inglaterra.*

Un hombre se propone la tarea de dibujar el mundo. A lo largo de los años puebla un espacio con imágenes de provincias, de reinos, de montañas, de bahías, de naves, de islas, de peces, de habitaciones, de instrumentos, de astros, de caballos y de personas. Poco antes de morir, descubre que ese paciente laberinto de líneas traza la imagen de su cara.

J. L. B.
Buenos Aires, 31 de octubre de 1960

EL OTRO, EL MISMO

(1964)

PRÓLOGO

De los muchos libros de versos que mi resignación, mi descuido y a veces mi pasión fueron borroneando, El otro, el mismo *es el que prefiero. Ahí están el «Otro poema de los dones», el «Poema conjetural», «Una rosa y Milton» y «Junín», que si la parcialidad no me engaña, no me deshonran. Ahí están asimismo mis hábitos: Buenos Aires, el culto de los mayores, la germanística, la contradicción del tiempo que pasa y de la identidad que perdura, mi estupor de que el tiempo, nuestra substancia, pueda ser compartido.*

Este libro no es otra cosa que una compilación. Las piezas fueron escribiéndose para diversos moods *y momentos, no para justificar un volumen. De ahí las previsibles monotonías, la repetición de palabras y tal vez de líneas enteras. En su cenáculo de la calle Victoria, el escritor —llamémoslo así— Alberto Hidalgo señaló mi costumbre de escribir la misma página dos veces, con variaciones mínimas. Lamento haberle contestado que él era no menos binario, salvo que en su caso particular la versión primera era de otro. Tales eran los deplorables modales de aquella época, que muchos miran con nostalgia. Todos queríamos ser héroes de anécdotas triviales. La observación de Hidalgo era justa; «Alexander Selkirk» no difiere notoriamente de «Odisea, libro vigésimo tercero»; «El puñal» prefigura la milonga que he titulado «Un cuchillo en el Norte» y quizá el relato «El encuentro». Lo extraño, lo que no acabo de entender, es que mis segundas versiones, como ecos apagados e involuntarios, suelen ser inferiores a las primeras. En Lubbock, al borde del desierto, una alta muchacha me preguntó si al escribir «El Golem», yo no había intentado una variación de «Las ruinas circulares»; le respondí que había tenido que atravesar todo el continente para recibir esa revelación, que era verdadera. Ambas composiciones, por lo demás, tienen sus diferencias; el soñador soñado está en una, la relación de la* divinidad con el hombre y acaso la del poeta con la obra, en la que después redacté.

Los idiomas del hombre son tradiciones que entrañan algo de fatal. Los experimentos individuales son, de hecho, mínimos, salvo cuando el innovador se resigna a labrar un espécimen de museo, un juego destinado a la discusión de los historiadores de la literatura o al mero escándalo, como el Finnegans Wake o las Soledades. Alguna vez me atrajo la tentación de trasladar al castellano la música del inglés o del alemán; si hubiera ejecutado esa aventura, acaso imposible, yo sería un gran poeta, como aquel Garcilaso que nos dio la música de Italia, o como aquel anónimo sevillano que nos dio la de Roma, o como Darío, que nos dio la de Francia. No pasé de algún borrador urdido con palabras de pocas sílabas, que juiciosamente destruí.

Es curiosa la suerte del escritor. Al principio es barroco, vanidosamente barroco, y al cabo de los años puede lograr, si son favorables los astros, no la sencillez, que no es nada, sino la modesta y secreta complejidad.

Menos que las escuelas me ha educado una biblioteca –la de mi padre–; pese a las vicisitudes del tiempo y de las geografías, creo no haber leído en vano aquellos queridos volúmenes. En el «Poema conjetural» se advertirá la influencia de los monólogos dramáticos de Robert Browning; en otros, la de Lugones y, así lo espero, la de Whitman. Al rever estas páginas, me he sentido más cerca del modernismo que de las sectas ulteriores que su corrupción engendró y que ahora lo niegan.

Pater escribió que todas las artes propenden a la condición de la música, acaso porque en ella el fondo es la forma, ya que no podemos referir una melodía como podemos referir las líneas generales de un cuento. La poesía, admitido ese dictamen, sería un arte híbrido: la sujeción de un sistema abstracto de símbolos, el lenguaje, a fines musicales. Los diccionarios tienen la culpa de ese concepto erróneo. Suele olvidarse que son repertorios artificiosos, muy posteriores a las lenguas que ordenan. La raíz del lenguaje es irracional y de carácter mágico. El danés que articulaba el nombre de Thor o el sajón que articulaba el nombre de Thunor no sabía si esas palabras significaban *el dios del trueno o el estrépito que sucede al relámpago. La poesía quiere volver a esa antigua magia. Sin prefijadas leyes, obra de un modo vacilante y osado, como si caminara en la oscuridad. Ajedrez misterioso la poesía, cuyo tablero y cuyas piezas cambian como en un sueño y sobre el cual me inclinaré después de haber muerto.*

J. L. B.

INSOMNIO

De fierro,
de encorvados tirantes de enorme fierro, tiene que ser la noche,
para que no la revienten y la desfonden
las muchas cosas que mis abarrotados ojos han visto,
las duras cosas que insoportablemente la pueblan.

Mi cuerpo ha fatigado los niveles, las temperaturas, las luces:
en vagones de largo ferrocarril,
en un banquete de hombres que se aborrecen,
en el filo mellado de los suburbios,
en una quinta calurosa de estatuas húmedas,
en la noche repleta donde abundan el caballo y el hombre.

El universo de esta noche tiene la vastedad
del olvido y la precisión de la fiebre.

En vano quiero distraerme del cuerpo
y del desvelo de un espejo incesante
que lo prodiga y que lo acecha
y de la casa que repite sus patios
y del mundo que sigue hasta un despedazado arrabal
de callejones donde el viento se cansa y de barro torpe.

En vano espero
las desintegraciones y los símbolos que preceden al sueño.

Sigue la historia universal:
los rumbos minuciosos de la muerte en las caries dentales,
la circulación de mi sangre y de los planetas.

(He odiado el agua crapulosa de un charco,
he aborrecido en el atardecer el canto del pájaro.)

Las fatigadas leguas incesantes del suburbio del Sur,
leguas de pampa basurera y obscena, leguas de execración,
no se quieren ir del recuerdo.
Lotes anegadizos, ranchos en montón como perros, charcos de
[plata fétida:
soy el aborrecible centinela de esas colocaciones inmóviles.

Alambre, terraplenes, papeles muertos, sobras de Buenos Aires.

Creo esta noche en la terrible inmortalidad:
ningún hombre ha muerto en el tiempo, ninguna mujer, ningún
[muerto,
porque esta inevitable realidad de fierro y de barro
tiene que atravesar la indiferencia de cuantos estén dormidos o
[muertos
—aunque se oculten en la corrupción y en los siglos—
y condenarlos a vigilia espantosa.

Toscas nubes color borra de vino infamarán el cielo;
amanecerá en mis párpados apretados.

Adrogué, 1936

TWO ENGLISH POEMS

To Beatriz Bibiloni Webster de Bullrich

I

The useless dawn finds me in a deserted streetcorner; I have outlived the night.

Nights are proud waves: darkblue topheavy waves laden with all hues of deep spoil, laden with things unlikely and desirable.

Nights have a habit of mysterious gifts and refusals, of things half given away, half withheld, of joys with a dark hemisphere. Nights act that way, I tell you.

The surge, that night, left me the customary shreds and odd ends: some hated friends to chat with, music for dreams, and the smoking of bitter ashes. The things my hungry heart has no use for.

The big wave brought you.

Words, any words, your laughter; and you so lazily and incessantly beautiful. We talked and you have forgotten the words.

The shattering dawn finds me in a deserted street of my city.

Your profile turned away, the sounds that go to make your name, the lilt of your laughter: these are illustrious toys you have left me.

I turn them over in the dawn, I lose them, I find them; I tell them to the few stray dogs and to the few stray stars of the dawn.

Your dark rich life...

I must get at you, somehow: I put away those illustrious toys you have left me, I want your hidden look, your real smile –that lonely, mocking smile your cool mirror knows.

II

What can I hold you with?

I offer you lean streets, desperate sunsets, the moon of the jagged
suburbs.

I offer you the bitterness of a man who has looked long and long at
the lonely moon.

I offer you my ancestors, my dead men, the ghosts that living men
have honoured in bronze: my father's father killed in the
frontier of Buenos Aires, two bullets through his lungs, bear-
ded and dead, wrapped by his soldiers in the hide of a cow;
my mother's grandfather –just twenty four– heading a char-
ge of three hundred men in Peru, now ghosts on vanished
horses.

I offer you whatever insight my books may hold, whatever manli-
ness or humour my life.

I offer you the loyalty of a man who has never been loyal.

I offer you that kernel of myself that I have saved, somehow –the
central heart that deals not in words, traffics not with dreams
and is untouched by time, by joy, by adversities.

I offer you the memory of a yellow rose seen at sunset, years befo-
re you were born.

I offer you explanations of yourself, theories about yourself,
authentic and surprising news of yourself.

I can give you my loneliness, my darkness, the hunger of my heart;
I am trying to bribe you with uncertainty, with danger, with
defeat.

1934

LA NOCHE CÍCLICA

A Sylvina Bullrich

Lo supieron los arduos alumnos de Pitágoras:
los astros y los hombres vuelven cíclicamente;
los átomos fatales repetirán la urgente
Afrodita de oro, los tebanos, las ágoras.

En edades futuras oprimirá el centauro
con el casco solípedo el pecho del lapita;
cuando Roma sea polvo, gemirá en la infinita
noche de su palacio fétido el minotauro.

Volverá toda noche de insomnio: minuciosa.
La mano que esto escribe renacerá del mismo
vientre. Férreos ejércitos construirán el abismo.
(David Hume de Edimburgo dijo la misma cosa.)

No sé si volveremos en un ciclo segundo
como vuelven las cifras de una fracción periódica;
pero sé que una oscura rotación pitagórica
noche a noche me deja en un lugar del mundo

que es de los arrabales. Una esquina remota
que puede ser del Norte, del Sur o del Oeste,
pero que tiene siempre una tapia celeste,
una higuera sombría y una vereda rota.

Ahí está Buenos Aires. El tiempo que a los hombres
trae el amor o el oro, a mí apenas me deja
esta rosa apagada, esta vana madeja
de calles que repiten los pretéritos nombres

de mi sangre: Laprida, Cabrera, Soler, Suárez...
Nombres en que retumban (ya secretas) las dianas,
las repúblicas, los caballos y las mañanas,
las felices victorias, las muertes militares.

Las plazas agravadas por la noche sin dueño
son los patios profundos de un árido palacio
y las calles unánimes que engendran el espacio
son corredores de vago miedo y de sueño.

Vuelve la noche cóncava que descifró Anaxágoras;
vuelve a mi carne humana la eternidad constante
y el recuerdo ¿el proyecto? de un poema incesante:
«Lo supieron los arduos alumnos de Pitágoras...».

1940

DEL INFIERNO Y DEL CIELO

El Infierno de Dios no necesita
el esplendor del fuego. Cuando el Juicio
Universal retumbe en las trompetas
y la tierra publique sus entrañas
y resurjan del polvo las naciones
para acatar la Boca inapelable,
los ojos no verán los nueve círculos
de la montaña inversa; ni la pálida
pradera de perennes asfodelos
donde la sombra del arquero sigue
la sombra de la corza, eternamente;
ni la loba de fuego que en el ínfimo
piso de los infiernos musulmanes
es anterior a Adán y a los castigos;
ni violentos metales, ni siquiera
la visible tiniebla de Juan Milton.
No oprimirá un odiado laberinto
de triple hierro y fuego doloroso
las atónitas almas de los réprobos.

Tampoco el fondo de los años guarda
un remoto jardín. Dios no requiere
para alegrar los méritos del justo,
orbes de luz, concéntricas teorías
de tronos, potestades, querubines,
ni el espejo ilusorio de la música
ni las profundidades de la rosa
ni el esplendor aciago de uno solo
de Sus tigres, ni la delicadeza

de un ocaso amarillo en el desierto
ni el antiguo, natal sabor del agua.
En Su misericordia no hay jardines
ni luz de una esperanza o de un recuerdo.

En el cristal de un sueño he vislumbrado
el Cielo y el Infierno prometidos:
cuando el Juicio retumbe en las trompetas
últimas y el planeta milenario
sea obliterado y bruscamente cesen
¡oh Tiempo! tus efímeras pirámides,
los colores y líneas del pasado
definirán en la tiniebla un rostro
durmiente, inmóvil, fiel, inalterable
(tal vez el de la amada, quizá el tuyo)
y la contemplación de ese inmediato
rostro incesante, intacto, incorruptible,
será para los réprobos, Infierno;
para los elegidos, Paraíso.

1942

POEMA CONJETURAL

El doctor Francisco Laprida, asesinado el día 22 de setiembre de 1829, por los montoneros de Aldao, piensa antes de morir:

Zumban las balas en la tarde última.
Hay viento y hay cenizas en el viento,
se dispersan el día y la batalla
deforme, y la victoria es de los otros.
Vencen los bárbaros, los gauchos vencen.
Yo, que estudié las leyes y los cánones,
yo, Francisco Narciso de Laprida,
cuya voz declaró la independencia
de estas crueles provincias, derrotado,
de sangre y de sudor manchado el rostro,
sin esperanza ni temor, perdido,
huyo hacia el Sur por arrabales últimos.
Como aquel capitán del Purgatorio
que, huyendo a pie y ensangrentando el llano,
fue cegado y tumbado por la muerte
donde un oscuro río pierde el nombre,
así habré de caer. Hoy es el término.
La noche lateral de los pantanos
me acecha y me demora. Oigo los cascos
de mi caliente muerte que me busca
con jinetes, con belfos y con lanzas.

Yo que anhelé ser otro, ser un hombre
de sentencias, de libros, de dictámenes,

a cielo abierto yaceré entre ciénagas;
pero me endiosa el pecho inexplicable
un júbilo secreto. Al fin me encuentro
con mi destino sudamericano.
A esta ruinosa tarde me llevaba
el laberinto múltiple de pasos
que mis días tejieron desde un día
de la niñez. Al fin he descubierto
la recóndita clave de mis años,
la suerte de Francisco de Laprida,
la letra que faltaba, la perfecta
forma que supo Dios desde el principio.
En el espejo de esta noche alcanzo
mi insospechado rostro eterno. El círculo
se va a cerrar. Yo aguardo que así sea.

Pisan mis pies la sombra de las lanzas
que me buscan. Las befas de mi muerte,
los jinetes, las crines, los caballos,
se ciernen sobre mí... Ya el primer golpe,
ya el duro hierro que me raja el pecho,
el íntimo cuchillo en la garganta.

1943

POEMA DEL CUARTO ELEMENTO

El dios a quien un hombre de la estirpe de Atreo
apresó en una playa que el bochorno lacera,
se convirtió en león, en dragón, en pantera,
en un árbol y en agua. Porque el agua es Proteo.

Es la nube, la irrecordable nube, es la gloria
del ocaso que ahonda, rojo, los arrabales;
es el Maelström que tejen los vórtices glaciales,
y la lágrima inútil que doy a tu memoria.

Fue, en las cosmogonías, el origen secreto
de la tierra que nutre, del fuego que devora,
de los dioses que rigen el poniente y la aurora.
(Así lo afirman Séneca y Tales de Mileto.)

El mar y la moviente montaña que destruye
a la nave de hierro sólo son tus anáforas,
y el tiempo irreversible que nos hiere y que huye,
agua, no es otra cosa que una de tus metáforas.

Fuiste, bajo ruinosos vientos, el laberinto
sin muros ni ventana, cuyos caminos grises
largamente desviaron al anhelado Ulises,
de la Muerte segura y el Azar indistinto.

Brillas como las crueles hojas de los alfanjes,
hospedas, como el sueño, monstruos y pesadillas.
Los lenguajes del hombre te agregan maravillas
y tu fuga se llama el Éufrates o el Ganges.

(Afirman que es sagrada el agua del postrero,
pero como los mares urden oscuros canjes
y el planeta es poroso, también es verdadero
afirmar que todo hombre se ha bañado en el Ganges.)

De Quincey, en el tumulto de los sueños, ha visto
empedrarse tu océano de rostros, de naciones;
has aplacado el ansia de las generaciones,
has lavado la carne de mi padre y de Cristo.

Agua, te lo suplico. Por este soñoliento
nudo de numerosas palabras que te digo,
acuérdate de Borges, tu nadador, tu amigo.
No faltes a mis labios en el postrer momento.

A UN POETA MENOR DE LA ANTOLOGÍA

¿Dónde está la memoria de los días
que fueron tuyos en la tierra, y tejieron
dicha y dolor y fueron para ti el universo?

El río numerable de los años
los ha perdido; eres una palabra en un índice.

Dieron a otros gloria interminable los dioses,
inscripciones y exergos y monumentos y puntuales historiadores;
de ti sólo sabemos, oscuro amigo,
que oíste al ruiseñor, una tarde.

Entre los asfodelos de la sombra, tu vana sombra
pensará que los dioses han sido avaros.

Pero los días son una red de triviales miserias,
¿y habrá suerte mejor que la ceniza
de que está hecho el olvido?

Sobre otros arrojaron los dioses
la inexorable luz de la gloria, que mira las entrañas y enumera las
[grietas,
de la gloria, que acaba por ajar la rosa que venera;
contigo fueron más piadosos, hermano.

En el éxtasis de un atardecer que no será una noche,
oyes la voz del ruiseñor de Teócrito.

PÁGINA PARA RECORDAR
AL CORONEL SUÁREZ, VENCEDOR EN JUNÍN

Qué importan las penurias, el destierro,
la humillación de envejecer, la sombra creciente
del dictador sobre la patria, la casa en el Barrio del Alto
que vendieron sus hermanos mientras guerreaba, los días inútiles
(los días que uno espera olvidar, los días que uno sabe que
                                                [olvidará),
si tuvo su hora alta, a caballo,
en la visible pampa de Junín como en un escenario para el futuro,
como si el anfiteatro de montañas fuera el futuro.

Qué importa el tiempo sucesivo si en él
hubo una plenitud, un éxtasis, una tarde.

Sirvió trece años en las guerras de América. Al fin
la suerte lo llevó al Estado Oriental, a campos del río Negro.
En los atardeceres pensaría
que para él había florecido esa rosa:
la encarnada batalla de Junín, el instante infinito
en que las lanzas se tocaron, la orden que movió la batalla,
la derrota inicial, y entre los fragores
(no menos brusca para él que para la tropa)
su voz gritando a los peruanos que arremetieran,
la luz, el ímpetu y la fatalidad de la carga,
el furioso laberinto de los ejércitos,
la batalla de lanzas en la que no retumbó un solo tiro,
el *godo* que atravesó con el hierro,
la victoria, la felicidad, la fatiga, un principio de sueño,
y la gente muriendo entre los pantanos,
y Bolívar pronunciando palabras sin duda históricas

y el sol ya occidental y el recuperado sabor del agua y del vino,
y aquel muerto sin cara porque la pisó y borró la batalla...

Su bisnieto escribe estos versos y una tácita voz
desde lo antiguo de la sangre le llega:
—Qué importa mi batalla de Junín si es una gloriosa memoria,
una fecha que se aprende para un examen o un lugar en el atlas.
La batalla es eterna y puede prescindir de la pompa
de visibles ejércitos con clarines;
Junín son dos civiles que en una esquina maldicen a un tirano,
o un hombre oscuro que se muere en la cárcel.

1953

El primer puente de Constitución y a mis pies
fragor de trenes que tejían laberintos de hierro.
Humo y silbatos escalaban la noche,
que de golpe fue el Juicio Universal. Desde el invisible horizonte
y desde el centro de mi ser, una voz infinita
dijo estas cosas (estas cosas, no estas palabras,
que son mi pobre traducción temporal de una sola palabra):
—Estrellas, pan, bibliotecas orientales y occidentales,
naipes, tableros de ajedrez, galerías, claraboyas y sótanos,
un cuerpo humano para andar por la tierra,
uñas que crecen en la noche, en la muerte,
sombra que olvida, atareados espejos que multiplican,
declives de la música, la más dócil de las formas del tiempo,
fronteras del Brasil y del Uruguay, caballos y mañanas,
una pesa de bronce y un ejemplar de la *Saga de Grettir*,
álgebra y fuego, la carga de Junín en tu sangre,
días más populosos que Balzac, el olor de la madreselva,
amor y víspera de amor y recuerdos intolerables,
el sueño como un tesoro enterrado, el dadivoso azar
y la memoria, que el hombre no mira sin vértigo,
todo eso te fue dado, y también
el antiguo alimento de los héroes:
la falsía, la derrota, la humillación.
En vano te hemos prodigado el océano;
en vano el sol, que vieron los maravillados ojos de Whitman;
has gastado los años y te han gastado,
y todavía no has escrito el poema.

1953

UNA BRÚJULA

A Esther Zemborain de Torres

Todas las cosas son palabras del
idioma en que Alguien o Algo, noche y día,
escribe esa infinita algarabía
que es la historia del mundo. En su tropel

pasan Cartago y Roma, yo, tú, él,
mi vida que no entiendo, esta agonía
de ser enigma, azar, criptografía
y toda la discordia de Babel.

Detrás del nombre hay lo que no se nombra;
hoy he sentido gravitar su sombra
en esta aguja azul, lúcida y leve,

que hacia el confín de un mar tiende su empeño,
con algo de reloj visto en un sueño
y algo de ave dormida que se mueve.

UNA LLAVE EN SALÓNICA

Abarbanel, Farías o Pinedo,
arrojados de España por impía
persecución, conservan todavía
la llave de una casa de Toledo.

Libres ahora de esperanza y miedo,
miran la llave al declinar el día;
en el bronce hay ayeres, lejanía,
cansado brillo y sufrimiento quedo.

Hoy que su puerta es polvo, el instrumento
es cifra de la diáspora y del viento,
afín a esa otra llave del santuario

que alguien lanzó al azul, cuando el romano
acometió con fuego temerario,
y que en el cielo recibió una mano.

UN POETA DEL SIGLO XIII

Vuelve a mirar los arduos borradores
de aquel primer soneto innominado,
la página arbitraria en que ha mezclado
tercetos y cuartetos pecadores.

Lima con lenta pluma sus rigores
y se detiene. Acaso le ha llegado
del porvenir y de su horror sagrado
un rumor de remotos ruiseñores.

¿Habrá sentido que no estaba solo
y que el arcano, el increíble Apolo
le había revelado un arquetipo,

un ávido cristal que apresaría
cuanto la noche cierra o abre el día:
dédalo, laberinto, enigma, Edipo?

UN SOLDADO DE URBINA

Sospechándose indigno de otra hazaña
como aquélla en el mar, este soldado,
a sórdidos oficios resignado,
erraba oscuro por su dura España.

Para borrar o mitigar la saña
de lo real, buscaba lo soñado
y le dieron un mágico pasado
los ciclos de Rolando y de Bretaña.

Contemplaría, hundido el sol, el ancho
campo en que dura un resplandor de cobre;
se creía acabado, solo y pobre,

sin saber de qué música era dueño;
atravesando el fondo de algún sueño,
por él ya andaban don Quijote y Sancho.

LÍMITES

De estas calles que ahondan el poniente,
una habrá (no sé cuál) que he recorrido
ya por última vez, indiferente
y sin adivinarlo, sometido

a Quien prefija omnipotentes normas
y una secreta y rígida medida
a las sombras, los sueños y las formas
que destejen y tejen esta vida.

Si para todo hay término y hay tasa
y última vez y nunca más y olvido
¿quién nos dirá de quién, en esta casa,
sin saberlo, nos hemos despedido?

Tras el cristal ya gris la noche cesa
y del alto de libros que una trunca
sombra dilata por la vaga mesa,
alguno habrá que no leeremos nunca.

Hay en el Sur más de un portón gastado
con sus jarrones de mampostería
y tunas, que a mi paso está vedado
como si fuera una litografía.

Para siempre cerraste alguna puerta
y hay un espejo que te aguarda en vano;
la encrucijada te parece abierta
y la vigila, cuadrifronte, Jano.

Hay, entre todas tus memorias, una
que se ha perdido irreparablemente;
no te verán bajar a aquella fuente
ni el blanco sol ni la amarilla luna.

No volverá tu voz a lo que el persa
dijo en su lengua de aves y de rosas,
cuando al ocaso, ante la luz dispersa,
quieras decir inolvidables cosas.

¿Y el incesante Ródano y el lago,
todo ese ayer sobre el cual hoy me inclino?
Tan perdido estará como Cartago
que con fuego y con sal borró el latino.

Creo en el alba oír un atareado
rumor de multitudes que se alejan;
son lo que me ha querido y olvidado;
espacio y tiempo y Borges ya me dejan.

BALTASAR GRACIÁN

Laberintos, retruécanos, emblemas,
helada y laboriosa nadería,
fue para este jesuita la poesía,
reducida por él a estratagemas.

No hubo música en su alma; sólo un vano
herbario de metáforas y argucias
y la veneración de las astucias
y el desdén de lo humano y sobrehumano.

No lo movió la antigua voz de Homero
ni ésa, de plata y luna, de Virgilio;
no vio al fatal Edipo en el exilio
ni a Cristo que se muere en un madero.

A las claras estrellas orientales
que palidecen en la vasta aurora,
apodó con palabra pecadora
gallinas de los campos celestiales.

Tan ignorante del amor divino
como del otro que en las bocas arde,
lo sorprendió la Pálida una tarde
leyendo las estrofas del Marino.

Su destino ulterior no está en la historia;
librado a las mudanzas de la impura
tumba el polvo que ayer fue su figura,
el alma de Gracián entró en la gloria.

¿Qué habrá sentido al contemplar de frente
los Arquetipos y los Esplendores?
Quizá lloró y se dijo: Vanamente
busqué alimento en sombras y en errores.

¿Qué sucedió cuando el inexorable
sol de Dios, La Verdad, mostró su fuego?
Quizá la luz de Dios lo dejó ciego
en mitad de la gloria interminable.

Sé de otra conclusión. Dado a sus temas
minúsculos, Gracián no vio la gloria
y sigue resolviendo en la memoria
laberintos, retruécanos y emblemas.

UN SAJÓN
(449 A.D.)

Ya se había hundido la encorvada luna;
lento en el alba el hombre rubio y rudo
pisó con receloso pie desnudo
la arena minuciosa de la duna.

Más allá de la pálida bahía,
blancas tierras miró y negros alcores,
en esa hora elemental del día
en que Dios no ha creado los colores.

Era tenaz. Obraron su fortuna
remos, redes, arado, espada, escudo;
la dura mano que guerreaba pudo
grabar con hierro una porfiada runa.

De una tierra de ciénagas venía
a esta que roen los pesados mares;
sobre él se abovedaba como el día
el Destino, y también sobre sus lares,

Woden o Thunor, que con torpe mano
engalanó de trapos y de clavos
y en cuyo altar sacrificó al arcano
caballos, perros, pájaros y esclavos.

Para cantar memorias o alabanzas
amonedaba laboriosos nombres;
la guerra era el encuentro de los hombres
y también el encuentro de las lanzas.

Su mundo era de magias en los mares,
de reyes y de lobos y del Hado
que no perdona y del horror sagrado
que hay en el corazón de los pinares.

Traía las palabras esenciales
de una lengua que el tiempo exaltaría
a música de Shakespeare: noche, día,
agua, fuego, colores y metales,

hambre, sed, amargura, sueño, guerra,
muerte y los otros hábitos humanos;
en arduos montes y en abiertos llanos,
sus hijos engendraron a Inglaterra.

EL GOLEM

Si (como el griego afirma en el *Crátilo*)
el nombre es arquetipo de la cosa,
en las letras de *rosa* está la rosa
y todo el Nilo en la palabra *Nilo*.

Y, hecho de consonantes y vocales,
habrá un terrible Nombre, que la esencia
cifre de Dios y que la Omnipotencia
guarde en letras y sílabas cabales.

Adán y las estrellas lo supieron
en el jardín. La herrumbre del pecado
(dicen los cabalistas) lo ha borrado
y las generaciones lo perdieron.

Los artificios y el candor del hombre
no tienen fin. Sabemos que hubo un día
en que el pueblo de Dios buscaba el Nombre
en las vigilias de la judería.

No a la manera de otras que una vaga
sombra insinúan en la vaga historia,
aún está verde y viva la memoria
de Judá León, que era rabino en Praga.

Sediento de saber lo que Dios sabe,
Judá León se dio a permutaciones
de letras y a complejas variaciones
y al fin pronunció el Nombre que es la Clave,

la Puerta, el Eco, el Huésped y el Palacio,
sobre un muñeco que con torpes manos
labró, para enseñarle los arcanos
de las Letras, del Tiempo y del Espacio.

El simulacro alzó los soñolientos
párpados y vio formas y colores
que no entendió, perdidos en rumores,
y ensayó temerosos movimientos.

Gradualmente se vio (como nosotros)
aprisionado en esta red sonora
de Antes, Después, Ayer, Mientras, Ahora,
Derecha, Izquierda, Yo, Tú, Aquellos, Otros.

(El cabalista que ofició de numen
a la vasta criatura apodó Golem;
estas verdades las refiere Scholem
en un docto lugar de su volumen.)

El rabí le explicaba el universo
Esto es mi pie; esto el tuyo; esto la soga
y logró, al cabo de años, que el perverso
barriera bien o mal la sinagoga.

Tal vez hubo un error en la grafía
o en la articulación del Sacro Nombre;
a pesar de tan alta hechicería,
no aprendió a hablar el aprendiz de hombre.

Sus ojos, menos de hombre que de perro
y harto menos de perro que de cosa,
seguían al rabí por la dudosa
penumbra de las piezas del encierro.

Algo anormal y tosco hubo en el Golem,
ya que a su paso el gato del rabino
se escondía. (Ese gato no está en Scholem
pero, a través del tiempo, lo adivino.)

Elevando a su Dios manos filiales,
las devociones de su Dios copiaba
o, estúpido y sonriente, se ahuecaba
en cóncavas zalemas orientales.

El rabí lo miraba con ternura
y con algún horror. ¿*Cómo* (se dijo)
pude engendrar este penoso hijo
y la inacción dejé, que es la cordura?

¿Por qué di en agregar a la infinita
serie un símbolo más? ¿Por qué a la vana
madeja que en lo eterno se devana,
di otra causa, otro efecto y otra cuita?

En la hora de angustia y de luz vaga,
en su Golem los ojos detenía.
¿Quién nos dirá las cosas que sentía
Dios, al mirar a su rabino en Praga?

1958

EL TANGO

¿Dónde estarán? pregunta la elegía
de quienes ya no son, como si hubiera
una región en que el Ayer pudiera
ser el Hoy, el Aún y el Todavía.

¿Dónde estará (repito) el malevaje
que fundó en polvorientos callejones
de tierra o en perdidas poblaciones
la secta del cuchillo y del coraje?

¿Dónde estarán aquellos que pasaron,
dejando a la epopeya un episodio,
una fábula al tiempo, y que sin odio,
lucro o pasión de amor se acuchillaron?

Los busco en su leyenda, en la postrera
brasa que, a modo de una vaga rosa,
guarda algo de esa chusma valerosa
de los Corrales y de Balvanera.

¿Qué oscuros callejones o qué yermo
del otro mundo habitará la dura
sombra de aquel que era una sombra oscura,
Muraña, ese cuchillo de Palermo?

¿Y ese Iberra fatal (de quien los santos
se apiaden) que en un puente de la vía,
mató a su hermano el Ñato, que debía
más muertes que él, y así igualó los tantos?

Una mitología de puñales
lentamente se anula en el olvido;
una canción de gesta se ha perdido
en sórdidas noticias policiales.

Hay otra brasa, otra candente rosa
de la ceniza que los guarda enteros;
ahí están los soberbios cuchilleros
y el peso de la daga silenciosa.

Aunque la daga hostil o esa otra daga,
el tiempo, los perdieron en el fango,
hoy, más allá del tiempo y de la aciaga
muerte, esos muertos viven en el tango.

En la música están, en el cordaje
de la terca guitarra trabajosa,
que trama en la milonga venturosa
la fiesta y la inocencia del coraje.

Gira en el hueco la amarilla rueda
de caballos y leones, y oigo el eco
de esos tangos de Arolas y de Greco
que yo he visto bailar en la vereda,

en un instante que hoy emerge aislado,
sin antes ni después, contra el olvido,
y que tiene el sabor de lo perdido,
de lo perdido y lo recuperado.

En los acordes hay antiguas cosas:
el otro patio y la entrevista parra.
(Detrás de las paredes recelosas
el Sur guarda un puñal y una guitarra.)

Esa ráfaga, el tango, esa diablura,
los atareados años desafía;
hecho de polvo y tiempo, el hombre dura
menos que la liviana melodía,

que sólo es tiempo. El tango crea un turbio
pasado irreal que de algún modo es cierto,
el recuerdo imposible de haber muerto
peleando, en una esquina del suburbio.

EL OTRO

En el primero de sus largos miles
de hexámetros de bronce invoca el griego
a la ardua musa o a un arcano fuego
para cantar la cólera de Aquiles.
Sabía que otro –un Dios– es el que hiere
de brusca luz nuestra labor oscura;
siglos después diría la Escritura
que el Espíritu sopla donde quiere.
La cabal herramienta a su elegido
da el despiadado dios que no se nombra:
a Milton las paredes de la sombra,
el destierro a Cervantes y el olvido.
Suyo es lo que perdura en la memoria
del tiempo secular. Nuestra la escoria.

UNA ROSA Y MILTON

De las generaciones de las rosas
que en el fondo del tiempo se han perdido
quiero que una se salve del olvido,
una sin marca o signo entre las cosas
que fueron. El destino me depara
este don de nombrar por vez primera
esa flor silenciosa, la postrera
rosa que Milton acercó a su cara,
sin verla. Oh tú bermeja o amarilla
o blanca rosa de un jardín borrado,
deja mágicamente tu pasado
inmemorial y en este verso brilla,
oro, sangre o marfil o tenebrosa
como en sus manos, invisible rosa.

LECTORES

De aquel Hidalgo de cetrina y seca
tez y de heroico afán se conjetura
que, en víspera perpetua de aventura,
no salió nunca de su biblioteca.
La crónica puntual que sus empeños
narra y sus tragicómicos desplantes
fue soñada por él, no por Cervantes,
y no es más que una crónica de sueños.
Tal es también mi suerte. Sé que hay algo
inmortal y esencial que he sepultado
en esa biblioteca del pasado
en que leí la historia del hidalgo.
Las lentas hojas vuelve un niño y grave
sueña con vagas cosas que no sabe.

JUAN, I, 14

Refieren las historias orientales
la de aquel rey del tiempo, que sujeto
a tedio y esplendor, sale en secreto
y solo, a recorrer los arrabales

y a perderse en la turba de las gentes
de rudas manos y de oscuros nombres;
hoy, como aquel Emir de los Creyentes,
Harún, Dios quiere andar entre los hombres

y nace de una madre, como nacen
los linajes que en polvo se deshacen,
y le será entregado el orbe entero,

aire, agua, pan, mañanas, piedra y lirio,
pero después la sangre del martirio,
el escarnio, los clavos y el madero.

EL DESPERTAR

Entra la luz y asciendo torpemente
de los sueños al sueño compartido
y las cosas recobran su debido
y esperado lugar y en el presente
converge abrumador y vasto el vago
ayer: las seculares migraciones
del pájaro y del hombre, las legiones
que el hierro destrozó, Roma y Cartago.
Vuelve también la cotidiana historia:
mi voz, mi rostro, mi temor, mi suerte.
¡Ah, si aquel otro despertar, la muerte,
me deparara un tiempo sin memoria
de mi nombre y de todo lo que he sido!
¡Ah, si en esa mañana hubiera olvido!

A QUIEN YA NO ES JOVEN

Ya puedes ver el trágico escenario
y cada cosa en el lugar debido;
la espada y la ceniza para Dido
y la moneda para Belisario.

¿A qué sigues buscando en el brumoso
bronce de los hexámetros la guerra
si están aquí los siete pies de tierra,
la brusca sangre y el abierto foso?

Aquí te acecha el insondable espejo
que soñará y olvidará el reflejo
de tus postrimerías y agonías.

Ya te cerca lo último. Es la casa
donde tu lenta y breve tarde pasa
y la calle que ves todos los días.

ALEXANDER SELKIRK

Sueño que el mar, el mar aquel, me encierra
y del sueño me salvan las campanas
de Dios, que santifican las mañanas
de estos íntimos campos de Inglaterra.

Cinco años padecí mirando eternas
cosas de soledad y de infinito,
que ahora son esa historia que repito,
ya como una obsesión, en las tabernas.

Dios me ha devuelto al mundo de los hombres,
a espejos, puertas, números y nombres,
y ya no soy aquel que eternamente

miraba el mar y su profunda estepa
¿y cómo haré para que ese otro sepa
que estoy aquí, salvado, entre mi gente?

«ODISEA», LIBRO VIGÉSIMO TERCERO

Ya la espada de hierro ha ejecutado
la debida labor de la venganza;
ya los ásperos dardos y la lanza
la sangre del perverso han prodigado.

A despecho de un dios y de sus mares
a su reino y su reina ha vuelto Ulises,
a despecho de un dios y de los grises
vientos y del estrépito de Ares.

Ya en el amor del compartido lecho
duerme la clara reina sobre el pecho
de su rey pero ¿dónde está aquel hombre

que en los días y noches del destierro
erraba por el mundo como un perro
y decía que Nadie era su nombre?

ÉL

Los ojos de tu carne ven el brillo
del insufrible sol, tu carne toca
polvo disperso o apretada roca;
Él es la luz, lo negro y lo amarillo.
Es y los ve. Desde incesantes ojos
te mira y es los ojos que un reflejo
indagan y los ojos del espejo,
las negras hidras y los tigres rojos.
No le basta crear. Es cada una
de las criaturas de Su extraño mundo:
las porfiadas raíces del profundo
cedro y las mutaciones de la luna.
Me llamaban Caín. Por mí el Eterno
sabe el sabor del fuego del infierno.

SARMIENTO

No lo abruman el mármol y la gloria.
Nuestra asidua retórica no lima
su áspera realidad. Las aclamadas
fechas de centenarios y de fastos
no hacen que este hombre solitario sea
menos que un hombre. No es un eco antiguo
que la cóncava fama multiplica
o, como éste o aquél, un blanco símbolo
que pueden manejar las dictaduras.
Es él. Es el testigo de la patria,
el que ve nuestra infamia y nuestra gloria,
la luz de Mayo y el horror de Rosas
y el otro horror y los secretos días
del minucioso porvenir. Es alguien
que sigue odiando, amando y combatiendo.
Sé que en aquellas albas de setiembre
que nadie olvidará y que nadie puede
contar, lo hemos sentido. Su obstinado
amor quiere salvarnos. Noche y día
camina entre los hombres, que le pagan
(porque no ha muerto) su jornal de injurias
o de veneraciones. Abstraído
en su larga visión como en un mágico
cristal que a un tiempo encierra las tres caras
del tiempo que es después, antes, ahora,
Sarmiento el soñador sigue soñándonos.

A UN POETA MENOR DE 1899

Dejar un verso para la hora triste
que en el confín del día nos acecha,
ligar tu nombre a su doliente fecha
de oro y de vaga sombra. Eso quisiste.
¡Con qué pasión, al declinar el día,
trabajarías el extraño verso
que, hasta la dispersión del universo,
la hora de extraño azul confirmaría!
No sé si lo lograste siquiera,
vago hermano mayor, si has existido,
pero estoy solo y quiero que el olvido
restituya a los días tu ligera
sombra para este ya cansado alarde
de unas palabras en que esté la tarde.

TEXAS

Aquí también. Aquí, como en el otro
confín del continente, el infinito
campo en que muere solitario el grito;
aquí también el indio, el lazo, el potro.
Aquí también el pájaro secreto
que sobre los fragores de la historia
canta para una tarde y su memoria;
aquí también el místico alfabeto
de los astros, que hoy dictan a mi cálamo
nombres que el incesante laberinto
de los días no arrastra: San Jacinto
y esas otras Termópilas, el Álamo.
Aquí también esa desconocida
y ansiosa y breve cosa que es la vida.

COMPOSICIÓN ESCRITA
EN UN EJEMPLAR DE LA «GESTA DE BEOWULF»

A veces me pregunto qué razones
me mueven a estudiar sin esperanza
de precisión, mientras mi noche avanza,
la lengua de los ásperos sajones.
Gastada por los años la memoria
deja caer la en vano repetida
palabra y es así como mi vida
teje y desteje su cansada historia.
Será (me digo entonces) que de un modo
secreto y suficiente el alma sabe
que es inmortal y que su vasto y grave
círculo abarca todo y puede todo.
Más allá de este afán y de este verso
me aguarda inagotable el universo.

HENGIST CYNING

Epitafio del Rey

Bajo la piedra yace el cuerpo de Hengist
que fundó en estas islas el primer reino
de la estirpe de Odín
y sació el hambre de las águilas.

Habla el Rey

No sé qué runas habrá marcado el hierro en la piedra
pero mis palabras son éstas:
Bajo los cielos yo fui Hengist el mercenario.
Vendí mi fuerza y mi coraje a los reyes
de las regiones del ocaso que lindan
con el mar que se llama
El Guerrero Armado de Lanza,
pero la fuerza y el coraje no sufren
que las vendan los hombres
y así, después de haber acuchillado en el Norte
a los enemigos del rey britano,
le quité la luz y la vida.
Me place el reino que gané con la espada;
hay ríos para el remo y para la red
y largos veranos
y tierra para el arado y para la hacienda
y britanos para trabajarla
y ciudades de piedra que entregaremos
a la desolación,

porque las habitan los muertos.
Yo sé que a mis espaldas
me tildan de traidor los britanos,
pero yo he sido fiel a mi valentía
y no he confiado mi destino a los otros
y ningún hombre se animó a traicionarme.

FRAGMENTO

Una espada,
una espada de hierro forjada en el frío del alba,
una espada con runas
que nadie podrá desoír ni descifrar del todo,
una espada del Báltico que será cantada en Nortumbria.
Una espada que los poetas
igualarán al hielo y al fuego,
una espada que un rey dará a otro rey
y este rey a un sueño,
una espada que será leal
hasta una hora que ya sabe el Destino,
una espada que iluminará la batalla.

Una espada para la mano
que regirá la hermosa batalla, el tejido de hombres,
una espada para la mano
que enrojecerá los dientes del lobo
y el despiadado pico del cuervo,
una espada para la mano
que prodigará el oro rojo,
una espada para la mano
que dará muerte a la serpiente en su lecho de oro,
una espada para la mano
que ganará un reino y perderá un reino,
una espada para la mano
que derribará la selva de lanzas.
Una espada para la mano de Beowulf.

A UNA ESPADA EN YORK MINSTER

En su hierro perdura el hombre fuerte,
hoy polvo de planeta, que en las guerras
de ásperos mares y arrasadas tierras
lo esgrimió, vano al fin, contra la muerte.

Vana también la muerte. Aquí está el hombre
blanco y feral que de Noruega vino,
urgido por el épico destino;
su espada es hoy su símbolo y su nombre.

Pese a la larga muerte y su destierro,
la mano atroz sigue oprimiendo el hierro
y soy sombra en la sombra ante el guerrero

cuya sombra está aquí. Soy un instante
y el instante ceniza, no diamante,
y sólo lo pasado es verdadero.

A UN POETA SAJÓN

Tú cuya carne, hoy dispersión y polvo,
pesó como la nuestra sobre la tierra,
tú cuyos ojos vieron el sol, esa famosa estrella,
tú que viviste no en el rígido ayer
sino en el incesante presente,
en el último punto y ápice vertiginoso del tiempo,
tú que en tu monasterio fuiste llamado
por la antigua voz de la épica,
tú que tejiste las palabras,
tú que cantaste la victoria de Brunanburh
y no la atribuiste al Señor
sino a la espada de tu rey,
tú que con júbilo feroz cantaste,
la humillación del viking,
el festín del cuervo y del águila,
tú que en la oda militar congregaste
las rituales metáforas de la estirpe,
tú que en un tiempo sin historia
viste en el ahora el ayer
y en el sudor y sangre de Brunanburh
un cristal de antiguas auroras,
tú que tanto querías a tu Inglaterra
y no la nombraste,
hoy no eres otra cosa que unas palabras
que los germanistas anotan.
Hoy no eres otra cosa que mi voz
cuando revive tus palabras de hierro.
Pido a mis dioses o a la suma del tiempo
que mis días merezcan el olvido,

que mi nombre sea Nadie como el de Ulises,
pero que algún verso perdure
en la noche propicia a la memoria
o en las mañanas de los hombres.

SNORRI STURLUSON
(1179-1241)

Tú que legaste una mitología
de hielo y fuego a la filial memoria,
tú, que fijaste la violenta gloria
de tu estirpe de acero y de osadía,

sentiste con asombro en una tarde
de espadas que tu triste carne humana
temblaba. En esa tarde sin mañana
te fue dado saber que eras cobarde.

En la noche de Islandia, la salobre
borrasca mueve el mar. Está cercada
tu casa. Has bebido hasta las heces

el deshonor inolvidable. Sobre
tu pálida cabeza cae la espada
como en tu libro cayó tantas veces.

A CARLOS XII

Viking de las estepas, Carlos Doce
de Suecia, que cumpliste aquel camino
del Septentrión al Sur de tu divino
antecesor Odín, fueron tu goce
los trabajos que mueven la memoria
de los hombres al canto, la batalla
mortal, el duro horror de la metralla,
la firme espada y la sangrienta gloria.
Supiste que vencer o ser vencido
son caras de un Azar indiferente,
que no hay otra virtud que ser valiente
y que el mármol, al fin, será el olvido.
Ardes glacial, más solo que el desierto;
nadie llegó a tu alma y ya estás muerto.

EMANUEL SWEDENBORG

Más alto que los otros, caminaba
aquel hombre lejano entre los hombres;
apenas si llamaba por sus nombres
secretos a los ángeles. Miraba
lo que no ven los ojos terrenales:
la ardiente geometría, el cristalino
edificio de Dios y el remolino
sórdido de los goces infernales.
Sabía que la Gloria y el Averno
en tu alma están y sus mitologías;
sabía, como el griego, que los días
del tiempo son espejos del Eterno.
En árido latín fue registrando
últimas cosas sin por qué ni cuándo.

JONATHAN EDWARDS
(1703-1785)

Lejos de la ciudad, lejos del foro
clamoroso y del tiempo, que es mudanza,
Edwards, eterno ya, sueña y avanza
a la sombra de árboles de oro.
Hoy es mañana y es ayer. No hay una
cosa de Dios en el sereno ambiente
que no lo exalte misteriosamente,
el oro de la tarde o de la luna.
Piensa feliz que el mundo es un eterno
instrumento de ira y que el ansiado
cielo para unos pocos fue creado
y casi para todos el infierno.
En el centro puntual de la maraña
hay otro prisionero, Dios, la Araña.

EMERSON

Ese alto caballero americano
cierra el volumen de Montaigne y sale
en busca de otro goce que no vale
menos, la tarde que ya exalta el llano.
Hacia el hondo poniente y su declive,
hacia el confín que ese poniente dora,
camina por los campos como ahora
por la memoria de quien esto escribe.
Piensa: Leí los libros esenciales
y otros compuse que el oscuro olvido
no ha de borrar. Un dios me ha concedido
lo que es dado saber a los mortales.
Por todo el continente anda mi nombre;
no he vivido. Quisiera ser otro hombre.

EDGAR ALLAN POE

Pompas del mármol, negra anatomía
que ultrajan los gusanos sepulcrales,
del triunfo de la muerte los glaciales
símbolos congregó. No los temía.

Temía la otra sombra, la amorosa,
las comunes venturas de la gente;
no lo cegó el metal resplandeciente
ni el mármol sepulcral sino la rosa.

Como del otro lado del espejo
se entregó solitario a su complejo
destino de inventor de pesadillas.

Quizá, del otro lado de la muerte,
siga erigiendo solitario y fuerte
espléndidas y atroces maravillas.

CAMDEN, 1892

El olor del café y de los periódicos.
El domingo y su tedio. La mañana
y en la entrevista página esa vana
publicación de versos alegóricos
de un colega feliz. El hombre viejo
está postrado y blanco en su decente
habitación de pobre. Ociosamente
mira su cara en el cansado espejo.
Piensa, ya sin asombro, que esa cara
es él. La distraída mano toca
la turbia barba y la saqueada boca.
No está lejos el fin. Su voz declara:
Casi no soy, pero mis versos ritman
la vida y su esplendor. Yo fui Walt Whitman.

PARÍS, 1856

La larga postración lo ha acostumbrado
a anticipar la muerte. Le daría
miedo salir al clamoroso día
y andar entre los hombres. Derribado,
Enrique Heine piensa en aquel río,
el tiempo, que lo aleja lentamente
de esa larga penumbra y del doliente
destino de ser hombre y ser judío.
Piensa en las delicadas melodías
cuyo instrumento fue, pero bien sabe
que el trino no es del árbol ni del ave
sino del tiempo y de sus vagos días.
No han de salvarte, no, tus ruiseñores,
tus noches de oro y tus cantadas flores.

RAFAEL CANSINOS-ASSENS

La imagen de aquel pueblo lapidado
y execrado, inmortal en su agonía,
en las negras vigilias lo atraía
con una suerte de terror sagrado.
Bebió como quien bebe un hondo vino
los Psalmos y el Cantar de la Escritura
y sintió que era suya esa dulzura
y sintió que era suyo aquel destino.
Lo llamaba Israel. Íntimamente
la oyó Cansinos como oyó el profeta
en la secreta cumbre la secreta
voz del Señor desde la zarza ardiente.
Acompáñeme siempre su memoria;
las otras cosas las dirá la gloria.

LOS ENIGMAS

Yo que soy el que ahora está cantando
seré mañana el misterioso, el muerto,
el morador de un mágico y desierto
orbe sin antes ni después ni cuándo.
Así afirma la mística. Me creo
indigno del Infierno o de la Gloria,
pero nada predigo. Nuestra historia
cambia como las formas de Proteo.
¿Qué errante laberinto, qué blancura
ciega de resplandor será mi suerte,
cuando me entregue el fin de esta aventura
la curiosa experiencia de la muerte?
Quiero beber su cristalino Olvido,
ser para siempre; pero no haber sido.

EL INSTANTE

¿Dónde estarán los siglos, dónde el sueño
de espadas que los tártaros soñaron,
dónde los fuertes muros que allanaron,
dónde el Árbol de Adán y el otro Leño?
El presente está solo. La memoria
erige el tiempo. Sucesión y engaño
es la rutina del reloj. El año
no es menos vano que la vana historia.
Entre el alba y la noche hay un abismo
de agonías, de luces, de cuidados;
el rostro que se mira en los gastados
espejos de la noche no es el mismo.
El hoy fugaz es tenue y es eterno;
otro Cielo no esperes, ni otro Infierno.

AL VINO

En el bronce de Homero resplandece tu nombre,
negro vino que alegras el corazón del hombre.

Siglos de siglos hace que vas de mano en mano
desde el ritón del griego al cuerno del germano.

En la aurora ya estabas. A las generaciones
les diste en el camino tu fuego y tus leones.

Junto a aquel otro río de noches y de días
corre el tuyo que aclaman amigos y alegrías,

vino que como un Éufrates patriarcal y profundo
vas fluyendo a lo largo de la historia del mundo.

En tu cristal que vive nuestros ojos han visto
una roja metáfora de la sangre de Cristo.

En las arrebatadas estrofas del sufí
eres la cimitarra, la rosa y el rubí.

Que otros en tu Leteo beban un triste olvido;
yo busco en ti las fiestas del fervor compartido.

Sésamo con el cual antiguas noches abro
y en la dura tiniebla, dádiva y candelabro.

Vino del mutuo amor o la roja pelea,
alguna vez te llamaré. Que así sea.

SONETO DEL VINO

¿En qué reino, en qué siglo, bajo qué silenciosa
conjunción de los astros, en qué secreto día
que el mármol no ha salvado, surgió la valerosa
y singular idea de inventar la alegría?
Con otoños de oro la inventaron. El vino
fluye rojo a lo largo de las generaciones
como el río del tiempo y en el arduo camino
nos prodiga su música, su fuego y sus leones.
En la noche del júbilo o en la jornada adversa
exalta la alegría o mitiga el espanto
y el ditirambo nuevo que este día le canto
otrora lo cantaron el árabe y el persa.
Vino, enséñame el arte de ver mi propia historia
como si ésta ya fuera ceniza en la memoria.

1964

I

Ya no es mágico el mundo. Te han dejado.
Ya no compartirás la clara luna
ni los lentos jardines. Ya no hay una
luna que no sea espejo del pasado,
cristal de soledad, sol de agonías.
Adiós las mutuas manos y las sienes
que acercaba el amor. Hoy sólo tienes
la fiel memoria y los desiertos días.
Nadie pierde (repites vanamente)
sino lo que no tiene y no ha tenido
nunca, pero no basta ser valiente
para aprender el arte del olvido.
Un símbolo, una rosa, te desgarra
y te puede matar una guitarra.

II

Ya no seré feliz. Tal vez no importa.
Hay tantas otras cosas en el mundo;
un instante cualquiera es más profundo
y diverso que el mar. La vida es corta
y aunque las horas son tan largas, una
oscura maravilla nos acecha,
la muerte, ese otro mar, esa otra flecha
que nos libra del sol y de la luna
y del amor. La dicha que me diste
y me quitaste debe ser borrada;
lo que era todo tiene que ser nada.
Sólo me queda el goce de estar triste,
esa vana costumbre que me inclina
al Sur, a cierta puerta, a cierta esquina.

EL HAMBRE

Madre antigua y atroz de la incestuosa guerra,
borrado sea tu nombre de la faz de la tierra.

Tú que arrojaste al círculo del horizonte abierto
la alta proa del viking, las lanzas del desierto.

En la Torre del Hambre de Ugolino de Pisa
tienes tu monumento y en la estrofa concisa

que nos deja entrever (sólo entrever) los días
últimos y en la sombra que cae las agonías.

Tú que de sus pinares haces que surja el lobo
y que guiaste la mano de Jean Valjean al robo.

Una de tus imágenes es aquel silencioso
dios que devora el orbe sin ira y sin reposo,

el tiempo. Hay otra diosa de tiniebla y de osambre;
su lecho es la vigilia y su pan es el hambre.

Tú que a Chatterton diste la muerte en la bohardilla
entre los falsos códices y la luna amarilla.

Tú que entre el nacimiento del hombre y su agonía
pides en la oración el pan de cada día.

Tú cuya lenta espada roe generaciones
y sobre los testuces lanzas a los leones.

Madre antigua y atroz de la incestuosa guerra,
borrado sea tu nombre de la faz de la tierra.

EL FORASTERO

Despachadas las cartas y el telegrama,
camina por las calles indefinidas
y advierte leves diferencias que no le importan
y piensa en Aberdeen o en Leyden,
más vívidas para él que este laberinto
de líneas rectas, no de complejidad,
donde lo lleva el tiempo de un hombre
cuya verdadera vida está lejos.
En una habitación numerada
se afeitará después ante un espejo
que no volverá a reflejarlo
y le parecerá que ese rostro
es más inescrutable y más firme
que el alma que lo habita
y que a lo largo de los años lo labra.
Se cruzará contigo en una calle
y acaso notarás que es alto y gris
y que mira las cosas.
Una mujer indiferente
le ofrecerá la tarde y lo que pasa
del otro lado de unas puertas. El hombre
piensa que olvidará su cara y recordará,
años después, cerca del mar del Norte,
la persiana o la lámpara.
Esa noche, sus ojos contemplarán
en un rectángulo de formas que fueron,
al jinete y su épica llanura,
porque el Far West abarca el planeta
y se espeja en los sueños de los hombres

que nunca lo han pisado.
En la numerosa penumbra, el desconocido
se creerá en su ciudad
y lo sorprenderá salir a otra,
de otro lenguaje y de otro cielo.

Antes de la agonía,
el infierno y la gloria nos están dados;
andan ahora por esta ciudad, Buenos Aires,
que para el forastero de mi sueño
(el forastero que yo he sido bajo otros astros)
es una serie de imprecisas imágenes
hechas para el olvido.

A QUIEN ESTÁ LEYÉNDOME

Eres invulnerable. ¿No te han dado
los números que rigen tu destino
certidumbre de polvo? ¿No es acaso
tu irreversible tiempo el de aquel río
en cuyo espejo Heráclito vio el símbolo
de su fugacidad? Te espera el mármol
que no leerás. En él ya están escritos
la fecha, la ciudad y el epitafio.
Sueños del tiempo son también los otros,
no firme bronce ni acendrado oro;
el universo es, como tú, Proteo.
Sombra, irás a la sombra que te aguarda
fatal en el confín de tu jornada;
piensa que de algún modo ya estás muerto.

EL ALQUIMISTA

Lento en el alba un joven que han gastado
la larga reflexión y las avaras
vigilias considera ensimismado
los insomnes braseros y alquitaras.

Sabe que el oro, ese Proteo, acecha
bajo cualquier azar, como el destino;
sabe que está en el polvo del camino,
en el arco, en el brazo y en la flecha.

En su oscura visión de un ser secreto
que se oculta en el astro y en el lodo,
late aquel otro sueño de que todo
es agua, que vio Tales de Mileto.

Otra visión habrá; la de un eterno
Dios cuya ubicua faz es cada cosa,
que explicará el geométrico Spinoza
en un libro más arduo que el Averno...

En los vastos confines orientales
del azul palidecen los planetas,
el alquimista piensa en las secretas
leyes que unen planetas y metales.

Y mientras cree tocar enardecido
el oro aquel que matará la Muerte,
Dios, que sabe de alquimia, lo convierte
en polvo, en nadie, en nada y en olvido.

ALGUIEN

Un hombre trabajado por el tiempo,
un hombre que ni siquiera espera la muerte
(las pruebas de la muerte son estadísticas
y nadie hay que no corra el albur
de ser el primer inmortal),
un hombre que ha aprendido a agradecer
las modestas limosnas de los días:
el sueño, la rutina, el sabor del agua,
una no sospechada etimología,
un verso latino o sajón,
la memoria de una mujer que lo ha abandonado
hace ya tantos años
que hoy puede recordarla sin amargura,
un hombre que no ignora que el presente
ya es el porvenir y el olvido,
un hombre que ha sido desleal
y con el que fueron desleales,
puede sentir de pronto, al cruzar la calle,
una misteriosa felicidad
que no viene del lado de la esperanza
sino de una antigua inocencia,
de su propia raíz o de un dios disperso.

Sabe que no debe mirarla de cerca,
porque hay razones más terribles que tigres
que le demostrarán su obligación
de ser un desdichado,
pero humildemente recibe
esa felicidad, esa ráfaga.

Quizá en la muerte para siempre seremos,
cuando el polvo sea polvo,
esa indescifrable raíz,
de la cual para siempre crecerá,
ecuánime o atroz,
nuestro solitario cielo o infierno.

EVERNESS

Sólo una cosa no hay. Es el olvido.
Dios, que salva el metal, salva la escoria
y cifra en Su profética memoria
las lunas que serán y las que han sido.

Ya todo está. Los miles de reflejos
que entre los dos crepúsculos del día
tu rostro fue dejando en los espejos
y los que irá dejando todavía.

Y todo es una parte del diverso
cristal de esa memoria, el universo;
no tienen fin sus arduos corredores

y las puertas se cierran a tu paso;
sólo del otro lado del ocaso
verás los Arquetipos y Esplendores.

EWIGKEIT

Torne en mi boca el verso castellano
a decir lo que siempre está diciendo
desde el latín de Séneca: el horrendo
dictamen de que todo es del gusano.

Torne a cantar la pálida ceniza,
los fastos de la muerte y la victoria
de esa reina retórica que pisa
los estandartes de la vanagloria.

No así. Lo que mi barro ha bendecido
no lo voy a negar como un cobarde.
Sé que una cosa no hay. Es el olvido;

sé que en la eternidad perdura y arde
lo mucho y lo precioso que he perdido:
esa fragua, esa luna y esa tarde.

EDIPO Y EL ENIGMA

Cuadrúpedo en la aurora, alto en el día
y con tres pies errando por el vano
ámbito de la tarde, así veía
la eterna esfinge a su inconstante hermano,

el hombre, y con la tarde un hombre vino
que descifró aterrado en el espejo
de la monstruosa imagen, el reflejo
de su declinación y su destino.

Somos Edipo y de un eterno modo
la larga y triple bestia somos, todo
lo que seremos y lo que hemos sido.

Nos aniquilaría ver la ingente
forma de nuestro ser; piadosamente
Dios nos depara sucesión y olvido.

SPINOZA

Las traslúcidas manos del judío
labran en la penumbra los cristales
y la tarde que muere es miedo y frío.
(Las tardes a las tardes son iguales.)

Las manos y el espacio de jacinto
que palidece en el confín del Ghetto
casi no existen para el hombre quieto
que está soñando un claro laberinto.

No lo turba la fama, ese reflejo
de sueños en el sueño de otro espejo,
ni el temeroso amor de las doncellas.

Libre de la metáfora y del mito
labra un arduo cristal: el infinito
mapa de Aquel que es todas Sus estrellas.

ESPAÑA

Más allá de los símbolos,
más allá de la pompa y la ceniza de los aniversarios,
más allá de la aberración del gramático
que ve en la historia del hidalgo
que soñaba ser don Quijote y al fin lo fue,
no una amistad y una alegría
sino un herbario de arcaísmos y un refranero,
estás, España silenciosa, en nosotros.
España del bisonte, que moriría
por el hierro o el rifle,
en las praderas del ocaso, en Montana,
España donde Ulises descendió a la Casa de Hades,
España del íbero, del celta, del cartaginés, y de Roma,
España de los duros visigodos,
de estirpe escandinava,
que deletrearon y olvidaron la escritura de Ulfilas,
pastor de pueblos,
España del Islam, de la cábala
y de la Noche Oscura del Alma,
España de los inquisidores,
que padecieron el destino de ser verdugos
y hubieran podido ser mártires,
España de la larga aventura
que descifró los mares y redujo crueles imperios
y que prosigue aquí, en Buenos Aires,
en este atardecer del mes de julio de 1964,
España de la otra guitarra, la desgarrada,
no la humilde, la nuestra,
España de los patios,

España de la piedra piadosa de catedrales y santuarios,
España de la hombría de bien y de la caudalosa amistad,
España del inútil coraje,
podemos profesar otros amores,
podemos olvidarte
como olvidamos nuestro propio pasado,
porque inseparablemente estás en nosotros,
en los íntimos hábitos de la sangre,
en los Acevedo y los Suárez de mi linaje,
España,
madre de ríos y de espadas y de multiplicadas generaciones,
incesante y fatal.

ELEGÍA

Oh destino el de Borges,
haber navegado por los diversos mares del mundo
o por el único y solitario mar de nombres diversos,
haber sido una parte de Edimburgo, de Zurich, de las dos Córdobas,
de Colombia y de Texas,
haber regresado, al cabo de cambiantes generaciones,
a las antiguas tierras de su estirpe,
a Andalucía, a Portugal y a aquellos condados
donde el sajón guerreó con el danés y mezclaron sus sangres,
haber errado por el rojo y tranquilo laberinto de Londres,
haber envejecido en tantos espejos,
haber buscado en vano la mirada de mármol de las estatuas,
haber examinado litografías, enciclopedias, atlas,
haber visto las cosas que ven los hombres,
la muerte, el torpe amanecer, la llanura
y las delicadas estrellas,
y no haber visto nada o casi nada
sino el rostro de una muchacha de Buenos Aires,
un rostro que no quiere que lo recuerde.
Oh destino de Borges,
tal vez no más extraño que el tuyo.

Bogotá, 1963

ADAM CAST FORTH

¿Hubo un Jardín o fue el Jardín un sueño?
Lento en la vaga luz, me he preguntado,
casi como un consuelo, si el pasado
de que este Adán, hoy mísero, era dueño,

no fue sino una mágica impostura
de aquel Dios que soñé. Ya es impreciso
en la memoria el claro Paraíso,
pero yo sé que existe y que perdura,

aunque no para mí. La terca tierra
es mi castigo y la incestuosa guerra
de Caínes y Abeles y su cría.

Y, sin embargo, es mucho haber amado,
haber sido feliz, haber tocado
el viviente Jardín, siquiera un día.

A UNA MONEDA

Fría y tormentosa la noche que zarpé de Montevideo.
Al doblar el Cerro,
tiré desde la cubierta más alta
una moneda que brilló y se anegó en las aguas barrosas,
una cosa de luz que arrebataron el tiempo y la tiniebla.
Tuve la sensación de haber cometido un acto irrevocable,
de agregar a la historia del planeta
dos series incesantes, paralelas, quizá infinitas:
mi destino, hecho de zozobra, de amor y de vanas vicisitudes,
y el de aquel disco de metal
que las aguas darían al blando abismo
o a los remotos mares que aún roen
despojos del sajón y del fenicio.
A cada instante de mi sueño o de mi vigilia
corresponde otro de la ciega moneda.
A veces he sentido remordimiento
y otras envidia,
de ti que estás, como nosotros, en el tiempo y su laberinto
y que no lo sabes.

OTRO POEMA DE LOS DONES

Gracias quiero dar al divino
laberinto de los efectos y de las causas
por la diversidad de las criaturas
que forman este singular universo,
por la razón, que no cesará de soñar
con un plano del laberinto,
por el rostro de Elena y la perseverancia de Ulises,
por el amor, que nos deja ver a los otros
como los ve la divinidad,
por el firme diamante y el agua suelta,
por el álgebra, palacio de precisos cristales,
por las místicas monedas de Ángel Silesio,
por Schopenhauer,
que acaso descifró el universo,
por el fulgor del fuego
que ningún ser humano puede mirar sin un asombro antiguo,
por la caoba, el cedro y el sándalo,
por el pan y la sal,
por el misterio de la rosa
que prodiga color y que no lo ve,
por ciertas vísperas y días de 1955,
por los duros troperos que en la llanura
arrean los animales y el alba,
por la mañana en Montevideo,
por el arte de la amistad,
por el último día de Sócrates,
por las palabras que en un crepúsculo se dijeron
de una cruz a otra cruz,
por aquel sueño del Islam que abarcó

Mil Noches y Una Noche,
por aquel otro sueño del infierno,
de la torre del fuego que purifica
y de las esferas gloriosas,
por Swedenborg,
que conversaba con los ángeles en las calles de Londres,
por los ríos secretos e inmemoriales
que convergen en mí,
por el idioma que, hace siglos, hablé en Nortumbria,
por la espada y el arpa de los sajones,
por el mar, que es un desierto resplandeciente
y una cifra de cosas que no sabemos,
por la música verbal de Inglaterra,
por la música verbal de Alemania,
por el oro, que relumbra en los versos,
por el épico invierno,
por el nombre de un libro que no he leído: *Gesta Dei per Francos*,
por Verlaine, inocente como los pájaros,
por el prisma de cristal y la pesa de bronce,
por las rayas del tigre,
por las altas torres de San Francisco y de la isla de Manhattan,
por la mañana en Texas,
por aquel sevillano que redactó la «Epístola moral»
y cuyo nombre, como él hubiera preferido, ignoramos,
por Séneca y Lucano, de Córdoba,
que antes del español escribieron
toda la literatura española,
por el geométrico y bizarro ajedrez,
por la tortuga de Zenón y el mapa de Royce,
por el olor medicinal de los eucaliptos,
por el lenguaje, que puede simular la sabiduría,
por el olvido, que anula o modifica el pasado,
por la costumbre,
que nos repite y nos confirma como un espejo,
por la mañana, que nos depara la ilusión de un principio,

por la noche, su tiniebla y su astronomía,
por el valor y la felicidad de los otros,
por la patria, sentida en los jazmines
o en una vieja espada,
por Whitman y Francisco de Asís, que ya escribieron el poema,
por el hecho de que el poema es inagotable
y se confunde con la suma de las criaturas
y no llegará jamás al último verso
y varía según los hombres,
por Frances Haslam, que pidió perdón a sus hijos
por morir tan despacio,
por los minutos que preceden al sueño,
por el sueño y la muerte,
esos dos tesoros ocultos,
por los íntimos dones que no enumero,
por la música, misteriosa forma del tiempo.

ODA ESCRITA EN 1966

Nadie es la patria. Ni siquiera el jinete
que, alto en el alba de una plaza desierta,
rige un corcel de bronce por el tiempo,
ni los otros que miran desde el mármol,
ni los que prodigaron su bélica ceniza
por los campos de América
o dejaron un verso o una hazaña
o la memoria de una vida cabal
en el justo ejercicio de los días.
Nadie es la patria. Ni siquiera los símbolos.

Nadie es la patria. Ni siquiera el tiempo
cargado de batallas, de espadas y de éxodos
y de la lenta población de regiones
que lindan con la aurora y el ocaso,
y de rostros que van envejeciendo
en los espejos que se empañan
y de sufridas agonías anónimas
que duran hasta el alba
y de la telaraña de la lluvia
sobre negros jardines.

La patria, amigos, es un acto perpetuo
como el perpetuo mundo. (Si el Eterno
Espectador dejara de soñarnos
un solo instante, nos fulminaría,
blanco y brusco relámpago, Su olvido.)
Nadie es la patria, pero todos debemos
ser dignos del antiguo juramento

que prestaron aquellos caballeros
de ser lo que ignoraban, argentinos,
de ser lo que serían por el hecho
de haber jurado en esa vieja casa.
Somos el porvenir de esos varones,
la justificación de aquellos muertos;
nuestro deber es la gloriosa carga
que a nuestra sombra legan esas sombras
que debemos salvar.

Nadie es la patria, pero todos lo somos.
Arda en mi pecho y en el vuestro, incesante,
ese límpido fuego misterioso.

EL SUEÑO

Si el sueño fuera (como dicen) una
tregua, un puro reposo de la mente,
¿por qué, si te despiertan bruscamente,
sientes que te han robado una fortuna?
¿Por qué es tan triste madrugar? La hora
nos despoja de un don inconcebible,
tan íntimo que sólo es traducible
en un sopor que la vigilia dora
de sueños, que bien pueden ser reflejos
truncos de los tesoros de la sombra,
de un orbe intemporal que no se nombra
y que el día deforma en sus espejos.
¿Quién serás esta noche en el oscuro
sueño, del otro lado de su muro?

JUNÍN

Soy, pero soy también el otro, el muerto,
el otro de mi sangre y de mi nombre;
soy un vago señor y soy el hombre
que detuvo las lanzas del desierto.
Vuelvo a Junín, donde no estuve nunca,
a tu Junín, abuelo Borges. ¿Me oyes,
sombra o ceniza última, o desoyes
en tu sueño de bronce esta voz trunca?
Acaso buscas por mis vanos ojos
el épico Junín de tus soldados,
el árbol que plantaste, los cercados
y en el confín la tribu y los despojos.
Te imagino severo, un poco triste.
Quién me dirá cómo eras y quién fuiste.

Junín, 1966

UN SOLDADO DE LEE
(1862)

Lo ha alcanzado una bala en la ribera
de una clara corriente cuyo nombre
ignora. Cae de boca. (Es verdadera
la historia y más de un hombre fue aquel hombre.)
El aire de oro mueve las ociosas
hojas de los pinares. La paciente
hormiga escala el rostro indiferente.
Sube el sol. Ya han cambiado muchas cosas
y cambiarán sin término hasta cierto
día del porvenir en que te canto
a ti que, sin la dádiva del llanto,
caíste como un hombre muerto.
No hay un mármol que guarde tu memoria;
seis pies de tierra son tu oscura gloria.

EL MAR

Antes que el sueño (o el terror) tejiera
mitologías y cosmogonías,
antes que el tiempo se acuñara en días,
el mar, el siempre mar, ya estaba y era.
¿Quién es el mar? ¿Quién es aquel violento
y antiguo ser que roe los pilares
de la tierra y es uno y muchos mares
y abismo y resplandor y azar y viento?
Quien lo mira lo ve por vez primera,
siempre. Con el asombro que las cosas
elementales dejan, las hermosas
tardes, la luna, el fuego de una hoguera.
¿Quién es el mar, quién soy? Lo sabré el día
ulterior que sucede a la agonía.

UNA MAÑANA DE 1649

Carlos avanza entre su pueblo. Mira
a izquierda y a derecha. Ha rechazado
los brazos de la escolta. Liberado
de la necesidad de la mentira,

sabe que hoy va a la muerte, no al olvido,
y que es un rey. La ejecución lo espera;
la mañana es atroz y verdadera.
No hay temor en su carne. Siempre ha sido,

a fuer de buen tahúr, indiferente.
Ha apurado la vida hasta las heces;
ahora está solo entre la armada gente.

No lo infama el patíbulo. Los jueces
no son el Juez. Saluda levemente
y sonríe. Lo ha hecho tantas veces.

A UN POETA SAJÓN

La nieve de Nortumbria ha conocido
y ha olvidado la huella de tus pasos
y son innumerables los ocasos
que entre nosotros, gris hermano, han sido.
Lento en la lenta sombra labrarías
metáforas de espadas en los mares
y del horror que mora en los pinares
y de la soledad que traen los días.
¿Dónde buscar tus rasgos y tu nombre?
Ésas son cosas que el antiguo olvido
guarda. Nunca sabré cómo habrás sido
cuando sobre la tierra fuiste un hombre.
Seguiste los caminos del destierro;
ahora sólo eres tu cantar de hierro.

BUENOS AIRES

Antes, yo te buscaba en tus confines
que lindan con la tarde y la llanura
y en la verja que guarda una frescura
antigua de cedrones y jazmines.
En la memoria de Palermo estabas,
en su mitología de un pasado
de baraja y puñal y en el dorado
bronce de las inútiles aldabas,
con su mano y sortija. Te sentía
en los patios del Sur y en la creciente
sombra que desdibuja lentamente
su larga recta, al declinar el día.
Ahora estás en mí. Eres mi vaga
suerte, esas cosas que la muerte apaga.

BUENOS AIRES

Y la ciudad, ahora, es como un plano
de mis humillaciones y fracasos;
desde esa puerta he visto los ocasos
y ante ese mármol he aguardado en vano.
Aquí el incierto ayer y el hoy distinto
me han deparado los comunes casos
de toda suerte humana; aquí mis pasos
urden su incalculable laberinto.
Aquí la tarde cenicienta espera
el fruto que le debe la mañana;
aquí mi sombra en la no menos vana
sombra final se perderá, ligera.
No nos une el amor sino el espanto;
será por eso que la quiero tanto.

AL HIJO

No soy yo quien te engendra. Son los muertos.
Son mi padre, su padre y sus mayores;
son los que un largo dédalo de amores
trazaron desde Adán y los desiertos
de Caín y de Abel, en una aurora
tan antigua que ya es mitología,
y llegan, sangre y médula, a este día
del porvenir, en que te engendro ahora.
Siento su multitud. Somos nosotros
y, entre nosotros, tú y los venideros
hijos que has de engendrar. Los postrimeros
y los del rojo Adán. Soy esos otros,
también. La eternidad está en las cosas
del tiempo, que son formas presurosas.

EL PUÑAL

A Margarita Bunge

En un cajón hay un puñal.

Fue forjado en Toledo, a fines del siglo pasado; Luis Melián Lafinur se lo dio a mi padre, que lo trajo del Uruguay; Evaristo Carriego lo tuvo alguna vez en la mano.

Quienes lo ven tienen que jugar un rato con él; se advierte que hace mucho que lo buscaban; la mano se apresura a apretar la empuñadura que la espera; la hoja obediente y poderosa juega con precisión en la vaina.

Otra cosa quiere el puñal.

Es más que una estructura hecha de metales; los hombres lo pensaron y lo formaron para un fin muy preciso; es de algún modo eterno, el puñal que anoche mató a un hombre en Tacuarembó y los puñales que mataron a César. Quiere matar, quiere derramar brusca sangre.

En un cajón del escritorio, entre borradores y cartas, interminablemente sueña el puñal su sencillo sueño de tigre, y la mano se anima cuando lo rige porque el metal se anima, el metal que presiente en cada contacto al homicida para quien lo crearon los hombres.

A veces me da lástima. Tanta dureza, tanta fe, tan impasible o inocente soberbia, y los años pasan, inútiles.

LOS COMPADRITOS MUERTOS

Siguen apuntalando la recova
del paseo de Julio, sombras vanas
en eterno altercado con hermanas
sombras o con el hambre, esa otra loba.
Cuando el último sol es amarillo
en la frontera de los arrabales,
vuelven a su crepúsculo, fatales
y muertos, a su puta y su cuchillo.
Perduran en apócrifas historias,
en un modo de andar, en el rasguido
de una cuerda, en un rostro, en un silbido,
en pobres cosas y en oscuras glorias.
En el íntimo patio de la parra
cuando la mano templa la guitarra.

PARA LAS SEIS CUERDAS

(1965)

PRÓLOGO

Toda lectura implica una colaboración y casi una complicidad. En el Fausto, *debemos admitir que un gaucho pueda seguir el argumento de una ópera cantada en un idioma que no conoce; en el* Martín Fierro, *un vaivén de bravatas y de quejumbres, justificadas por el propósito político de la obra, pero del todo ajenas a la índole sufrida de los paisanos y a los precavidos modales del payador.*

En el modesto caso de mis milongas, el lector debe suplir la música ausente por la imagen de un hombre que canturrea, en el umbral de su zaguán o en un almacén, acompañándose con la guitarra. La mano se demora en las cuerdas y las palabras cuentan menos que los acordes.

He querido eludir la sensiblería del inconsolable «tango-canción» y el manejo sistemático del lunfardo, que infunde un aire artificioso a las sencillas coplas.

Compuestas hacia mil ochocientos noventa y tantos, estas milongas hubieran sido ingenuas y bravas; ahora son meras elegías.

Que yo sepa, ninguna otra aclaración requieren estos versos.

J. L. B.
Buenos Aires, junio de 1965

MILONGA DE DOS HERMANOS

Traiga cuentos la guitarra
de cuando el fierro brillaba,
cuentos de truco y de taba,
de cuadreras y de copas,
cuentos de la Costa Brava
y el Camino de las Tropas.

Venga una historia de ayer
que apreciarán los más lerdos;
el destino no hace acuerdos
y nadie se lo reproche—
ya estoy viendo que esta noche
vienen del Sur los recuerdos.

Velay, señores, la historia
de los hermanos Iberra,
hombres de amor y de guerra
y en el peligro primeros,
la flor de los cuchilleros
y ahora los tapa la tierra.

Suelen al hombre perder
la soberbia o la codicia;
también el coraje envicia
a quien le da noche y día—
el que era menor debía
más muertes a la justicia.

Cuando Juan Iberra vio
que el menor lo aventajaba,
la paciencia se le acaba
y le armó no sé qué lazo–
le dio muerte de un balazo,
allá por la Costa Brava.

Sin demora y sin apuro
lo fue tendiendo en la vía
para que el tren lo pisara.
El tren lo dejó sin cara,
que es lo que el mayor quería.

Así de manera fiel
conté la historia hasta el fin;
es la historia de Caín
que sigue matando a Abel.

¿DÓNDE SE HABRÁN IDO?

Según su costumbre, el sol
brilla y muere, muere y brilla
y en el patio, como ayer,
hay una luna amarilla,
pero el tiempo, que no ceja,
todas las cosas mancilla.
Se acabaron los valientes
y no han dejado semilla.

¿Dónde están los que salieron
a libertar las naciones
o afrontaron en el Sur
las lanzas de los malones?
¿Dónde están los que a la guerra
marchaban en batallones?
¿Dónde están los que morían
en otras revoluciones?

—No se aflija. En la memoria
de los tiempos venideros
también nosotros seremos
los tauras y los primeros.
El ruin será generoso
y el flojo será valiente:
No hay cosa como la muerte
para mejorar la gente.

¿Dónde está la valerosa
chusma que pisó esta tierra,

la que doblar no pudieron
perra vida y muerte perra,
los que en el duro arrabal
vivieron como en la guerra,
los Muraña por el Norte
y por el Sur los Iberra?

¿Qué fue de tanto animoso?
¿Qué fue de tanto bizarro?
A todos los gastó el tiempo,
a todos los tapa el barro.
Juan Muraña se olvidó
del cadenero y del carro
y ya no sé si Moreira
murió en Lobos o en Navarro.

–No se aflija. En la memoria…

MILONGA DE JACINTO CHICLANA

Me acuerdo. Fue en Balvanera,
en una noche lejana
que alguien dejó caer el nombre
de un tal Jacinto Chiclana.

Algo se dijo también
de una esquina y de un cuchillo;
los años nos dejan ver
el entrevero y el brillo.

Quién sabe por qué razón
me anda buscando ese nombre;
me gustaría saber
cómo habrá sido aquel hombre.

Alto lo veo y cabal,
con el alma comedida,
capaz de no alzar la voz
y de jugarse la vida.

Nadie con paso más firme
habrá pisado la tierra;
nadie habrá habido como él
en el amor y en la guerra.

Sobre la huerta y el patio
las torres de Balvanera
y aquella muerte casual
en una esquina cualquiera.

No veo los rasgos. Veo,
bajo el farol amarillo,
el choque de hombres o sombras
y esa víbora, el cuchillo.

Acaso en aquel momento
en que le entraba la herida,
pensó que a un varón le cuadra
no demorar la partida.

Sólo Dios puede saber
la laya fiel de aquel hombre;
señores, yo estoy cantando
lo que se cifra en el nombre.

Entre las cosas hay una
de la que no se arrepiente
nadie en la tierra. Esa cosa
es haber sido valiente.

Siempre el coraje es mejor,
la esperanza nunca es vana;
vaya pues esta milonga
para Jacinto Chiclana.

MILONGA DE DON NICANOR PAREDES

Venga un rasgueo y ahora,
con el permiso de ustedes,
le estoy cantando, señores,
a don Nicanor Paredes.

No lo vi rígido y muerto
ni siquiera lo vi enfermo;
lo veo con paso firme
pisar su feudo, Palermo.

El bigote un poco gris
pero en los ojos el brillo
y cerca del corazón
el bultito del cuchillo.

El cuchillo de esa muerte
de la que no le gustaba
hablar; alguna desgracia
de cuadreras o de taba.

De atrio, más bien. Fue caudillo,
si no me marra la cuenta,
allá por los tiempos bravos
del ochocientos noventa.

Lacia y dura la melena
y aquel empaque de toro;
la chalina sobre el hombro
y el rumboso anillo de oro.

Entre sus hombres había
muchos de valor sereno;
Juan Muraña y aquel Suárez
apellidado el Chileno.

Cuando entre esa gente mala
se armaba algún entrevero
él lo paraba de golpe,
de un grito o con el talero.

Varón de ánimo parejo
en la buena o en la mala;
«En casa del jabonero
el que no cae se refala.»

Sabía contar sucedidos,
al compás de la vihuela,
de las casas de Junín
y de las carpas de Adela.

Ahora está muerto y con él
cuánta memoria se apaga
de aquel Palermo perdido
del baldío y de la daga.

Ahora está muerto y me digo:
¿Qué hará usted, don Nicanor,
en un cielo sin caballos
ni envido, retruco y flor?

UN CUCHILLO EN EL NORTE

Allá por el Maldonado,
que hoy corre escondido y ciego,
allá por el barrio gris
que cantó el pobre Carriego,

tras una puerta entornada
que da al patio de la parra,
donde las noches oyeron
el amor de la guitarra,

habrá un cajón y en el fondo
dormirá con duro brillo,
entre esas cosas que el tiempo
sabe olvidar, un cuchillo.

Fue de aquel Saverio Suárez,
por más mentas el Chileno,
que en garitos y elecciones
probó siempre que era bueno.

Los chicos, que son el diablo,
lo buscarán con sigilo
y probarán en la yema
si no se ha mellado el filo.

Cuántas veces habrá entrado
en la carne de un cristiano
y ahora está arrumbado y solo,
a la espera de una mano,

que es polvo. Tras el cristal
que dora un sol amarillo
a través de años y casas,
yo te estoy viendo, cuchillo.

EL TÍTERE

A un compadrito le canto
que era el patrón y el ornato
de las casas menos santas
del barrio de Triunvirato.

Atildado en el vestir,
medio mandón en el trato;
negro el chambergo y la ropa,
negro el charol del zapato.

Como luz para el manejo
le firmaba un garabato
en la cara al más garifo,
de un solo brinco, a lo gato.

Bailarín y jugador,
no sé si chino o mulato,
lo mimaba el conventillo,
que hoy se llama inquilinato.

A las pardas zaguaneras
no les resultaba ingrato
el amor de ese valiente,
que les dio tan buenos ratos.

El hombre, según se sabe,
tiene firmado un contrato
con la muerte. En cada esquina
lo anda acechando el mal rato.

Un balazo lo tumbó
en Thames y Triunvirato;
se mudó a un barrio vecino,
el de la Quinta del Ñato.

MILONGA DE LOS MORENOS

Alta la voz y animosa
como si cantara flor,
hoy, caballeros, le canto
a la gente de color.

Marfil negro los llamaban
los ingleses y holandeses
que aquí los desembarcaron
al cabo de largos meses.

En el barrio del Retiro
hubo mercado de esclavos;
de buena disposición
y muchos salieron bravos.

De su tierra de leones
se olvidaron como niños
y aquí los aquerenciaron
la costumbre y los cariños.

Cuando la patria nació
una mañana de Mayo,
el gaucho sólo sabía
hacer la guerra a caballo.

Alguien pensó que los negros
no eran ni zurdos ni ajenos
y se formó el Regimiento
de Pardos y de Morenos.

El sufrido regimiento
que llevó el número seis
y del que dijo Ascasubi:
«Más bravo que gallo inglés».

Y así fue que en la otra banda
esa morenada, al grito
de Soler, atropelló
en la carga del Cerrito.

Martín Fierro mató un negro
y es casi como si hubiera
matado a todos. Sé de uno
que murió por la bandera.

De tarde en tarde en el Sur
me mira un rostro moreno,
trabajado por los años
y a la vez triste y sereno.

¿A qué cielo de tambores
y siestas largas se han ido?
Se los ha llevado el tiempo,
el tiempo, que es el olvido.

MILONGA PARA LOS ORIENTALES

Milonga que este porteño
dedica a los orientales,
agradeciendo memorias
de tardes y de ceibales.

El sabor de lo oriental
con estas palabras pinto;
es el sabor de lo que es
igual y un poco distinto.

Milonga de tantas cosas
que se van quedando lejos;
la quinta con mirador
y el zócalo de azulejos.

En tu banda sale el sol
apagando la farola
del Cerro y dando alegría
a la arena y a la ola.

Milonga de los troperos
que hartos de tierra y camino
pitaban tabaco negro
en el Paso del Molino.

A orillas del Uruguay,
me acuerdo de aquel matrero
que lo atravesó, prendido
de la cola de su overo.

Milonga del primer tango
que se quebró, nos da igual,
en las casas de Junín
o en las casas de Yerbal.

Como los tientos de un lazo
se entrevera nuestra historia,
esa historia de a caballo
que huele a sangre y a gloria.

Milonga de aquel gauchaje
que arremetió con denuedo
en la pampa, que es pareja,
o en la Cuchilla de Haedo.

¿Quién dirá de quiénes fueron
esas lanzas enemigas
que irá desgastando el tiempo,
si de Ramírez o Artigas?

Para pelear como hermanos
era buena cualquier cancha;
que lo digan los que vieron
su último sol en Cagancha.

Hombro a hombro o pecho a pecho,
cuántas veces combatimos.
¡Cuántas veces nos corrieron,
cuántas veces los corrimos!

Milonga del olvidado
que muere y que no se queja;
milonga de la garganta
tajeada de oreja a oreja.

Milonga del domador
de potros de casco duro
y de la plata que alegra
el apero del oscuro.

Milonga de la milonga
a la sombra del ombú,
milonga del otro Hernández
que se batió en Paysandú.

Milonga para que el tiempo
vaya borrando fronteras;
por algo tienen los mismos
colores las dos banderas.

MILONGA DE ALBORNOZ

Alguien ya contó los días,
Alguien ya sabe la hora,
Alguien para Quien no hay
ni premuras ni demora.

Albornoz pasa silbando
una milonga entrerriana;
bajo el ala del chambergo
sus ojos ven la mañana,

la mañana de este día
del ochocientos noventa;
en el bajo del Retiro
ya le han perdido la cuenta

de amores y de trucadas
hasta el alba y de entreveros
a fierro con los sargentos,
con propios y forasteros.

Se la tienen bien jurada
más de un taura y más de un pillo;
en una esquina del Sur
lo está esperando un cuchillo.

No un cuchillo sino tres,
antes de clarear el día,
se le vinieron encima
y el hombre se defendía.

Un acero entró en el pecho,
ni se le movió la cara;
Alejo Albornoz murió
como si no le importara.

Pienso que le gustaría
saber que hoy anda su historia
en una milonga. El tiempo
es olvido y es memoria.

MILONGA DE MANUEL FLORES

Manuel Flores va a morir.
Eso es moneda corriente;
morir es una costumbre
que sabe tener la gente.

Y sin embargo me duele
decirle adiós a la vida,
esa cosa tan de siempre,
tan dulce y tan conocida.

Miro en el alba mis manos,
miro en las manos las venas;
con extrañeza las miro
como si fueran ajenas.

Vendrán los cuatro balazos
y con los cuatro el olvido;
lo dijo el sabio Merlín:
morir es haber nacido.

¡Cuánta cosa en su camino
estos ojos habrán visto!
Quién sabe lo que verán
después que me juzgue Cristo.

Manuel Flores va a morir.
Eso es moneda corriente;
morir es una costumbre
que sabe tener la gente.

MILONGA DE CALANDRIA

Servando Cardoso el nombre
y Ño Calandria el apodo;
no lo sabrán olvidar
los años, que olvidan todo.

No era un científico de esos
que usan arma de gatillo;
era su gusto jugarse
en el baile del cuchillo.

Cuántas veces en Montiel
lo habrá visto la alborada
en brazos de una mujer
ya tenida y ya olvidada.

El arma de su afición
era el facón caronero.
Fueron una sola cosa
el cristiano y el acero.

Bajo el alero de sombra
o en el rincón de la parra,
las manos que dieron muerte
sabían templar la guitarra.

Fija la vista en los ojos,
era capaz de parar
el hachazo más taimado.
¡Feliz quien lo vio pelear!

No tan felices aquellos
cuyo recuerdo postrero
fue la brusca arremetida
y la entrada del acero.

Siempre la selva y el duelo,
pecho a pecho y cara a cara.
Vivió matando y huyendo.
Vivió como si soñara.

Se cuenta que una mujer
fue y lo entregó a la partida;
a todos, tarde o temprano,
nos va entregando la vida.

ELOGIO DE LA SOMBRA

(1969)

PRÓLOGO

*Sin proponérmelo al principio, he consagrado mi ya larga vida a las
letras, a la cátedra, al ocio, a las tranquilas aventuras del diálogo, a la
filología, que ignoro, al misterioso hábito de Buenos Aires y a las
perplejidades que no sin alguna soberbia se llaman metafísica. Tam-
poco le ha faltado a mi vida la amistad de unos pocos, que es lo que
importa. Creo no tener un solo enemigo o, si los hubo, nunca me lo
hicieron saber. La verdad es que nadie puede herirnos salvo la gente
que queremos. Ahora, a los setenta años de mi edad (la frase es de
Whitman), doy a la prensa este quinto libro de versos.*

*Carlos Frías me ha sugerido que aproveche su prólogo para una de-
claración de mi estética. Mi pobreza, mi voluntad, se oponen a ese con-
sejo. No soy poseedor de una estética. El tiempo me ha enseñado algu-
nas astucias: eludir los sinónimos, que tienen la desventaja de sugerir
diferencias imaginarias; eludir hispanismos, argentinismos, arcaísmos y
neologismos; preferir las palabras habituales a las palabras asombrosas;
intercalar en un relato rasgos circunstanciales, exigidos ahora por el lec-
tor; simular pequeñas incertidumbres, ya que si la realidad es precisa la
memoria no lo es; narrar los hechos (esto lo aprendí en Kipling y en las
sagas de Islandia) como si no los entendiera del todo; recordar que
las normas anteriores no son obligaciones y que el tiempo se encargará
de abolirlas. Tales astucias o hábitos no configuran ciertamente una es-
tética. Por lo demás, descreo de las estéticas. En general no pasan de ser
abstracciones inútiles; varían para cada escritor y aun para cada texto y
no pueden ser otra cosa que estímulos o instrumentos ocasionales.*

*Éste, escribí, es mi quinto libro de versos. Es razonable presumir que
no será mejor o peor que los otros. A los espejos, laberintos y espadas
que ya prevé mi resignado lector se han agregado dos temas nuevos: la
vejez y la ética. Ésta, según se sabe, nunca dejó de preocupar a cierto
amigo muy querido que la literatura me ha dado, a Robert Louis Ste-*

venson. Una de las virtudes por las cuales prefiero las naciones protestantes a las de tradición católica es su cuidado de la ética. Milton quería educar a los niños de su academia en el conocimiento de la física, de las matemáticas, de la astronomía y de las ciencias naturales; el doctor Johnson observaría al promediar el siglo XVIII: «La prudencia y la justicia son preeminencias y virtudes que corresponden a todas las épocas y a todos los lugares; somos perpetuamente moralistas y sólo a veces geómetras».

En estas páginas conviven, creo que sin discordia, las formas de la prosa y del verso. Podría invocar antecedentes ilustres –el De consolatione de Boecio, los cuentos de Chaucer, el Libro de las mil y una noches–; prefiero declarar que esas divergencias me parecen accidentales y que desearía que este libro fuera leído como un libro de versos. Un volumen, en sí, no es un hecho estético, es un objeto físico entre otros; el hecho estético sólo puede ocurrir cuando lo escriben o lo leen. Es común afirmar que el verso libre no es otra cosa que un simulacro tipográfico; pienso que en esa afirmación acecha un error. Más allá de su ritmo, la forma tipográfica del versículo sirve para anunciar al lector que la emoción poética, no la información o el razonamiento, es lo que está esperándolo. Yo anhelé alguna vez la vasta respiración de los psalmos[1] o de Walt Whitman; al cabo de los años compruebo, no sin melancolía, que me he limitado a alternar algunos metros clásicos: el alejandrino, el endecasílabo, el heptasílabo.

La poesía no es menos misteriosa que los otros elementos del orbe. Tal o cual verso afortunado no puede envanecernos, porque es don del Azar o del Espíritu; sólo los errores son nuestros. Espero que el lector descubra en mis páginas algo que pueda merecer su memoria; en este mundo la belleza es común.

J. L. B.
Buenos Aires, 24 de junio de 1969

---

1. *Deliberadamente escribo* psalmos. *Los individuos de la Real Academia Española quieren imponer a este continente sus incapacidades fonéticas; nos aconsejan el empleo de formas rústicas:* neuma, sicología, síquico. *Últimamente se les ha ocurrido escribir* vikingo *por* viking. *Sospecho que muy pronto oiremos hablar de la obra de Kiplingo.*

JUAN, I, 14

No será menos un enigma esta hoja
que las de Mis libros sagrados
ni aquellas otras que repiten
las bocas ignorantes,
creyéndolas de un hombre, no espejos
oscuros del Espíritu.
Yo que soy el Es, el Fue y el Será,
vuelvo a condescender al lenguaje,
que es tiempo sucesivo y emblema.
Quien juega con un niño juega con algo
cercano y misterioso;
yo quise jugar con Mis hijos.
Estuve entre ellos con asombro y ternura.
Por obra de una magia
nací curiosamente de un vientre.
Viví hechizado, encarcelado en un cuerpo
y en la humildad de un alma.
Conocí la memoria,
esa moneda que no es nunca la misma.
Conocí la esperanza y el temor,
esos dos rostros del incierto futuro.
Conocí la vigilia, el sueño, los sueños,
la ignorancia, la carne,
los torpes laberintos de la razón,
la amistad de los hombres,
la misteriosa devoción de los perros.
Fui amado, comprendido, alabado y pendí de una cruz.
Bebí la copa hasta las heces.
Vi por Mis ojos lo que nunca había visto:

la noche y sus estrellas.
Conocí lo pulido, lo arenoso, lo desparejo, lo áspero,
el sabor de la miel y de la manzana,
el agua en la garganta de la sed,
el peso de un metal en la palma,
la voz humana, el rumor de unos pasos sobre la hierba,
el olor de la lluvia en Galilea,
el alto grito de los pájaros.
Conocí también la amargura.
He encomendado esta escritura a un hombre cualquiera;
no será nunca lo que quiero decir,
no dejará de ser su reflejo.
Desde Mi eternidad caen estos signos.
Que otro, no el que es ahora su amanuense, escriba el poema.
Mañana seré un tigre entre los tigres
y predicaré Mi ley a su selva,
a un gran árbol en Asia.
A veces pienso con nostalgia
en el olor de esa carpintería.

HERÁCLITO

El segundo crepúsculo.
La noche que se ahonda en el sueño.
La purificación y el olvido.
El primer crepúsculo.
La mañana que ha sido el alba.
El día que fue la mañana.
El día numeroso que será la tarde gastada.
El segundo crepúsculo.
Ese otro hábito del tiempo, la noche.
La purificación y el olvido.
El primer crepúsculo...
El alba sigilosa y en el alba
la zozobra del griego.
¿Qué trama es ésta
del será, del es y del fue?
¿Qué río es éste
por el cual corre el Ganges?
¿Qué río es éste cuya fuente es inconcebible?
¿Qué río es éste
que arrastra mitologías y espadas?
Es inútil que duerma.
Corre en el sueño, en el desierto, en un sótano.
El río me arrebata y soy ese río.
De una materia deleznable fui hecho, de misterioso tiempo.
Acaso el manantial está en mí.
Acaso de mi sombra
surgen, fatales e ilusorios, los días.

CAMBRIDGE

Nueva Inglaterra y la mañana.
Doblo por Craigie.
Pienso (ya lo he pensado)
que el nombre Craigie es escocés
y que la palabra *crag* es de origen celta.
Pienso (ya lo he pensado)
que en este invierno están los antiguos inviernos
de quienes dejaron escrito
que el camino está prefijado
y que ya somos del Amor o del Fuego.
La nieve y la mañana y los muros rojos
pueden ser formas de la dicha,
pero yo vengo de otras ciudades
donde los colores son pálidos
y en las que una mujer, al caer la tarde,
regará las plantas del patio.
Alzo los ojos y los pierdo en el ubicuo azul.
Más allá están los árboles de Longfellow
y el dormido río incesante.
Nadie en las calles, pero no es un domingo.
No es un lunes,
el día que nos depara la ilusión de empezar.
No es un martes,
el día que preside el planeta rojo.
No es un miércoles,
el día de aquel dios de los laberintos
que en el Norte fue Odín.
No es un jueves,
el día que ya se resigna al domingo.

No es un viernes,
el día regido por la divinidad que en las selvas
entreteje los cuerpos de los amantes.
No es un sábado.
No está en el tiempo sucesivo
sino en los reinos espectrales de la memoria.
Como en los sueños,
detrás de las altas puertas no hay nada,
ni siquiera el vacío.
Como en los sueños,
detrás del rostro que nos mira no hay nadie.
Anverso sin reverso,
moneda de una sola cara, las cosas.
Esas miserias son los bienes
que el precipitado tiempo nos deja.
Somos nuestra memoria,
somos ese quimérico museo de formas inconstantes,
ese montón de espejos rotos.

NEW ENGLAND, 1967

Han cambiado las formas de mi sueño;
ahora son oblicuas casas rojas
y el delicado bronce de las hojas
y el casto invierno y el piadoso leño.
Como en el día séptimo, la tierra
es buena. En los crepúsculos persiste
algo que casi no es, osado y triste,
un antiguo rumor de Biblia y guerra.
Pronto (nos dicen) llegará la nieve
y América me espera en cada esquina,
pero siento en la tarde que declina
el hoy tan lento y el ayer tan breve.
Buenos Aires, yo sigo caminando
por tus esquinas, sin por qué ni cuándo.

Cambridge, 1967

JAMES JOYCE

En un día del hombre están los días
del tiempo, desde aquel inconcebible
día inicial del tiempo, en que un terrible
Dios prefijó los días y agonías
hasta aquel otro en que el ubicuo río
del tiempo terrenal torne a su fuente,
que es lo Eterno, y se apague en el presente,
el futuro, el ayer, lo que ahora es mío.
Entre el alba y la noche está la historia
universal. Desde la noche veo
a mis pies los caminos del hebreo,
Cartago aniquilada, Infierno y Gloria.
Dame, Señor, coraje y alegría
para escalar la cumbre de este día.

Cambridge, 1968

THE UNENDING GIFT

Un pintor nos prometió un cuadro.

Ahora, en New England, sé que ha muerto. Sentí, como otras veces, la tristeza de comprender que somos como un sueño. Pensé en el hombre y en el cuadro perdidos.

(Sólo los dioses pueden prometer, porque son inmortales.)

Pensé en un lugar prefijado que la tela no ocupará.

Pensé después: si estuviera ahí, sería con el tiempo una cosa más, una cosa, una de las vanidades o hábitos de la casa; ahora es ilimitada, incesante, capaz de cualquier forma y cualquier color y no atada a ninguno.

Existe de algún modo. Vivirá y crecerá como una música y estará conmigo hasta el fin. Gracias, Jorge Larco.

(También los hombres pueden prometer, porque en la promesa hay algo inmortal.)

Ahora es invulnerable como los dioses.

Nada en la tierra puede herirlo, ni el desamor de una mujer, ni la
tisis, ni las ansiedades del verso, ni esa cosa blanca, la luna,
que ya no tiene que fijar en palabras.

Camina lentamente bajo los tilos; mira las balaustradas y las puer-
tas, no para recordarlas.

Ya sabe cuántas noches y cuántas mañanas le faltan.

Su voluntad le ha impuesto una disciplina precisa. Hará determi-
nados actos, cruzará previstas esquinas, tocará un árbol o
una reja, para que el porvenir sea tan irrevocable como el pa-
sado.

Obra de esa manera para que el hecho que desea y que teme no sea
otra cosa que el término final de una serie.

Camina por la calle 49; piensa que nunca atravesará tal o cual za-
guán lateral.

Sin que lo sospecharan, se ha despedido ya de muchos amigos.

Piensa lo que nunca sabrá, si el día siguiente será un día de
lluvia.

Se cruza con un conocido y le hace una broma. Sabe que este epi-
sodio será, durante algún tiempo, una anécdota.

Ahora es invulnerable como los muertos.

En la hora fijada, subirá por unos escalones de mármol. (Esto per-
durará en la memoria de otros.)

Bajará al lavatorio; en el piso ajedrezado el agua borrará muy pron-
to la sangre. El espejo lo aguarda.

Se alisará el pelo, se ajustará el nudo de la corbata (siempre fue un
poco dandy, como cuadra a un joven poeta) y tratará de ima-
ginar que el otro, el del cristal, ejecuta los actos y que él, su

303

doble, los repite. La mano no le temblará cuando ocurra el último. Dócilmente, mágicamente, ya habrá apoyado el arma contra la sien.

Así, lo creo, sucedieron las cosas.

RICARDO GÜIRALDES

Nadie podrá olvidar su cortesía;
era la no buscada, la primera
forma de su bondad, la verdadera
cifra de un alma clara como el día.

No he de olvidar tampoco la bizarra
serenidad, el fino rostro fuerte,
las luces de la gloria y de la muerte,
la mano interrogando la guitarra.

Como en el puro sueño de un espejo
(tú eres la realidad, yo su reflejo)
te veo conversando con nosotros

en Quintana. Ahí estás, mágico y muerto.
Tuyo, Ricardo, ahora es el abierto
campo de ayer, el alba de los potros.

EL LABERINTO

Zeus no podría desatar las redes
de piedra que me cercan. He olvidado
los hombres que antes fui; sigo el odiado
camino de monótonas paredes
que es mi destino. Rectas galerías
que se curvan en círculos secretos
al cabo de los años. Parapetos
que ha agrietado la usura de los días.
En el pálido polvo he descifrado
rastros que temo. El aire me ha traído
en las cóncavas tardes un bramido
o el eco de un bramido desolado.
Sé que en la sombra hay Otro, cuya suerte
es fatigar las largas soledades
que tejen y destejen este Hades
y ansiar mi sangre y devorar mi muerte.
Nos buscamos los dos. Ojalá fuera
éste el último día de la espera.

LABERINTO

No habrá nunca una puerta. Estás adentro
y el alcázar abarca el universo
y no tiene ni anverso ni reverso
ni externo muro ni secreto centro.
No esperes que el rigor de tu camino
que tercamente se bifurca en otro,
que tercamente se bifurca en otro,
tendrá fin. Es de hierro tu destino
como tu juez. No aguardes la embestida
del toro que es un hombre y cuya extraña
forma plural da horror a la maraña
de interminable piedra entretejida.
No existe. Nada esperes. Ni siquiera
en el negro crepúsculo la fiera.

A CIERTA SOMBRA, 1940

Que no profanen tu sagrado suelo, Inglaterra,
el jabalí alemán y la hiena italiana.
Isla de Shakespeare, que tus hijos te salven
y también tus sombras gloriosas.
En esta margen ulterior de los mares
las invoco y acuden
desde el innumerable pasado,
con altas mitras y coronas de hierro,
con Biblias, con espadas, con remos,
con anclas y con arcos.
Se ciernen sobre mí en la alta noche
propicia a la retórica y a la magia
y busco la más tenue, la deleznable,
y le advierto: oh, amigo,
el continente hostil se apresta con armas
a invadir tu Inglaterra,
como en los días que sufriste y cantaste.
Por el mar, por la tierra y por el aire convergen los ejércitos.
Vuelve a soñar, De Quincey.
Teje para baluarte de tu isla
redes de pesadillas.
Que por sus laberintos de tiempo
erren sin fin los que odian.
Que su noche se mida por centurias, por eras, por pirámides,
que las armas sean polvo, polvo las caras,
que nos salven ahora las indescifrables arquitecturas
que dieron horror a tu sueño.
Hermano de la noche, bebedor de opio,
padre de sinuosos períodos que ya son laberintos y torres,

padre de las palabras que no se olvidan,
¿me oyes, amigo no mirado, me oyes
a través de esas cosas insondables
que son los mares y la muerte?

LAS COSAS

El bastón, las monedas, el llavero,
la dócil cerradura, las tardías
notas que no leerán los pocos días
que me quedan, los naipes y el tablero,
un libro y en sus páginas la ajada
violeta, monumento de una tarde
sin duda inolvidable y ya olvidada,
el rojo espejo occidental en que arde
una ilusoria aurora. ¡Cuántas cosas,
limas, umbrales, atlas, copas, clavos,
nos sirven como tácitos esclavos,
ciegas y extrañamente sigilosas!
Durarán más allá de nuestro olvido;
no sabrán nunca que nos hemos ido.

«RUBAIYAT»

Torne en mi voz la métrica del persa
a recordar que el tiempo es la diversa
trama de sueños ávidos que somos
y que el secreto Soñador dispersa.

Torne a afirmar que el fuego es la ceniza,
la carne el polvo, el río la huidiza
imagen de tu vida y de mi vida
que lentamente se nos va de prisa.

Torne a afirmar que el arduo monumento
que erige la soberbia es como el viento
que pasa, y que a la luz inconcebible
de Quien perdura, un siglo es un momento.

Torne a advertir que el ruiseñor de oro
canta una sola vez en el sonoro
ápice de la noche y que los astros
avaros no prodigan su tesoro.

Torne la luna al verso que tu mano
escribe como torna en el temprano
azul a tu jardín. La misma luna
de ese jardín te ha de buscar en vano.

Sean bajo la luna de las tiernas
tardes tu humilde ejemplo las cisternas,
en cuyo espejo de agua se repiten
unas pocas imágenes eternas.

Que la luna del persa y los inciertos
oros de los crepúsculos desiertos
vuelvan. Hoy es ayer. Eres los otros
cuyo rostro es el polvo. Eres los muertos.

A ISRAEL

¿Quién me dirá si estás en el perdido
laberinto de ríos seculares
de mi sangre, Israel? ¿Quién los lugares
que mi sangre y tu sangre han recorrido?
No importa. Sé que estás en el sagrado
libro que abarca el tiempo y que la historia
del rojo Adán rescata y la memoria
y la agonía del Crucificado.
En ese libro estás, que es el espejo
de cada rostro que sobre él se inclina
y del rostro de Dios, que en su complejo
y arduo cristal, terrible se adivina.
Salve, Israel, que guardas la muralla
de Dios, en la pasión de tu batalla.

ISRAEL

Un hombre encarcelado y hechizado,
un hombre condenado a ser la serpiente
que guarda un oro infame,
un hombre condenado a ser Shylock,
un hombre que se inclina sobre la tierra
y que sabe que estuvo en el Paraíso,
un hombre viejo y ciego que ha de romper
las columnas del templo,
un rostro condenado a ser una máscara,
un hombre que a pesar de los hombres
es Spinoza y el Baal Shem y los cabalistas,
un hombre que es el Libro,
una boca que alaba desde el abismo
la justicia del firmamento,
un procurador o un dentista
que dialogó con Dios en una montaña,
un hombre condenado a ser el escarnio,
la abominación, el judío,
un hombre lapidado, incendiado
y ahogado en cámaras letales,
un hombre que se obstina en ser inmortal
y que ahora ha vuelto a su batalla,
a la violenta luz de la victoria,
hermoso como un león al mediodía.

JUNIO, 1968

En la tarde de oro
o en una serenidad cuyo símbolo
podría ser la tarde de oro,
el hombre dispone los libros
en los anaqueles que aguardan
y siente el pergamino, el cuero, la tela
y el agrado que dan
la previsión de un hábito
y el establecimiento de un orden.
Stevenson y el otro escocés, Andrew Lang,
reanudarán aquí, de manera mágica,
la lenta discusión que interrumpieron
los mares y la muerte
y a Reyes no le desagradará ciertamente
la cercanía de Virgilio.
(Ordenar bibliotecas es ejercer,
de un modo silencioso y modesto,
el arte de la crítica.)
El hombre que está ciego,
sabe que ya no podrá descifrar
los hermosos volúmenes que maneja
y que no le ayudarán a escribir
el libro que lo justificará ante los otros,
pero la tarde que es acaso de oro
sonríe ante el curioso destino
y siente esa felicidad peculiar
de las viejas cosas queridas.

EL GUARDIÁN DE LOS LIBROS

Ahí están los jardines, los templos y la justificación de los templos,
la recta música y las rectas palabras,
los sesenta y cuatro hexagramas,
los ritos que son la única sabiduría
que otorga el Firmamento a los hombres,
el decoro de aquel emperador
cuya serenidad fue reflejada por el mundo, su espejo,
de suerte que los campos daban sus frutos
y los torrentes respetaban sus márgenes,
el unicornio herido que regresa para marcar el fin,
las secretas leyes eternas,
el concierto del orbe;
esas cosas o su memoria están en los libros
que custodio en la torre.

Los tártaros vinieron del Norte
en crinados potros pequeños;
aniquilaron los ejércitos
que el Hijo del Cielo mandó para castigar su impiedad,
erigieron pirámides de fuego y cortaron gargantas,
mataron al perverso y al Justo,
mataron al esclavo encadenado que vigila la puerta,
usaron y olvidaron a las mujeres
y siguieron al Sur,
inocentes como animales de presa,
crueles como cuchillos.
En el alba dudosa
el padre de mi padre salvó los libros.
Aquí están en la torre donde yazgo,

recordando los días que fueron de otros,
los ajenos y antiguos.

En mis ojos no hay días. Los anaqueles
están muy altos y no los alcanzan mis años.
Leguas de polvo y sueño cercan la torre.
¿A qué engañarme?
La verdad es que nunca he sabido leer,
pero me consuelo pensando
que lo imaginado y lo pasado ya son lo mismo
para un hombre que ha sido
y que contempla lo que fue la ciudad
y ahora vuelve a ser el desierto.
¿Qué me impide soñar que alguna vez
descifré la sabiduría
y dibujé con aplicada mano los símbolos?
Mi nombre es Hsiang. Soy el que custodia los libros,
que acaso son los últimos,
porque nada sabemos del Imperio
y del Hijo del Cielo.
Ahí están en los altos anaqueles,
cercanos y lejanos a un tiempo,
secretos y visibles como los astros.
Ahí están los jardines, los templos.

LOS GAUCHOS

Quién les hubiera dicho que sus mayores vinieron por un mar,
quién les hubiera dicho lo que son un mar y sus aguas.

Mestizos de la sangre del hombre blanco, lo tuvieron en poco,
mestizos de la sangre del hombre rojo, fueron sus enemigos.

Muchos no habrán oído jamás la palabra *gaucho*, o la habrán oído
como una injuria.

Aprendieron los caminos de las estrellas, los hábitos del aire y del
pájaro, las profecías de las nubes del Sur y de la luna con un
cerco.

Fueron pastores de la hacienda brava, firmes en el caballo del de-
sierto que habían domado esa mañana, enlazadores, marca-
dores, troperos, capataces, hombres de la partida policial, al-
guna vez matreros; alguno, el escuchado, fue el payador.

Cantaba sin premura, porque el alba tarda en clarear, y no alzaba
la voz.

Había peones tigreros; amparado en el poncho el brazo izquierdo,
el derecho sumía el cuchillo en el vientre del animal, abalan-
zado y alto.

El diálogo pausado, el mate y el naipe fueron las formas de su tiempo.

A diferencia de otros campesinos, eran capaces de ironía.

Eran sufridos, castos y pobres. La hospitalidad fue su fiesta.

Alguna noche los perdió el pendenciero alcohol de los sábados.

Morían y mataban con inocencia.

No eran devotos, fuera de alguna oscura superstición, pero la dura
vida les enseñó el culto del coraje.

Hombres de la ciudad les fabricaron un dialecto y una poesía de
metáforas rústicas.

Ciertamente no fueron aventureros, pero un arreo los llevaba muy
lejos y más lejos las guerras.

No dieron a la historia un solo caudillo. Fueron hombres de López, de Ramírez, de Artigas, de Quiroga, de Bustos, de Pedro Campbell, de Rosas, de Urquiza, de aquel Ricardo López Jordán que hizo matar a Urquiza, de Peñaloza y de Saravia.

No murieron por esa cosa abstracta, la patria, sino por un patrón casual, una ira o por la invitación de un peligro.

Su ceniza está perdida en remotas regiones del continente, en repúblicas de cuya historia nada supieron, en campos de batalla, hoy famosos.

Hilario Ascasubi los vio cantando y combatiendo.

Vivieron su destino como en un sueño, sin saber quiénes eran o qué eran.

Tal vez lo mismo nos ocurre a nosotros.

ACEVEDO

Campos de mis abuelos y que guardan
todavía su nombre de Acevedo,
indefinidos campos que no puedo
del todo imaginar. Mis años tardan
y no he mirado aún esas cansadas
leguas de polvo y patria que mis muertos
vieron desde el caballo, esos abiertos
caminos, sus ponientes y alboradas.
La llanura es ubicua. Los he visto
en Iowa, en el Sur, en tierra hebrea,
en aquel saucedal de Galilea
que hollaron los humanos pies de Cristo.
No los perdí. Son míos. Los poseo
en el olvido, en un casual deseo.

INVOCACIÓN A JOYCE

Dispersos en dispersas capitales,
solitarios y muchos,
jugábamos a ser el primer Adán
que dio nombre a las cosas.
Por los vastos declives de la noche
que lindan con la aurora,
buscamos (lo recuerdo aún) las palabras
de la luna, de la muerte, de la mañana
y de los otros hábitos del hombre.
Fuimos el imagismo, el cubismo,
los conventículos y sectas
que las crédulas universidades veneran.
Inventamos la falta de puntuación,
la omisión de mayúsculas,
las estrofas en forma de paloma
de los bibliotecarios de Alejandría.
Ceniza, la labor de nuestras manos
y un fuego ardiente nuestra fe.
Tú, mientras tanto, forjabas
en las ciudades del destierro,
en aquel destierro que fue
tu aborrecido y elegido instrumento,
el arma de tu arte,
erigías tus arduos laberintos,
infinitesimales e infinitos,
admirablemente mezquinos,
más populosos que la historia.
Habremos muerto sin haber divisado
la biforme fiera o la rosa

que son el centro de tu dédalo,
pero la memoria tiene sus talismanes,
sus ecos de Virgilio,
y así en las calles de la noche perduran
tus infiernos espléndidos,
tantas cadencias y metáforas tuyas,
los oros de tu sombra.
Qué importa nuestra cobardía si hay en la tierra
un solo hombre valiente,
qué importa la tristeza si hubo en el tiempo
alguien que se dijo feliz,
qué importa mi perdida generación,
ese vago espejo,
si tus libros la justifican.
Yo soy los otros. Yo soy todos aquellos
que ha rescatado tu obstinado rigor.
Soy los que no conoces y los que salvas.

ISRAEL, 1969

Temí que en Israel acecharía
con dulzura insidiosa
la nostalgia que las diásporas seculares
acumularon como un triste tesoro
en las ciudades del infiel, en las juderías,
en los ocasos de la estepa, en los sueños,
la nostalgia de aquellos que te anhelaron,
Jerusalén, junto a las aguas de Babilonia.
¿Qué otra cosa eras, Israel, sino esa nostalgia,
sino esa voluntad de salvar,
entre las inconstantes formas del tiempo,
tu viejo libro mágico, tus liturgias,
tu soledad con Dios?
No así. La más antigua de las naciones
es también la más joven.
No has tentado a los hombres con jardines,
con el oro y su tedio
sino con el rigor, tierra última.
Israel les ha dicho sin palabras:
Olvidarás quién eres.
Olvidarás al otro que dejaste.
Olvidarás quién fuiste en las tierras
que te dieron sus tardes y sus mañanas
y a las que no darás tu nostalgia.
Olvidarás la lengua de tus padres y aprenderás la lengua del Paraíso.
Serás un israelí, serás un soldado.
Edificarás la patria con ciénagas; la levantarás con desiertos.
Trabajará contigo tu hermano, cuya cara no has visto nunca.
Una sola cosa te prometemos:
tu puesto en la batalla.

DOS VERSIONES DE
«RITTER, TOD UND TEUFEL»

I

Bajo el yelmo quimérico el severo
perfil es cruel como la cruel espada
que aguarda. Por la selva despojada
cabalga imperturbable el caballero.

Torpe y furtiva, la caterva obscena
lo ha cercado: el Demonio de serviles
ojos, los laberínticos reptiles
y el blanco anciano del reloj de arena.

Caballero de hierro, quien te mira
sabe que en ti no mora la mentira
ni el pálido temor. Tu dura suerte

es mandar y ultrajar. Eres valiente
y no serás indigno ciertamente,
alemán, del Demonio y de la Muerte.

II

Los caminos son dos. El de aquel hombre
de hierro y de soberbia, y que cabalga,
firme en su fe, por la dudosa selva
del mundo, entre las befas y la danza
inmóvil del Demonio y de la Muerte,
y el otro, el breve, el mío. ¿En qué borrada
noche o mañana antigua descubrieron
mis ojos la fantástica epopeya,
el perdurable sueño de Durero,
el héroe y la caterva de sus sombras
que me buscan, me acechan y me encuentran?
A mí, no al paladín, exhorta el blanco
anciano coronado de sinuosas
serpientes. La clepsidra sucesiva
mide mi tiempo, no su eterno ahora.
Yo seré la ceniza y la tiniebla;
yo, que partí después, habré alcanzado
mi término mortal; tú, que no eres,
tú, caballero de la recta espada
y de la selva rígida, tu paso
proseguirás mientras los hombres duren.
Imperturbable, imaginario, eterno.

BUENOS AIRES

¿Qué será Buenos Aires?

Es la plaza de Mayo a la que volvieron, después de haber guerreado en el continente, hombres cansados y felices.

Es el dédalo creciente de luces que divisamos desde el avión y bajo el cual están la azotea, la vereda, el último patio, las cosas quietas.

Es el paredón de la Recoleta contra el cual murió, ejecutado, uno de mis mayores.

Es un gran árbol de la calle Junín que, sin saberlo, nos depara sombra y frescura.

Es una larga calle de casas bajas, que pierde y transfigura el poniente.

Es la Dársena Sur de la que zarpaban el *Saturno* y el *Cosmos*.

Es la vereda de Quintana en la que mi padre, que había estado ciego, lloró, porque veía las antiguas estrellas.

Es una puerta numerada, detrás de la cual, en la oscuridad, pasé diez días y diez noches, inmóvil, días y noches que son en la memoria un instante.

Es el jinete de pesado metal que proyecta desde lo alto su serie cíclica de sombras.

Es el mismo jinete bajo la lluvia.

Es una esquina de la calle Perú, en la que Julio César Dabove nos dijo que el peor pecado que puede cometer un hombre es engendrar un hijo y sentenciarlo a esta vida espantosa.

Es Elvira de Alvear, escribiendo en cuidadosos cuadernos una larga novela, que al principio estaba hecha de palabras y al fin de vagos rasgos indescifrables.

Es la mano de Norah, trazando el rostro de una amiga que es también el de un ángel.

Es una espada que ha servido en las guerras y que es menos un
arma que una memoria.

Es una divisa descolorida o un daguerrotipo gastado, cosas que
son del tiempo.

Es el día en que dejamos a una mujer y el día en que una mujer nos
dejó.

Es aquel arco de la calle Bolívar desde el cual se divisa la Biblio-
teca.

Es la habitación de la Biblioteca, en la que descubrimos, hacia
1957, la lengua de los ásperos sajones, la lengua del coraje y
de la tristeza.

Es la pieza contigua, en la que murió Paul Groussac.

Es el último espejo que repitió la cara de mi padre.

Es la cara de Cristo que vi en el polvo, deshecha a martillazos, en
una de las naves de La Piedad.

Es Lugones, mirando por la ventanilla del tren las formas que se
pierden y pensando que ya no lo abruma el deber de tradu-
cirlas para siempre en palabras, porque este viaje será el úl-
timo.

Es, en la deshabitada noche, cierta esquina del Once en la que Ma-
cedonio Fernández, que ha muerto, sigue explicándome que
la muerte es una falacia.

No quiero proseguir; estas cosas son demasiado individuales, son
demasiado lo que son, para ser también Buenos Aires.

Buenos Aires es la otra calle, la que no pisé nunca, es el centro se-
creto de las manzanas, los patios últimos, es lo que las facha-
das ocultan, es mi enemigo, si lo tengo, es la persona a quien
le desagradan mis versos (a mí me desagradan también), es la
modesta librería en que acaso entramos y que hemos olvida-
do, es esa racha de milonga silbada que no reconocemos y
que nos toca, es lo que se ha perdido y lo que será, es lo ul-
terior, lo ajeno, lo lateral, el barrio que no es tuyo ni mío, lo
que ignoramos y queremos.

FRAGMENTOS
DE UN EVANGELIO APÓCRIFO

3. Desdichado el pobre en espíritu, porque bajo la tierra será lo que ahora es en la tierra.

4. Desdichado el que llora, porque ya tiene el hábito miserable del llanto.

5. Dichosos los que saben que el sufrimiento no es una corona de gloria.

6. No basta ser el último para ser alguna vez el primero.

7. Feliz el que no insiste en tener razón, porque nadie la tiene o todos la tienen.

8. Feliz el que perdona a los otros y el que se perdona a sí mismo.

9. Bienaventurados los mansos, porque no condescienden a la discordia.

10. Bienaventurados los que no tienen hambre de justicia, porque saben que nuestra suerte, adversa o piadosa, es obra del azar, que es inescrutable.

11. Bienaventurados los misericordiosos, porque su dicha está en el ejercicio de la misericordia y no en la esperanza de un premio.

12. Bienaventurados los de limpio corazón, porque ven a Dios.

13. Bienaventurados los que padecen persecución por causa de la justicia, porque les importa más la justicia que su destino humano.

14. Nadie es la sal de la tierra, nadie, en algún momento de su vida, no lo es.

15. Que la luz de una lámpara se encienda, aunque ningún hombre la vea. Dios la verá.

16. No hay mandamiento que no pueda ser infringido, y también los que digo y los que los profetas dijeron.

17. El que matare por la causa de la justicia, o por la causa que él cree justa, no tiene culpa.

18. Los actos de los hombres no merecen ni el fuego ni los cielos.

19. No odies a tu enemigo, porque si lo haces, eres de algún modo su esclavo. Tu odio nunca será mejor que tu paz.

20. Si te ofendiere tu mano derecha, perdónala; eres tu cuerpo y eres tu alma y es arduo, o imposible, fijar la frontera que los divide...

24. No exageres el culto de la verdad; no hay hombre que al cabo de un día, no haya mentido con razón muchas veces.

25. No jures, porque todo juramento es un énfasis.

26. Resiste al mal, pero sin asombro y sin ira. A quien te hiriere en la mejilla derecha, puedes volverle la otra, siempre que no te mueva el temor.

27. Yo no hablo de venganzas ni de perdones; el olvido es la única venganza y el único perdón.

28. Hacer el bien a tu enemigo puede ser obra de justicia y no es arduo; amarlo, tarea de ángeles y no de hombres.

29. Hacer el bien a tu enemigo es el mejor modo de complacer tu vanidad.

30. No acumules oro en la tierra, porque el oro es padre del ocio, y éste, de la tristeza y del tedio.

31. Piensa que los otros son justos o lo serán, y si no es así, no es tuyo el error.

32. Dios es más generoso que los hombres y los medirá con otra medida.

33. Da lo santo a los perros, echa tus perlas a los puercos; lo que importa es dar.

34. Busca por el agrado de buscar, no por el de encontrar...

39. La puerta es la que elige, no el hombre.

40. No juzgues al árbol por sus frutos ni al hombre por sus obras; pueden ser peores o mejores.

41. Nada se edifica sobre la piedra, todo sobre la arena, pero nuestro deber es edificar como si fuera piedra la arena...

47. Feliz el pobre sin amargura o el rico sin soberbia.

48. Felices los valientes, los que aceptan con ánimo parejo la derrota o las palmas.

49. Felices los que guardan en la memoria palabras de Virgilio o de Cristo, porque éstas darán luz a sus días.

50. Felices los amados y los amantes y los que pueden prescindir del amor.

51. Felices los felices.

UN LECTOR

Que otros se jacten de las páginas que han escrito;
a mí me enorgullecen las que he leído.
No habré sido un filólogo,
no habré inquirido las declinaciones, los modos, la laboriosa
                                        [mutación de las letras,
la *de* que se endurece en *te*,
la equivalencia de la *ge* y de la *ka*,
pero a lo largo de mis años he profesado
la pasión del lenguaje.
Mis noches están llenas de Virgilio;
haber sabido y haber olvidado el latín
es una posesión, porque el olvido
es una de las formas de la memoria, su vago sótano,
la otra cara secreta de la moneda.
Cuando en mis ojos se borraron
las vanas apariencias queridas,
los rostros y la página,
me di al estudio del lenguaje de hierro
que usaron mis mayores para cantar
espadas y soledades,
y ahora, a través de siete siglos,
desde la Última Thule,
tu voz me llega, Snorri Sturluson.
El joven, ante el libro, se impone una disciplina precisa
y lo hace en pos de un conocimiento preciso;
a mis años, toda empresa es una aventura
que linda con la noche.
No acabaré de descifrar las antiguas lenguas del Norte,
no hundiré las manos ansiosas en el oro de Sigurd;

la tarea que emprendo es ilimitada
y ha de acompañarme hasta el fin,
no menos misteriosa que el universo
y que yo, el aprendiz.

ELOGIO DE LA SOMBRA

La vejez (tal es el nombre que los otros le dan)
puede ser el tiempo de nuestra dicha.
El animal ha muerto o casi ha muerto.
Quedan el hombre y su alma.
Vivo entre formas luminosas y vagas
que no son aún la tiniebla.
Buenos Aires,
que antes se desgarraba en arrabales
hacia la llanura incesante,
ha vuelto a ser la Recoleta, el Retiro,
las borrosas calles del Once
y las precarias casas viejas
que aún llamamos el Sur.
Siempre en mi vida fueron demasiadas las cosas;
Demócrito de Abdera se arrancó los ojos para pensar;
el tiempo ha sido mi Demócrito.
Esta penumbra es lenta y no duele;
fluye por un manso declive
y se parece a la eternidad.
Mis amigos no tienen cara,
las mujeres son lo que fueron hace ya tantos años,
las esquinas pueden ser otras,
no hay letras en las páginas de los libros.
Todo esto debería atemorizarme,
pero es una dulzura, un regreso.
De las generaciones de los textos que hay en la tierra
sólo habré leído unos pocos,
los que sigo leyendo en la memoria,
leyendo y transformando.

Del Sur, del Este, del Oeste, del Norte,
convergen los caminos que me han traído
a mi secreto centro.
Esos caminos fueron ecos y pasos,
mujeres, hombres, agonías, resurrecciones,
días y noches,
entresueños y sueños,
cada ínfimo instante del ayer
y de los ayeres del mundo,
la firme espada del danés y la luna del persa,
los actos de los muertos,
el compartido amor, las palabras,
Emerson y la nieve y tantas cosas.
Ahora puedo olvidarlas. Llego a mi centro,
a mi álgebra y mi clave,
a mi espejo.
Pronto sabré quién soy.

EL ORO DE LOS TIGRES

(1972)

PRÓLOGO

De un hombre que ha cumplido los setenta años que nos aconseja David poco podemos esperar, salvo el manejo consabido de unas destrezas, una que otra ligera variación y hartas repeticiones. Para eludir o siquiera para atenuar esa monotonía, opté por aceptar, con tal vez temeraria hospitalidad, los misceláneos temas que se ofrecieron a mi rutina de escribir. La parábola sucede a la confidencia, el verso libre o blanco al soneto. En el principio de los tiempos, tan dócil a la vaga especulación y a las inapelables cosmogonías, no habrá habido cosas poéticas o prosaicas. Todo sería un poco mágico. Thor no era el dios del trueno; era el trueno y el dios.

Para un verdadero poeta, cada momento de la vida, cada hecho, debería ser poético, ya que profundamente lo es. Que yo sepa, nadie ha alcanzado hasta hoy esa alta vigilia. Browning y Blake se acercaron más que otro alguno; Whitman se la propuso, pero sus deliberadas enumeraciones no siempre pasan de catálogos insensibles.

Descreo de las escuelas literarias, que juzgo simulacros didácticos para simplificar lo que enseñan, pero si me obligaran a declarar de dónde proceden mis versos, diría que del modernismo, esa gran libertad, que renovó las muchas literaturas cuyo instrumento común es el castellano y que llegó, por cierto, hasta España. He conversado más de una vez con Leopoldo Lugones, hombre solitario y soberbio; éste solía desviar el curso del diálogo para hablar de «mi amigo y maestro, Rubén Darío». (Creo, por lo demás, que debemos recalcar las afinidades de nuestro idioma, no sus regionalismos.)

Mi lector notará en algunas páginas la preocupación filosófica. Fue mía desde niño, cuando mi padre me reveló, con ayuda del tablero del ajedrez (que era, lo recuerdo, de cedro), la carrera de Aquiles y la tortuga.

*En cuanto a las influencias que se advertirán en este volumen...
En primer término, los escritores que prefiero –he nombrado ya a
Robert Browning–; luego, los que he leído y repito; luego los que
nunca he leído pero que están en mí. Un idioma es una tradición, un
modo de sentir la realidad, no un arbitrario repertorio de símbolos.*

J. L. B.
Buenos Aires, 1972

TAMERLÁN*
(1336-1405)

Mi reino es de este mundo. Carceleros
y cárceles y espadas ejecutan
la orden que no repito. Mi palabra
más ínfima es de hierro. Hasta el secreto
corazón de las gentes que no oyeron
nunca mi nombre en su confín lejano
es instrumento dócil a mi arbitrio.
Yo, que fui un rabadán de la llanura,
he izado mis banderas en Persépolis
y he abrevado la sed de mis caballos
en las aguas del Ganges y del Oxus.
Cuando nací, cayó del firmamento
una espada con signos talismánicos;
yo soy, yo seré siempre, aquella espada.
He derrotado al griego y al egipcio,
he devastado las infatigables
leguas de Rusia con mis duros tártaros,
he elevado pirámides de cráneos,
he uncido a mi carroza cuatro reyes
que no quisieron acatar mi cetro,
he arrojado a las llamas en Alepo
el Alcorán, el Libro de los Libros,
anterior a los días y a las noches.
Yo, el rojo Tamerlán, tuve en mi abrazo
a la blanca Zenócrate de Egipto,
casta como la nieve de las cumbres.
Recuerdo las pesadas caravanas
y las nubes de polvo del desierto,
pero también una ciudad de humo

y mecheros de gas en las tabernas.
Sé todo y puedo todo. Un ominoso
libro no escrito aún me ha revelado
que moriré como los otros mueren
y que, desde la pálida agonía,
ordenaré que mis arqueros lancen
flechas de hierro contra el cielo adverso
y embanderen de negro el firmamento
para que no haya un hombre que no sepa
que los dioses han muerto. Soy los dioses.
Que otros acudan a la astrología
judiciaria, al compás y al astrolabio,
para saber qué son. Yo soy los astros.
En las albas inciertas me pregunto
por qué no salgo nunca de esta cámara,
por qué no condesciendo al homenaje
del clamoroso Oriente. Sueño a veces
con esclavos, con intrusos, que mancillan
a Tamerlán con temeraria mano
y le dicen que duerma y que no deje
de tomar cada noche las pastillas
mágicas de la paz y del silencio.
Busco la cimitarra y no la encuentro.
Busco mi cara en el espejo; es otra.
Por eso lo rompí y me castigaron.
¿Por qué no asisto a las ejecuciones,
por qué no veo el hacha y la cabeza?
Esas cosas me inquietan, pero nada
puede ocurrir si Tamerlán se opone
y Él, acaso, las quiere y no lo sabe.
Y yo soy Tamerlán. Rijo el Poniente
y el Oriente de oro, y sin embargo...

EL PASADO

Todo era fácil, nos parece ahora,
en el plástico ayer irrevocable:
Sócrates que, apurada la cicuta,
discurre sobre el alma y su camino
mientras la muerte azul le va subiendo
desde los pies helados; la implacable
espada que retumba en la balanza;
Roma que impone el numeroso hexámetro
al obstinado mármol de esa lengua
que manejamos hoy, despedazada;
los piratas de Hengist que atraviesan
a remo el temerario mar del Norte
y con las fuertes manos y el coraje
fundan un reino que será el Imperio;
el rey sajón que ofrece al rey noruego
los siete pies de tierra y que ejecuta,
antes que el sol decline, la promesa
en la batalla de hombres; los jinetes
del desierto, que cubren el Oriente
y amenazan las cúpulas de Rusia;
un persa que refiere la primera
de las Mil y Una Noches y no sabe
que inicia un libro que los largos siglos
de las generaciones ulteriores
no entregarán al silencioso olvido;
Snorri que salva en su perdida Thule,
a la luz de crepúsculos morosos
o en la noche propicia a la memoria,
las letras y los dioses de Germania;

el joven Schopenhauer, que descubre
el plano general del universo;
Whitman, que en una redacción de Brooklyn,
entre el olor a tinta y a tabaco,
toma y no dice a nadie la infinita
resolución de ser todos los hombres
y de escribir un libro que sea todos;
Arredondo, que mata a Idiarte Borda
en la mañana de Montevideo
y se da a la justicia, declarando
que ha obrado solo y que no tiene cómplices;
el soldado que muere en Normandía,
el soldado que muere en Galilea.

Esas cosas pudieron no haber sido.
Casi no fueron. Las imaginamos
en un fatal ayer inevitable.
No hay otro tiempo que el ahora, este ápice
del ya será y del fue, de aquel instante
en que la gota cae en la clepsidra.
El ilusorio ayer es un recinto
de figuras inmóviles de cera
o de reminiscencias literarias
que el tiempo irá perdiendo en sus espejos.
Erico el Rojo, Carlos Doce, Breno
y esa tarde inasible que fue tuya
son en su eternidad, no en la memoria.

TANKAS*

1

Alto en la cumbre
todo el jardín es luna,
luna de oro.
Más precioso es el roce
de tu boca en la sombra.

2

La voz del ave
que la penumbra esconde
ha enmudecido.
Andas por tu jardín.
Algo, lo sé, te falta.

3

La ajena copa,
la espada que fue espada
en otra mano,
la luna de la calle,
¿dime, acaso no bastan?

4

Bajo la luna
el tigre de oro y sombra
mira sus garras.
No sabe que en el alba
han destrozado un hombre.

5

Triste la lluvia
que sobre el mármol cae,
triste ser tierra.
Triste no ser los días
del hombre, el sueño, el alba.

6

No haber caído,
como otros de mi sangre,
en la batalla.
Ser en la vana noche
el que cuenta las sílabas.

SUSANA BOMBAL

Alta en la tarde, altiva y alabada,
cruza el casto jardín y está en la exacta
luz del instante irreversible y puro
que nos da este jardín y la alta imagen
silenciosa. La veo aquí y ahora,
pero también la veo en un antiguo
crepúsculo de Ur de los Caldeos
o descendiendo por las lentas gradas
de un templo, que es innumerable polvo
del planeta y que fue piedra y soberbia,
o descifrando el mágico alfabeto
de las estrellas de otras latitudes
o aspirando una rosa en Inglaterra.
Está donde haya música, en el leve
azul, en el hexámetro del griego,
en nuestras soledades que la buscan,
en el espejo de agua de la fuente,
en el mármol del tiempo, en una espada,
en la serenidad de una terraza
que divisa ponientes y jardines.

Y detrás de los mitos y las máscaras,
el alma, que está sola.

Buenos Aires, 3 de noviembre de 1970

A JOHN KEATS
(1795-1821)

Desde el principio hasta la joven muerte
la terrible belleza te acechaba
como a los otros la propicia suerte
o la adversa. En las albas te esperaba
de Londres, en las páginas casuales
de un diccionario de mitología,
en las comunes dádivas del día,
en un rostro, una voz, y en los mortales
labios de Fanny Brawne. Oh sucesivo
y arrebatado Keats, que el tiempo ciega,
el alto ruiseñor y la urna griega
serán tu eternidad, oh fugitivo.
Fuiste el fuego. En la pánica memoria
no eres hoy la ceniza. Eres la gloria.

ON HIS BLINDNESS

Indigno de los astros y del ave
que surca el hondo azul, ahora secreto,
de esas líneas que son el alfabeto
que ordenan otros y del mármol grave
cuyo dintel mis ya gastados ojos
pierden en su penumbra, de las rosas
invisibles y de las silenciosas
multitudes de oros y de rojos
soy, pero no de las Mil Noches y Una
que abren mares y auroras en mi sombra
ni de Walt Whitman, ese Adán que nombra
las criaturas que son bajo la luna,
ni de los blancos dones del olvido
ni del amor que espero y que no pido.

LA BUSCA

Al término de tres generaciones
vuelvo a los campos de los Acevedo,
que fueron mis mayores. Vagamente
los he buscado en esta vieja casa
blanca y rectangular, en la frescura
de sus dos galerías, en la sombra
creciente que proyectan los pilares,
en el intemporal grito del pájaro,
en la lluvia que abruma la azotea,
en el crepúsculo de los espejos,
en un reflejo, un eco, que fue suyo
y que ahora es mío, sin que yo lo sepa.
He mirado los hierros de la reja
que detuvo las lanzas del desierto,
la palmera partida por el rayo,
los negros toros de Aberdeen, la tarde,
las casuarinas que ellos nunca vieron.
Aquí fueron la espada y el peligro,
las duras proscripciones, las patriadas;
firmes en el caballo, aquí rigieron
la sin principio y la sin fin llanura
los estancieros de las largas leguas.
Pedro Pascual, Miguel, Judas Tadeo...
Quién me dirá si misteriosamente,
bajo ese techo de una sola noche,
más allá de los años y del polvo,
más allá del cristal de la memoria,
no nos hemos unido y confundido,
yo en el sueño, pero ellos en la muerte.

LO PERDIDO

¿Dónde estará mi vida, la que pudo
haber sido y no fue, la venturosa
o la de triste horror, esa otra cosa
que pudo ser la espada o el escudo
y que no fue? ¿Dónde estará el perdido
antepasado persa o el noruego,
dónde el azar de no quedarme ciego,
dónde el ancla y el mar, dónde el olvido
de ser quien soy? ¿Dónde estará la pura
noche que al rudo labrador confía
el iletrado y laborioso día,
según lo quiere la literatura?
Pienso también en esa compañera
que me esperaba, y que tal vez me espera.

J. M.

En cierta calle hay cierta firme puerta
con su timbre y su número preciso
y un sabor a perdido Paraíso,
que en los atardeceres no está abierta
a mi paso. Cumplida la jornada,
una esperada voz me esperaría
en la disgregación de cada día
y en la paz de la noche enamorada.
Esas cosas no son. Otra es mi suerte:
las vagas horas, la memoria impura,
el abuso de la literatura
y en el confín la no gustada muerte.
Sólo esa piedra quiero. Sólo pido
las dos abstractas fechas y el olvido.

Defiéndeme, Señor. (El vocativo
no implica a Nadie. Es sólo una palabra
de este ejercicio que el desgano labra
y que en la tarde del temor escribo.)
Defiéndeme de mí. Ya lo dijeron
Montaigne y Browne y un español que ignoro;
algo me queda aún de todo ese oro
que mis ojos de sombra recogieron.
Defiéndeme, Señor, del impaciente
apetito de ser mármol y olvido;
defiéndeme de ser el que ya he sido,
el que ya he sido irreparablemente.
No de la espada o de la roja lanza
defiéndeme, sino de la esperanza.

Dos hombres caminaron por la luna.
Otros después. ¿Qué puede la palabra,
qué puede lo que el arte sueña y labra,
ante su real y casi irreal fortuna?
Ebrios de horror divino y de aventura,
esos hijos de Whitman han pisado
el páramo lunar, el inviolado
orbe que, antes de Adán, pasa y perdura.
El amor de Endimión en su montaña,
el hipogrifo, la curiosa esfera
de Wells, que en mi recuerdo es verdadera,
se confirman. De todos es la hazaña.
No hay en la tierra un hombre que no sea
hoy más valiente y más feliz. El día
inmemorial se exalta de energía
por la sola virtud de la Odisea
de esos amigos mágicos. La luna
que el amor secular busca en el cielo
con triste rostro y no saciado anhelo,
será su monumento, eterna y una.

COSAS

El volumen caído que los otros
ocultan en la hondura del estante
y que los días y las noches cubren
de lento polvo silencioso. El ancla
de Sidón que los mares de Inglaterra
oprimen en su abismo ciego y blando.
El espejo que no repite a nadie
cuando la casa se ha quedado sola.
Las limaduras de uña que dejamos
a lo largo del tiempo y del espacio.
El polvo indescifrable que fue Shakespeare.
Las modificaciones de la nube.
La simétrica rosa momentánea
que el azar dio una vez a los ocultos
cristales del pueril calidoscopio.
Los remos de Argos, la primera nave.
Las pisadas de arena que la ola
soñolienta y fatal borra en la playa.
Los colores de Turner cuando apagan
las luces en la recta galería
y no resuena un paso en la alta noche.
El revés del prolijo mapamundi.
La tenue telaraña en la pirámide.
La piedra ciega y la curiosa mano.
El sueño que he tenido antes del alba
y que olvidé cuando clareaba el día.
El principio y el fin de la epopeya
de Finnsburh, hoy unos contados versos
de hierro, no gastado por los siglos.

La letra inversa en el papel secante.
La tortuga en el fondo del aljibe.
Lo que no puede ser. El otro cuerno
del unicornio. El Ser que es Tres y es Uno.
El disco triangular. El inasible
instante en que la flecha del eleata,
inmóvil en el aire, da en el blanco.
La flor entre las páginas de Bécquer.
El péndulo que el tiempo ha detenido.
El acero que Odín clavó en el árbol.
El texto de las no cortadas hojas.
El eco de los cascos de la carga
de Junín, que de algún eterno modo
no ha cesado y es parte de la trama.
La sombra de Sarmiento en las aceras.
La voz que oyó el pastor en la montaña.
La osamenta blanqueando en el desierto.
La bala que mató a Francisco Borges.
El otro lado del tapiz. Las cosas
que nadie mira, salvo el Dios de Berkeley.

EL AMENAZADO

Es el amor. Tendré que ocultarme o que huir.

Crecen los muros de su cárcel, como en un sueño atroz. La hermosa máscara ha cambiado, pero como siempre es la única. ¿De qué me servirán mis talismanes: el ejercicio de las letras, la vaga erudición, el aprendizaje de las palabras que usó el áspero Norte para cantar sus mares y sus espadas, la serena amistad, las galerías de la Biblioteca, las cosas comunes, los hábitos, el joven amor de mi madre, la sombra militar de mis muertos, la noche intemporal, el sabor del sueño?

Estar contigo o no estar contigo es la medida de mi tiempo.

Ya el cántaro se quiebra sobre la fuente, ya el hombre se levanta a la voz del ave, ya se han oscurecido los que miran por las ventanas, pero la sombra no ha traído la paz.

Es, ya lo sé, el amor: la ansiedad y el alivio de oír tu voz, la espera y la memoria, el horror de vivir en lo sucesivo.

Es el amor con sus mitologías, con sus pequeñas magias inútiles.

Hay una esquina por la que no me atrevo a pasar.

Ya los ejércitos me cercan, las hordas.

(Esta habitación es irreal; ella no la ha visto.)

El nombre de una mujer me delata.

Me duele una mujer en todo el cuerpo.

EL GAUCHO

Hijo de algún confín de la llanura
abierta, elemental, casi secreta,
tiraba el firme lazo que sujeta
al firme toro de cerviz oscura.

Se batió con el indio y con el godo,
murió en reyertas de baraja y taba;
dio su vida a la patria, que ignoraba,
y así perdiendo, fue perdiendo todo.

Hoy es polvo de tiempo y de planeta;
nombres no quedan, pero el nombre dura.
Fue tantos otros y hoy es una quieta
pieza que mueve la literatura.

Fue el matrero, el sargento y la partida.
Fue el que cruzó la heroica cordillera.
Fue soldado de Urquiza o de Rivera,
lo mismo da. Fue el que mató a Laprida.

Dios le quedaba lejos. Profesaron
la antigua fe del hierro y del coraje,
que no consiente súplicas ni gaje.
Por esa fe murieron y mataron.

En los azares de la montonera
murió por el color de una divisa;
fue el que no pidió nada, ni siquiera
la gloria, que es estrépito y ceniza.

Fue el hombre gris que, oscuro en la pausada
penumbra del galpón, sueña y matea,
mientras en el Oriente ya clarea
la luz de la desierta madrugada.

Nunca dijo: Soy gaucho. Fue su suerte
no imaginar la suerte de los otros.
No menos ignorante que nosotros,
no menos solitario, entró en la muerte.

TÚ

Un solo hombre ha nacido, un solo hombre ha muerto en la tierra.
Afirmar lo contrario es mera estadística, es una adición imposible.
No menos imposible que sumar el olor de la lluvia y el sueño que
   antenoche soñaste.
Ese hombre es Ulises, Abel, Caín, el primer hombre que ordenó
   las constelaciones, el hombre que erigió la primera pirámide,
   el hombre que escribió los hexagramas del Libro de los
   Cambios, el forjador que grabó runas en la espada de Hen-
   gist, el arquero Einar Tambarskelver, Luis de León, el libre-
   ro que engendró a Samuel Johnson, el jardinero de Voltaire,
   Darwin en la proa del *Beagle*, un judío en la cámara letal,
   con el tiempo, tú y yo.
Un solo hombre ha muerto en Ilión, en el Metauro, en Hastings, en
   Austerlitz, en Trafalgar, en Gettysburg.
Un solo hombre ha muerto en los hospitales, en barcos, en la ardua
   soledad, en la alcoba del hábito y del amor.
Un solo hombre ha mirado la vasta aurora.
Un solo hombre ha sentido en el paladar la frescura del agua, el sa-
   bor de las frutas y de la carne.
Hablo del único, del uno, del que siempre está solo.

Norman, Oklahoma

POEMA DE LA CANTIDAD

Pienso en el parco cielo puritano
de solitarias y perdidas luces
que Emerson miraría tantas noches
desde la nieve y el rigor de Concord.
Aquí son demasiadas las estrellas.
El hombre es demasiado. Las innúmeras
generaciones de aves y de insectos,
del jaguar constelado y de la sierpe,
de ramas que se tejen y entretejen,
del café, de la arena y de las hojas
oprimen las mañanas y prodigan
su minucioso laberinto inútil.
Acaso cada hormiga que pisamos
es única ante Dios, que la precisa
para la ejecución de las puntuales
leyes que rigen Su curioso mundo.
Si así no fuera, el universo entero
sería un error y un oneroso caos.
Los espejos del ébano y del agua,
el espejo inventivo de los sueños,
los líquenes, los peces, las madréporas,
las filas de tortugas en el tiempo,
las luciérnagas de una sola tarde,
las dinastías de las araucarias,
las perfiladas letras de un volumen
que la noche no borra, son sin duda
no menos personales y enigmáticas
que yo, que las confundo. No me atrevo
a juzgar a la lepra o a Calígula.

San Pablo, 1970

EL CENTINELA

Entra luz y me recuerdo; ahí está.

Empieza por decirme su nombre, que es (ya se entiende) el mío.

Vuelvo a la esclavitud que ha durado más de siete veces diez años.

Me impone su memoria.

Me impone las miserias de cada día, la condición humana.

Soy su viejo enfermero; me obliga a que le lave los pies.

Me acecha en los espejos, en la caoba, en los cristales de las tiendas.

Una u otra mujer lo ha rechazado y debo compartir su congoja.

Me dicta ahora este poema, que no me gusta.

Me exige el nebuloso aprendizaje del terco anglosajón.

Me ha convertido al culto idolátrico de militares muertos, con los
       que acaso no podría cambiar una sola palabra.

En el último tramo de la escalera siento que está a mi lado.

Está en mis pasos, en mi voz.

Minuciosamente lo odio.

Advierto con fruición que casi no ve.

Estoy en una celda circular y el infinito muro se estrecha.

Ninguno de los dos engaña al otro, pero los dos mentimos.

Nos conocemos demasiado, inseparable hermano.

Bebes el agua de mi copa y devoras mi pan.

La puerta del suicida está abierta, pero los teólogos afirman que en
       la sombra ulterior del otro reino, estaré yo, esperándome.

AL IDIOMA ALEMÁN

Mi destino es la lengua castellana,
el bronce de Francisco de Quevedo,
pero en la lenta noche caminada
me exaltan otras músicas más íntimas.
Alguna me fue dada por la sangre
—oh voz de Shakespeare y de la Escritura—,
otras por el azar, que es dadivoso,
pero a ti, dulce lengua de Alemania,
te he elegido y buscado, solitario.
A través de vigilias y gramáticas,
de la jungla de las declinaciones,
del diccionario, que no acierta nunca
con el matiz preciso, fui acercándome.
Mis noches están llenas de Virgilio,
dije una vez; también pude haber dicho
de Hölderlin y de Angelus Silesius.
Heine me dio sus altos ruiseñores;
Goethe, la suerte de un amor tardío,
a la vez indulgente y mercenario;
Keller, la rosa que una mano deja
en la mano de un muerto que la amaba
y que nunca sabrá si es blanca o roja.
Tú, lengua de Alemania, eres tu obra
capital: el amor entrelazado
de las voces compuestas, las vocales
abiertas, los sonidos que permiten
el estudioso hexámetro del griego

y tu rumor de selvas y de noches.
Te tuve alguna vez. Hoy, en la linde
de los años cansados, te diviso
lejana como el álgebra y la luna.

AL TRISTE

Ahí está lo que fue: la terca espada
del sajón y su métrica de hierro,
los mares y las islas del destierro
del hijo de Laertes, la dorada

luna del persa y los sin fin jardines
de la filosofía y de la historia,
el oro sepulcral de la memoria
y en la sombra el olor de los jazmines.

Y nada de eso importa. El resignado
ejercicio del verso no te salva
ni las aguas del sueño ni la estrella

que en la arrasada noche olvida el alba.
Una sola mujer es tu cuidado,
igual a las demás, pero que es ella.

EL MAR

El mar. El joven mar. El mar de Ulises
y el de aquel otro Ulises que la gente
del Islam apodó famosamente
Es-Sindibad del Mar. El mar de grises
olas de Erico el Rojo, alto en su proa,
y el de aquel caballero que escribía
a la vez la epopeya y la elegía
de su patria, en la ciénaga de Goa.
El mar de Trafalgar. El que Inglaterra
cantó a lo largo de su larga historia,
el arduo mar que ensangrentó de gloria
en el diario ejercicio de la guerra.
El incesante mar que en la serena
mañana surca la infinita arena.

AL PRIMER POETA DE HUNGRÍA

En esta fecha para ti futura
que no alcanza el augur que la prohibida
forma del porvenir ve en los planetas
ardientes o en las vísceras del toro,
nada me costaría, hermano y sombra,
buscar tu nombre en las enciclopedias
y descubrir qué ríos reflejaron
tu rostro, que hoy es perdición y polvo,
y qué reyes, qué ídolos, qué espadas,
qué resplandor de tu infinita Hungría,
elevaron tu voz al primer canto.
Las noches y los mares nos apartan,
las modificaciones seculares,
los climas, los imperios y las sangres,
pero nos une indescifrablemente
el misterioso amor de las palabras,
este hábito de sones y de símbolos.
Análogo al arquero del eleata,
un hombre solo en una tarde hueca
deja correr sin fin esta imposible
nostalgia, cuya meta es una sombra.
No nos veremos nunca cara a cara,
oh antepasado que mi voz no alcanza.
Para ti ni siquiera soy un eco;
para mí soy un ansia y un arcano,
una isla de magia y de temores,
como lo son tal vez todos los hombres,
como lo fuiste tú, bajo otros astros.

EL ADVENIMIENTO

Soy el que fui en el alba, entre la tribu.
Tendido en mi rincón de la caverna,
pujaba por hundirme en las oscuras
aguas del sueño. Espectros de animales
heridos por la esquirla de la flecha
daban horror a las tinieblas. Algo,
quizá la ejecución de una promesa,
la muerte de un rival en la montaña,
quizá el amor, quizá una piedra mágica,
me había sido otorgado. Lo he perdido.
Gastada por los siglos, la memoria
sólo guarda esa noche y su mañana.
Yo anhelaba y temía. Bruscamente
oí el sordo tropel interminable
de una manada atravesando el alba.
Arco de roble, flechas que se clavan,
los dejé y fui corriendo hasta la grieta
que se abre en el confín de la caverna.
Fue entonces que los vi. Brasa rojiza,
crueles los cuernos, montañoso el lomo
y lóbrega la crin como los ojos
que acechaban malvados. Eran miles.
Son los bisontes, dije. La palabra
no había pasado nunca por mis labios,
pero sentí que tal era su nombre.
Era como si nunca hubiera visto,
como si hubiera estado ciego y muerto
antes de los bisontes de la aurora.
Surgían de la aurora. Eran la aurora.

No quise que los otros profanaran
aquel pesado río de bruteza
divina, de ignorancia, de soberbia,
indiferente como las estrellas.
Pisotearon un perro del camino;
lo mismo hubieran hecho con un hombre.
Después los trazaría en la caverna
con ocre y bermellón. Fueron los Dioses
del sacrificio y de las preces. Nunca
dijo mi boca el nombre de Altamira.
Fueron muchas mis formas y mis muertes.

LA TENTACIÓN

El general Quiroga va a su entierro;
lo invita el mercenario Santos Pérez
y sobre Santos Pérez está Rosas,
la recóndita araña de Palermo.
Rosas, a fuer de buen cobarde, sabe
que no hay entre los hombres uno solo
más vulnerable y frágil que el valiente.
Juan Facundo Quiroga es temerario
hasta la insensatez. El hecho puede
merecer el examen de su odio.
Ha resuelto matarlo. Piensa y duda.
Al fin da con el arma que buscaba.
Será la sed y el hambre del peligro.
Quiroga parte al Norte. El mismo Rosas
le advierte, casi al pie de la galera,
que circulan rumores de que López
premedita su muerte. Le aconseja
no acometer la osada travesía
sin una escolta. Él mismo se la ofrece.
Facundo ha sonreído. No precisa
laderos. Él se basta. La crujiente
galera deja atrás las poblaciones.
Leguas de larga lluvia la entorpecen,
neblina y lodo y las crecidas aguas.
Al fin avistan Córdoba. Los miran
como si fueran sus fantasmas. Todos
los daban ya por muertos. Antenoche
Córdoba entera ha visto a Santos Pérez
distribuir las espadas. La partida

es de treinta jinetes de la sierra.
Nunca se ha urdido un crimen de manera
más descarada, escribirá Sarmiento.
Juan Facundo Quiroga no se inmuta.
Sigue al Norte. En Santiago del Estero
se da a los naipes y a su hermoso riesgo.
Entre el ocaso y la alborada pierde
o gana centenares de onzas de oro.
Arrecian las alarmas. Bruscamente
resuelve regresar y da la orden.
Por esos descampados y esos montes
retoman los caminos del peligro.
En un sitio llamado el Ojo de Agua
el maestro de posta le revela
que por ahí ha pasado la partida
que tiene por misión asesinarlo
y que lo espera en un lugar que nombra.
Nadie debe escapar. Tal es la orden.
Así lo ha declarado Santos Pérez,
el capitán. Facundo no se arredra.
No ha nacido aún el hombre que se atreva
a matar a Quiroga, le responde.
Los otros palidecen y se callan.
Sobreviene la noche, en la que sólo
duerme el fatal, el fuerte, que confía
en sus oscuros dioses. Amanece.
No volverán a ver otra mañana.
¿A qué concluir la historia que ya ha sido
contada para siempre? La galera
toma el camino de Barranca Yaco.

Apenas lo entreveo y ya lo pierdo.
Ajustado el decente traje negro,
la frente angosta y el bigote ralo,
y con una chalina como todas,
camina entre la gente de la tarde
ensimismado y sin mirar a nadie.
En una esquina de la calle Piedras
pide una caña brasilera. El hábito.
Alguien le grita adiós. No le contesta.
Hay en los ojos un rencor antiguo.
Otra cuadra. Una racha de milonga
le llega desde un patio. Esos changangos
están siempre amolando la paciencia,
pero al andar se hamaca y no lo sabe.
Sube su mano y palpa la firmeza
del puñal en la sisa del chaleco.
Va a cobrarse una deuda. Falta poco.
Unos pasos y el hombre se detiene.
En el zaguán hay una flor de cardo.
Oye el golpe del balde en el aljibe
y una voz que conoce demasiado.
Empuja la cancel que aún está abierta
como si lo esperaran. Esta noche
tal vez ya lo habrán muerto.

1929

Antes la luz entraba más temprano
en la pieza que da al último patio;
ahora la vecina casa de altos
le quita el sol, pero en la vaga sombra
su modesto inquilino está despierto
desde el amanecer. Sin hacer ruido,
para no incomodar a los de al lado,
el hombre está mateando y esperando.
Otro día vacío, como todos.
Y siempre los ardores de la úlcera.
Ya no hay mujeres en mi vida, piensa.
Los amigos lo aburren. Adivina
que él también los aburre. Hablan de cosas
que no alcanza, de arqueros y de cuadros.
No ha mirado la hora. Sin apuro
se levanta y se afeita con inútil
prolijidad. Hay que llenar el tiempo.
El rostro que el espejo le devuelve
guarda el aplomo que antes era suyo.
Envejecemos más que nuestra cara,
piensa, pero ahí están las comisuras,
el bigote ya gris, la hundida boca.
Busca el sombrero y sale. En el vestíbulo
ve un diario abierto. Lee las grandes letras,
crisis ministeriales en países
que son apenas nombres. Luego advierte
la fecha de la víspera. Un alivio;
ya no tiene por qué seguir leyendo.
Afuera, la mañana le depara

su ilusión habitual de que algo empieza
y los pregones de los vendedores.
En vano el hombre inútil dobla esquinas
y pasajes y trata de perderse.
Ve con aprobación las casas nuevas,
algo, tal vez el viento Sur, lo anima.
Cruza Rivera, que hoy le dicen Córdoba,
y no recuerda que hace muchos años
que sus pasos la eluden. Dos, tres cuadras.
Reconoce una larga balaustrada,
los redondeles de un balcón de fierro,
una tapia erizada de pedazos
de vidrio. Nada más. Todo ha cambiado.
Tropieza en una acera. Oye la burla
de unos muchachos. No los toma en cuenta.
Ahora está caminando más despacio.
De golpe se detiene. Algo ha ocurrido.
Ahí donde ahora hay una heladería,
estaba el Almacén de la Figura.
(La historia cuenta casi medio siglo.)
Ahí un desconocido de aire avieso
le ganó un largo truco, quince y quince,
y él malició que el juego no era limpio.
No quiso discutir, pero le dijo:
Ahí le entrego hasta el último centavo,
pero después salgamos a la calle.
El otro contestó que con el fierro
no le iría mejor que con el naipe.
No había ni una estrella. Benavides
le prestó su cuchillo. La pelea
fue dura. En la memoria es un instante,
un solo inmóvil resplandor, un vértigo.
Se tendió en una larga puñalada,
que bastó. Luego en otra, por si acaso.
Oyó el caer del cuerpo y del acero.

Fue entonces que sintió por vez primera
la herida en la muñeca y vio la sangre.
Fue entonces que brotó de su garganta
una mala palabra, que juntaba
la exultación, la ira y el alivio.
Tantos años y al fin ha rescatado
la dicha de ser hombre y ser valiente
o, por lo menos, la de haberlo sido
alguna vez, en un ayer del tiempo.

HENGIST QUIERE HOMBRES
(449 A.D.)

Hengist quiere hombres.
Acudirán de los confines de arena que se pierden en largos mares,
de chozas llenas de humo, de tierras pobres, de hondos bos-
ques de lobos, en cuyo centro indefinido está el Mal.
Los labradores dejarán el arado y los pescadores las redes.
Dejarán sus mujeres y sus hijos, porque el hombre sabe que en
cualquier lugar de la noche puede hallarlas y hacerlos.
Hengist el mercenario quiere hombres.
Los quiere para debelar una isla que todavía no se llama Inglaterra.
Lo seguirán sumisos y crueles.
Saben que siempre fue el primero en la batalla de hombres.
Saben que una vez olvidó su deber de venganza y que le dieron una
espada desnuda y que la espada hizo su obra.
Atravesarán a remo los mares, sin brújula y sin mástil.
Traerán espadas y broqueles, yelmos con la forma del jabalí, con-
juros para que se multipliquen las mieses, vagas cosmogo-
nías, fábulas de los hunos y de los godos.
Conquistarán la tierra, pero nunca entrarán en las ciudades que
Roma abandonó, porque son cosas demasiado complejas
para su mente bárbara.
Hengist los quiere para la victoria, para el saqueo, para la corrup-
ción de la carne y para el olvido.
Hengist los quiere (pero no lo sabe) para la fundación del mayor
imperio, para que canten Shakespeare y Whitman, para que
dominen el mar las naves de Nelson, para que Adán y Eva se
alejen, tomados de la mano y silenciosos, del Paraíso que han
perdido.
Hengist los quiere (pero no lo sabrá) para que yo trace estas letras.

A ISLANDIA

De las regiones de la hermosa tierra
que mi carne y su sombra han fatigado
eres la más remota y la más íntima,
Última Thule, Islandia de las naves,
del terco arado y del constante remo,
de las tendidas redes marineras,
de esa curiosa luz de tarde inmóvil
que efunde el vago cielo desde el alba
y del viento que busca los perdidos
velámenes del viking. Tierra sacra
que fuiste la memoria de Germania
y rescataste su mitología
de una selva de hierro y de su lobo
y de la nave que los dioses temen,
labrada con las uñas de los muertos.
Islandia, te he soñado largamente
desde aquella mañana en que mi padre
le dio al niño que he sido y que no ha muerto
una versión de la *Völsunga Saga*
que ahora está descifrando mi penumbra
con la ayuda del lento diccionario.
Cuando el cuerpo se cansa de su hombre,
cuando el fuego declina y ya es ceniza,
bien está el resignado aprendizaje
de una empresa infinita; yo he elegido
el de tu lengua, ese latín del Norte
que abarcó las estepas y los mares
de un hemisferio y resonó en Bizancio
y en las márgenes vírgenes de América.

Sé que no la sabré, pero me esperan
los eventuales dones de la busca,
no el fruto sabiamente inalcanzable.
Lo mismo sentirán quienes indagan
los astros o la serie de los números…
Sólo el amor, el ignorante amor, Islandia.

A UN GATO

No son más silenciosos los espejos
ni más furtiva el alba aventurera;
eres, bajo la luna, esa pantera
que nos es dado divisar de lejos.
Por obra indescifrable de un decreto
divino, te buscamos vanamente;
más remoto que el Ganges y el poniente,
tuya es la soledad, tuyo el secreto.
Tu lomo condesciende a la morosa
caricia de mi mano. Has admitido,
desde esa eternidad que ya es olvido,
el amor de la mano recelosa.
En otro tiempo estás. Eres el dueño
de un ámbito cerrado como un sueño.

EAST LANSING

Los días y las noches
están entretejidos (*interwoven*) de memoria y de miedo,
de miedo, que es un modo de la esperanza,
de memoria, nombre que damos a las grietas del obstinado olvido.
Mi tiempo ha sido siempre un Jano bifronte
que mira el ocaso y la aurora;
mi propósito de hoy es celebrarte, oh futuro inmediato.
Regiones de la Escritura y del hacha,
árboles que miraré y no veré,
viento con pájaros que ignoro, gratas noches de frío
que irán hundiéndose en el sueño y tal vez en la patria,
llaves de luz y puertas giratorias que con el tiempo serán hábitos,
despertares en que me diré *Hoy es Hoy*,
libros que mi mano conocerá,
amigos y amigas que serán voces,
arenas amarillas del poniente, el único color que me queda,
todo eso estoy cantando y asimismo
la insufrible memoria de lugares de Buenos Aires
en los que no he sido feliz
y en los que no podré ser feliz.

Canto en la víspera tu crepúsculo, East Lansing,
sé que las palabras que dicto son acaso precisas,
pero sutilmente serán falsas,
porque la realidad es inasible
y porque el lenguaje es un orden de signos rígidos.
Michigan, Indiana, Wisconsin, Iowa, Texas, Colorado, Arizona,
ya intentaré cantarlas.

9 de marzo de 1972

AL COYOTE

Durante siglos la infinita arena
de los muchos desiertos ha sufrido
tus pasos numerosos y tu aullido
de gris chacal o de insaciada hiena.
¿Durante siglos? Miento. Esa furtiva
substancia, el tiempo, no te alcanza, lobo;
tuyo es el puro ser, tuyo el arrobo,
nuestra, la torpe vida sucesiva.
Fuiste un ladrido casi imaginario
en el confín de arena de Arizona
donde todo es confín, donde se encona
tu perdido ladrido solitario.
Símbolo de una noche que fue mía,
sea tu vago espejo esta elegía.

EL ORO DE LOS TIGRES

Hasta la hora del ocaso amarillo
cuántas veces habré mirado
al poderoso tigre de Bengala
ir y venir por el predestinado camino
detrás de los barrotes de hierro,
sin sospechar que eran su cárcel.
Después vendrían otros tigres,
el tigre de fuego de Blake;
después vendrían otros oros,
el metal amoroso que era Zeus,
el anillo que cada nueve noches
engendra nueve anillos y éstos, nueve,
y no hay un fin.
Con los años fueron dejándome
los otros hermosos colores
y ahora sólo me quedan
la vaga luz, la inextricable sombra
y el oro del principio.
Oh ponientes, oh tigres, oh fulgores
del mito y de la épica,
oh un oro más precioso, tu cabello
que ansían estas manos.

East Lansing, 1972

Tamerlán. Mi pobre Tamerlán había leído, a fines del siglo XIX, la tragedia de Christopher Marlowe y algún manual de historia.

Tankas. He querido adaptar a nuestra prosodia la estrofa japonesa que consta de un primer verso de cinco sílabas, de uno de siete, de uno de cinco y de dos últimos de siete. Quién sabe cómo sonarán estos ejercicios a oídos orientales. La forma original prescinde asimismo de rimas.

El oro de los tigres. Para el anillo de las nueve noches, el curioso lector puede interrogar el capítulo 49 de la *Edda Menor*. El nombre del anillo era Draupnir.

LA ROSA PROFUNDA

(1975)

PRÓLOGO

La doctrina romántica de una Musa que inspira a los poetas fue la que profesaron los clásicos; la doctrina clásica del poema como una operación de la inteligencia fue enunciada por un romántico, Poe, hacia 1846. El hecho es paradójico. Fuera de unos casos aislados de inspiración onírica –el sueño del pastor que refiere Beda, el ilustre sueño de Coleridge–, es evidente que ambas doctrinas tienen su parte de verdad, salvo que corresponden a distintas etapas del proceso. (Por Musa debemos entender lo que los hebreos y Milton llamaron el Espíritu y lo que nuestra triste mitología llama lo Subconsciente.) En lo que me concierne, el proceso es más o menos invariable. Empiezo por divisar una forma, una suerte de isla remota, que será después un relato o una poesía. Veo el fin y veo el principio, no lo que se halla entre los dos. Esto gradualmente me es revelado, cuando los astros o el azar son propicios. Más de una vez tengo que desandar el camino por la zona de sombra. Trato de intervenir lo menos posible en la evolución de la obra. No quiero que la tuerzan mis opiniones, que, sin duda, son baladíes. El concepto de arte comprometido es una ingenuidad, porque nadie sabe del todo lo que ejecuta. Un escritor, admitió Kipling, puede concebir una fábula, pero no penetrar su moraleja. Debe ser leal a su imaginación, y no a las meras circunstancias efímeras de una supuesta «realidad».

La literatura parte del verso y puede tardar siglos en discernir la posibilidad de la prosa. Al cabo de cuatrocientos años, los anglosajones dejaron una poesía no pocas veces admirable y una prosa apenas explícita. La palabra habría sido en el principio un símbolo mágico, que la usura del tiempo desgastaría. La misión del poeta sería restituir a la palabra, siquiera de un modo parcial, su primitiva y ahora oculta virtud. Dos deberes tendría todo verso: comunicar un hecho preciso y tocarnos físicamente, como la cercanía del mar. He aquí un ejemplo de Virgilio:

Tendebanque manus ripae ulterioris amore.

Uno de Meredith:

Not till the fire is dying in the grate
Look we for any kinship with the stars.

O este alejandrino de Lugones, cuyo español quiere regresar al latín:

El hombre numeroso de penas y de días.

Tales versos prosiguen en la memoria su cambiante camino.

Al término de tantos —y demasiados— años de ejercicio de la literatura, no profeso una estética. ¿A qué agregar a los límites naturales que nos impone el hábito los de una teoría cualquiera? Las teorías, como las convicciones de orden político o religioso, no son otra cosa que estímulos. Varían para cada escritor. Whitman tuvo razón al negar la rima; esa negación hubiera sido una insensatez en el caso de Hugo.

Al recorrer las pruebas de este libro, advierto con algún desagrado que la ceguera ocupa un lugar plañidero que no ocupa en mi vida. La ceguera es una clausura, pero también es una liberación, una soledad propicia a las invenciones, una llave y un álgebra.

J. L. B.
Buenos Aires, junio de 1975

YO

La calavera, el corazón secreto,
los caminos de sangre que no veo,
los túneles del sueño, esc Proteo,
las vísceras, la nuca, el esqueleto.
Soy esas cosas. Increíblemente
soy también la memoria de una espada
y la de un solitario sol poniente
que se dispersa en oro, en sombra, en nada.
Soy el que ve las proas desde el puerto;
soy los contados libros, los contados
grabados por el tiempo fatigados;
soy el que envidia a los que ya se han muerto.
Más raro es ser el hombre que entrelaza
palabras en un cuarto de una casa.

COSMOGONÍA

Ni tiniebla ni caos. La tiniebla
requiere ojos que ven, como el sonido
y el silencio requieren el oído,
y el espejo, la forma que lo puebla.
Ni el espacio ni el tiempo. Ni siquiera
una divinidad que premedita
el silencio anterior a la primera
noche del tiempo, que será infinita.
El gran río de Heráclito el Oscuro
su irrevocable curso no ha emprendido,
que del pasado fluye hacia el futuro,
que del olvido fluye hacia el olvido.
Algo que ya padece. Algo que implora.
Después la historia universal. Ahora.

EL SUEÑO

Cuando los relojes de la media noche prodiguen
un tiempo generoso,
iré más lejos que los bogavantes de Ulises
a la región del sueño, inaccesible
a la memoria humana.
De esa región inmersa rescato restos
que no acabo de comprender:
hierbas de sencilla botánica,
animales algo diversos,
diálogos con los muertos,
rostros que realmente son máscaras,
palabras de lenguajes muy antiguos
y a veces un horror incomparable
al que nos puede dar el día.
Seré todos o nadie. Seré el otro
que sin saberlo soy, el que ha mirado
ese otro sueño, mi vigilia. La juzga,
resignado y sonriente.

BROWNING RESUELVE SER POETA

Por estos rojos laberintos de Londres
descubro que he elegido
la más curiosa de las profesiones humanas,
salvo que todas, a su modo, lo son.
Como los alquimistas
que buscaron la piedra filosofal
en el azogue fugitivo,
haré que las comunes palabras
—naipes marcados del tahúr, moneda de la plebe—
rindan la magia que fue suya
cuando Thor era el numen y el estrépito,
el trueno y la plegaria.
En el dialecto de hoy
diré a mi vez las cosas eternas;
trataré de no ser indigno
del gran eco de Byron.
Este polvo que soy será invulnerable.
Si una mujer comparte mi amor
mi verso rozará la décima esfera de los cielos concéntricos;
si una mujer desdeña mi amor
haré de mi tristeza una música,
un alto río que siga resonando en el tiempo.
Viviré de olvidarme.
Seré la cara que entreveo y que olvido,
seré Judas que acepta
la divina misión de ser traidor,
seré Calibán en la ciénaga,
seré un soldado mercenario que muere
sin temor y sin fe,

seré Polícrates que ve con espanto
el anillo devuelto por el destino,
seré el amigo que me odia.
El persa me dará el ruiseñor y Roma la espada.
Máscaras, agonías, resurrecciones,
destejerán y tejerán mi suerte
y alguna vez seré Robert Browning.

INVENTARIO

Hay que arrimar una escalera para subir. Un tramo le falta.
¿Qué podemos buscar en el altillo
sino lo que amontona el desorden?
Hay olor a humedad.
El atardecer entra por la pieza de plancha.
Las vigas del cielo raso están cerca y el piso está vencido.
Nadie se atreve a poner el pie.
Hay un catre de tijera desvencijado.
Hay unas herramientas inútiles.
Está el sillón de ruedas del muerto.
Hay un pie de lámpara.
Hay una hamaca paraguaya con borlas, deshilachada.
Hay aparejos y papeles.
Hay una lámina del estado mayor de Aparicio Saravia.
Hay una vieja plancha a carbón.
Hay un reloj de tiempo detenido, con el péndulo roto.
Hay un marco desdorado, sin tela.
Hay un tablero de cartón y unas piezas descabaladas.
Hay un brasero de dos patas.
Hay una petaca de cuero.
Hay un ejemplar enmohecido del *Libro de los mártires* de Foxe,
                                    [en intrincada letra gótica.
Hay una fotografía que ya puede ser de cualquiera.
Hay una piel gastada que fue de tigre.
Hay una llave que ha perdido su puerta.
¿Qué podemos buscar en el altillo
sino lo que amontona el desorden?
Al olvido, a las cosas del olvido, acabo de erigir este monumento,
sin duda menos perdurable que el bronce y que se confunde con ellas.

LA PANTERA

Tras los fuertes barrotes la pantera
repetirá el monótono camino
que es (pero no lo sabe) su destino
de negra joya, aciaga y prisionera.
Son miles las que pasan y son miles
las que vuelven, pero es una y eterna
la pantera fatal que en su caverna
traza la recta que un eterno Aquiles
traza en el sueño que ha soñado el griego.
No sabe que hay praderas y montañas
de ciervos cuyas trémulas entrañas
deleitarían su apetito ciego.
En vano es vario el orbe. La jornada
que cumple cada cual ya fue fijada.

EL BISONTE

Montañoso, abrumado, indescifrable,
rojo como la brasa que se apaga,
anda fornido y lento por la vaga
soledad de su páramo incansable.
El armado testuz levanta. En este
antiguo toro de durmiente ira,
veo a los hombres rojos del Oeste
y a los perdidos hombres de Altamira.
Luego pienso que ignora el tiempo humano,
cuyo espejo espectral es la memoria.
El tiempo no lo toca ni la historia
de su decurso, tan variable y vano.
Intemporal, innumerable, cero,
es el postrer bisonte y el primero.

EL SUICIDA

No quedará en la noche una estrella.
No quedará la noche.
Moriré y conmigo la suma
del intolerable universo.
Borraré las pirámides, las medallas,
los continentes y las caras.
Borraré la acumulación del pasado.
Haré polvo la historia, polvo el polvo.
Estoy mirando el último poniente.
Oigo el último pájaro.
Lego la nada a nadie.

ESPADAS*

Gram, Durendal, Joyeuse, Excalibur.
Sus viejas guerras andan por el verso,
que es la única memoria. El universo
las siembra por el Norte y por el Sur.
En la espada persiste la porfía
de la diestra viril, hoy polvo y nada;
en el hierro o el bronce, la estocada
que fue sangre de Adán un primer día.
Gestas he enumerado de lejanas
espadas cuyos hombres dieron muerte
a reyes y a serpientes. Otra suerte
de espadas hay, murales y cercanas.
Déjame, espada, usar contigo el arte;
yo, que no he merecido manejarte.

AL RUISEÑOR

¿En qué noche secreta de Inglaterra
o del constante Rhin incalculable,
perdida entre las noches de mis noches,
a mi ignorante oído habrá llegado
tu voz cargada de mitologías,
ruiseñor de Virgilio y de los persas?
Quizá nunca te oí, pero a mi vida
se une tu vida, inseparablemente.
Un espíritu errante fue tu símbolo
en un libro de enigmas. El Marino
te apodaba sirena de los bosques
y cantas en la noche de Julieta
y en la intrincada página latina
y desde los pinares de aquel otro
ruiseñor de Judea y de Alemania,
Heine el burlón, el encendido, el triste.
Keats te oyó para todos, para siempre.
No habrá uno solo entre los claros nombres
que los pueblos te dan sobre la tierra
que no quiera ser digno de tu música,
ruiseñor de la sombra. El agareno
te soñó arrebatado por el éxtasis,
el pecho traspasado por la espina
de la cantada rosa que enrojeces
con tu sangre final. Asiduamente
urdo en la hueca tarde este ejercicio,
ruiseñor de la arena y de los mares,
que en la memoria, exaltación y fábula,
ardes de amor y mueres melodioso.

SOY

Soy el que sabe que no es menos vano
que el vano observador que en el espejo
de silencio y cristal sigue el reflejo
o el cuerpo (da lo mismo) del hermano.
Soy, tácitos amigos, el que sabe
que no hay otra venganza que el olvido
ni otro perdón. Un dios ha concedido
al odio humano esta curiosa llave.
Soy el que pese a tan ilustres modos
de errar, no ha descifrado el laberinto
singular y plural, arduo y distinto,
del tiempo, que es de uno y es de todos.
Soy el que es nadie, el que no fue una espada
en la guerra. Soy eco, olvido, nada.

QUINCE MONEDAS

A Alicia Jurado

Un poeta oriental

Durante cien otoños he mirado
tu tenue disco.
Durante cien otoños he mirado
tu arco sobre las islas.
Durante cien otoños mis labios
no han sido menos silenciosos.

El desierto

El espacio sin tiempo.
La luna es del color de la arena.
Ahora, precisamente ahora,
mueren los hombres del Metauro y de Tannenberg.

Llueve

¿En qué ayer, en qué patios de Cartago,
cae también esta lluvia?

Asterión

El año me tributa mi pasto de hombres
y en la cisterna hay agua.
En mí se anudan los caminos de piedra.
¿De qué puedo quejarme?

En los atardeceres
me pesa un poco la cabeza de toro.

UN POETA MENOR

La meta es el olvido.
Yo he llegado antes.

GÉNESIS, IV, 8

Fue en el primer desierto.
Dos brazos arrojaron una gran piedra.
No hubo un grito. Hubo sangre.
Hubo por vez primera la muerte.
Ya no recuerdo si fui Abel o Caín.

NORTUMBRIA, 900 A.D.

Que antes del alba lo despojen los lobos;
la espada es el camino más corto.

MIGUEL DE CERVANTES

Crueles estrellas y propicias estrellas
presidieron la noche de mi génesis;
debo a las últimas la cárcel
en que soñé el *Quijote*.

EL OESTE

El callejón final con su poniente.
Inauguración de la pampa.
Inauguración de la muerte.

ESTANCIA EL RETIRO

El tiempo juega un ajedrez sin piezas
en el patio. El crujido de una rama
rasga la noche. Fuera la llanura
leguas de polvo y sueño desparrama.
Sombras los dos, copiamos lo que dictan
otras sombras: Heráclito y Gautama.

EL PRISIONERO

Una lima.
La primera de las pesadas puertas de hierro.
Algún día seré libre.

MACBETH

Nuestros actos prosiguen su camino,
que no conoce término.
Maté a mi rey para que Shakespeare
urdiera su tragedia.

ETERNIDADES

La serpiente que ciñe el mar y es el mar,
el repetido remo de Jasón, la joven espada de Sigurd.
Sólo perduran en el tiempo las cosas
que no fueron del tiempo.

E. A. P.

Los sueños que he soñado. El pozo y el péndulo.
El hombre de las multitudes. Ligeia…
Pero también este otro.

EL ESPÍA

En la pública luz de las batallas
otros dan su vida a la patria
y los recuerda el mármol.
Yo he errado oscuro por ciudades que odio.
Le di otras cosas.
Abjuré de mi honor,
traicioné a quienes me creyeron su amigo,
compré conciencias,
abominé del nombre de la patria,
me resigné a la infamia.

SIMÓN CARBAJAL

En los campos de Antelo, hacia el noventa
mi padre lo trató. Quizá cambiaron
unas parcas palabras olvidadas.
No recordaba de él sino una cosa:
el dorso de la oscura mano izquierda
cruzado de zarpazos. En la estancia
cada uno cumplía su destino:
éste era domador, tropero el otro,
aquél tiraba como nadie el lazo
y Simón Carbajal era el tigrero.
Si un tigre depredaba las majadas
o lo oían bramar en la tiniebla,
Carbajal lo rastreaba por el monte.
Iba con el cuchillo y con los perros.
Al fin daba con él en la espesura.
Azuzaba a los perros. La amarilla
fiera se abalanzaba sobre el hombre
que agitaba en el brazo izquierdo el poncho,
que era escudo y señuelo. El blanco vientre
quedaba expuesto. El animal sentía
que el acero le entraba hasta la muerte.
El duelo era fatal y era infinito.
Siempre estaba matando al mismo tigre
inmortal. No te asombre demasiado
su destino. Es el tuyo y es el mío,
salvo que nuestro tigre tiene formas
que cambian sin parar. Se llama el odio,
el amor, el azar, cada momento.

SUEÑA ALONSO QUIJANO

El hombre se despierta de un incierto
sueño de alfanjes y de campo llano
y se toca la barba con la mano
y se pregunta si está herido o muerto.
¿No lo perseguirán los hechiceros
que han jurado su mal bajo la luna?
Nada. Apenas el frío. Apenas una
dolencia de sus años postrimeros.
El hidalgo fue un sueño de Cervantes
y don Quijote un sueño del hidalgo.
El doble sueño los confunde y algo
está pasando que pasó mucho antes.
Quijano duerme y sueña. Una batalla:
los mares de Lepanto y la metralla.

A UN CÉSAR

En la noche propicia a los lemures
y a las larvas que hostigan a los muertos,
han cuartelado en vano los abiertos
ámbitos de los astros tus augures.
Del toro yugulado en la penumbra
las vísceras en vano han indagado;
en vano el sol de esta mañana alumbra
la espada fiel del pretoriano armado.
En el palacio tu garganta espera
temblorosa el puñal. Ya los confines
del imperio que rigen tus clarines
presienten las plegarias y la hoguera.
De tus montañas el horror sagrado
el tigre de oro y sombra ha profanado.

PROTEO

Antes que los remeros de Odiseo
fatigaran el mar color de vino
las inasibles formas adivino
de aquel dios cuyo nombre fue Proteo.
Pastor de los rebaños de los mares
y poseedor del don de profecía,
prefería ocultar lo que sabía
y entretejer oráculos dispares.
Urgido por las gentes asumía
la forma de un león o de una hoguera
o de árbol que da sombra a la ribera
o de agua que en el agua se perdía.
De Proteo el egipcio no te asombres,
tú, que eres uno y eres muchos hombres.

OTRA VERSIÓN DE PROTEO

Habitador de arenas recelosas,
mitad dios y mitad bestia marina,
ignoró la memoria, que se inclina
sobre el ayer y las perdidas cosas.
Otro tormento padeció Proteo
no menos cruel, saber lo que ya encierra
el porvenir: la puerta que se cierra
para siempre, el troyano y el aqueo.
Atrapado, asumía la inasible
forma del huracán o de la hoguera
o del tigre de oro o la pantera
o de agua que en el agua es invisible.
Tú también estás hecho de inconstantes
ayeres y mañanas. Mientras, antes...

UN MAÑANA

Loada sea la misericordia
de Quien, ya cumplidos mis setenta años
y sellados mis ojos,
me salva de la venerada vejez
y de las galerías de precisos espejos
de los días iguales
y de los protocolos, marcos y cátedras
y de la firma de incansables planillas
para los archivos del polvo
y de los libros, que son simulacros de la memoria,
y me prodiga el animoso destierro,
que es acaso la forma fundamental del destino argentino,
y el azar y la joven aventura
y la dignidad del peligro,
según dictaminó Samuel Johnson.
Yo, que padecí la vergüenza
de no haber sido aquel Francisco Borges que murió en 1874
o mi padre, que enseñó a sus discípulos
el amor de la psicología y no creyó en ella,
olvidaré las letras que me dieron alguna fama,
seré hombre de Austin, de Edimburgo, de España,
y buscaré la aurora en mi Occidente.
En la ubicua memoria serás mía,
patria, no en la fracción de cada día.

HABLA UN BUSTO DE JANO

Nadie abriere o cerrare alguna puerta
sin honrar la memoria del Bifronte,
que las preside. Abarco el horizonte
de inciertos mares y de tierra cierta.
Mis dos caras divisan el pasado
y el porvenir. Los veo y son iguales
los hierros, las discordias y los males
que Alguien pudo borrar y no ha borrado
ni borrará. Me faltan las dos manos
y soy de piedra inmóvil. No podría
precisar si contemplo una porfía
futura o la de ayeres hoy lejanos.
Veo mi ruina: la columna trunca
y las caras, que no se verán nunca.

DE QUE NADA SE SABE

La luna ignora que es tranquila y clara
y ni siquiera sabe que es la luna;
la arena, que es la arena. No habrá una
cosa que sepa que su forma es rara.
Las piezas de marfil son tan ajenas
al abstracto ajedrez como la mano
que las rige. Quizá el destino humano
de breves dichas y de largas penas
es instrumento de Otro. Lo ignoramos;
darle nombre de Dios no nos ayuda.
Vanos también son el temor, la duda
y la trunca plegaria que iniciamos.
¿Qué arco habrá arrojado esta saeta
que soy? ¿Qué cumbre puede ser la meta?

BRUNANBURH, 937 A.D.*

Nadie a tu lado.
Anoche maté a un hombre en la batalla.
Era animoso y alto, de la clara estirpe de Anlaf.
La espada entró en el pecho, un poco a la izquierda.
Rodó por tierra y fue una cosa,
una cosa del cuervo.
En vano lo esperarás, mujer que no he visto.
No lo traerán las naves que huyeron
sobre el agua amarilla.
En la hora del alba,
tu mano desde el sueño lo buscará.
Tu lecho está frío.
Anoche maté a un hombre en Brunanburh.

EL CIEGO

I

Lo han despojado del diverso mundo,
de los rostros, que son lo que eran antes.
De las cercanas calles, hoy distantes,
y del cóncavo azul, ayer profundo.
De los libros le queda lo que deja
la memoria, esa forma del olvido
que retiene el formato, no el sentido,
y que los meros títulos refleja.
El desnivel acecha. Cada paso
puede ser la caída. Soy el lento
prisionero de un tiempo soñoliento
que no marca su aurora ni su ocaso.
Es de noche. No hay otros. Con el verso
debo labrar mi insípido universo.

II

Desde mi nacimiento, que fue el noventa y nueve
de la cóncava parra y el aljibe profundo,
el tiempo minucioso, que en la memoria es breve,
me fue hurtando las formas visibles de este mundo.
Los días y las noches limaron los perfiles
de las letras humanas y los rostros amados;
en vano interrogaron mis ojos agotados
las vanas bibliotecas y los vanos atriles.
El azul y el bermejo son ahora una niebla
y dos voces inútiles. El espejo que miro
es una cosa gris. En el jardín aspiro,
amigos, una lóbrega rosa de la tiniebla.
Ahora sólo perduran las formas amarillas
y sólo puedo ver para ver pesadillas.

UN CIEGO

No sé cuál es la cara que me mira
cuando miro la cara del espejo;
no sé qué anciano acecha en su reflejo
con silenciosa y ya cansada ira.
Lento en mi sombra, con la mano exploro
mis invisibles rasgos. Un destello
me alcanza. He vislumbrado tu cabello
que es de ceniza o es aún de oro.
Repito que he perdido solamente
la vana superficie de las cosas.
El consuelo es de Milton y es valiente,
pero pienso en las letras y en las rosas.
Pienso que si pudiera ver mi cara
sabría quién soy en esta tarde rara.

Temí que el porvenir (que ya declina)
sería un profundo corredor de espejos
indistintos, ociosos y menguantes,
una repetición de vanidades,
y en la penumbra que precede al sueño
rogué a mis dioses, cuyo nombre ignoro,
que enviaran algo o alguien a mis días.
Lo hicieron. Es la Patria. Mis mayores
la sirvieron con largas proscripciones,
con penurias, con hambre, con batallas,
aquí de nuevo está el hermoso riesgo.
No soy aquellas sombras tutelares
que honré con versos que no olvida el tiempo.
Estoy ciego. He cumplido los setenta;
no soy el oriental Francisco Borges
que murió con dos balas en el pecho,
entre las agonías de los hombres,
en el hedor de un hospital de sangre,
pero la Patria, hoy profanada, quiere
que con mi oscura pluma de gramático,
docta en las nimiedades académicas
y ajena a los trabajos de la espada,
congregue el gran rumor de la epopeya
y exija mi lugar. Lo estoy haciendo.

ELEGÍA*

Tres muy antiguas caras me desvelan:
una el Océano, que habló con Claudio,
otra el Norte de aceros ignorantes
y atroces en la aurora y el ocaso,
la tercera la muerte, ese otro nombre
del insaciado tiempo que nos roe.
La carga secular de los ayeres
de la historia que fue o que fue soñada
me abruma, personal como una culpa.
Pienso en la nave ufana que devuelve
a los mares el cuerpo de Scyld Sceaving
que reinó en Dinamarca bajo el cielo;
pienso en el alto lobo, cuyas riendas
eran sierpes, que dio al barco encendido
la blancura del dios hermoso y muerto;
pienso en piratas cuya carne humana
es dispersión y limo bajo el peso
de los mares errantes que ultrajaron.
Pienso en mi propia, en mi perfecta muerte,
sin la urna, la lápida y la lágrima.

ALL OUR YESTERDAYS

Quiero saber de quién es mi pasado.
¿De cuál de los que fui? ¿Del ginebrino
que trazó algún hexámetro latino
que los lustrales años han borrado?
¿Es de aquel niño que buscó en la entera
biblioteca del padre las puntuales
curvaturas del mapa y las ferales
formas que son el tigre y la pantera?
¿O de aquel otro que empujó una puerta
detrás de la que un hombre se moría
para siempre, y besó en el blanco día
la cara que se va y la cara muerta?
Soy los que ya no son. Inútilmente
soy en la tarde esa perdida gente.

EL DESTERRADO
(1977)

Alguien recorre los senderos de Ítaca
y no se acuerda de su rey, que fue a Troya
hace ya tantos años;
alguien piensa en las tierras heredadas
y en el arado nuevo y el hijo
y es acaso feliz.
En el confín del orbe yo, Ulises,
descendí a la Casa de Hades
y vi la sombra del tebano Tiresias
que desligó el amor de las serpientes,
y la sombra de Heracles
que mata sombras de leones en la pradera
y asimismo está en el Olimpo.
Alguien hoy anda por Bolívar y Chile
y puede ser feliz o no serlo.
Quién me diera ser él.

EN MEMORIA DE ANGÉLICA

¡Cuántas posibles vidas se habrán ido
en esta pobre y diminuta muerte,
cuántas posibles vidas que la suerte
daría a la memoria o al olvido!
Cuando yo muera morirá un pasado;
con esta flor un porvenir ha muerto
en las aguas que ignoran, un abierto
porvenir por los astros arrasado.
Yo, como ella, muero de infinitos
destinos que el azar no me depara;
busca mi sombra los gastados mitos
de una patria que siempre dio la cara.
Un breve mármol cuida su memoria;
sobre nosotros crece, atroz, la historia.

AL ESPEJO

¿Por qué persistes, incesante espejo?
¿Por qué duplicas, misterioso hermano,
el menor movimiento de mi mano?
¿Por qué en la sombra el súbito reflejo?
Eres el otro yo de que habla el griego
y acechas desde siempre. En la tersura
del agua incierta o del cristal que dura
me buscas y es inútil estar ciego.
El hecho de no verte y de saberte
te agrega horror, cosa de magia que osas
multiplicar la cifra de las cosas
que somos y que abarcan nuestra suerte.
Cuando esté muerto, copiarás a otro
y luego a otro, a otro, a otro, a otro…

MIS LIBROS

Mis libros (que no saben que yo existo)
son tan parte de mí como este rostro
de sienes grises y de grises ojos
que vanamente busco en los cristales
y que recorro con la mano cóncava.
No sin alguna lógica amargura
pienso que las palabras esenciales
que me expresan están en esas hojas
que no saben quién soy, no en las que he escrito.
Mejor así. Las voces de los muertos
me dirán para siempre.

TALISMANES

Un ejemplar de la primera edición de la *Edda Islandorum* de Snorri, impresa en Dinamarca.

Los cinco tomos de la obra de Schopenhauer.

Los dos tomos de las *Odiseas* de Chapman.

Una espada que guerreó en el desierto.

Un mate con un pie de serpientes que mi bisabuelo trajo de Lima.

Un prisma de cristal.

Una piedra y un abanico.

Unos daguerrotipos borrosos.

Un globo terráqueo de madera que me dio Cecilia Ingenieros y que fue de su padre.

Un bastón de puño encorvado que anduvo por las llanuras de América, por Colombia y por Texas.

Varios cilindros de metal con diplomas.

La toga y el birrete de un doctorado.

Las *Empresas* de Saavedra Fajardo, en olorosa pasta española.

La memoria de una mañana.

Líneas de Virgilio y de Frost.

La voz de Macedonio Fernández.

El amor o el diálogo de unos pocos.

Ciertamente son talismanes, pero de nada sirven contra la sombra que no puedo nombrar, contra la sombra que no debo nombrar.

EL TESTIGO

Desde su sueño el hombre ve al gigante
de un sueño que soñado fue en Bretaña
y apresta el corazón para la hazaña
y le clava la espuela a Rocinante.

El viento hace girar las laboriosas
aspas que el hombre gris ha acometido.
Rueda el rocín; la lanza se ha partido
y es una cosa más entre las cosas.

Yace en la tierra el hombre de armadura;
lo ve caer el hijo de un vecino,
que no sabrá el final de la aventura

y que a las Indias llevará el destino.
Perdido en el confín de otra llanura
se dirá que fue un sueño el del molino.

EFIALTES

En el fondo del sueño están los sueños. Cada
noche quiero perderme en las aguas obscuras
que me lavan del día, pero bajo esas puras
aguas que nos conceden la penúltima Nada
late en la hora gris la obscena maravilla.
Puede ser un espejo con mi rostro distinto,
puede ser la creciente cárcel de un laberinto,
puede ser un jardín. Siempre es la pesadilla.
Su horror no es de este mundo. Algo que no se
nombra me alcanza desde ayeres de mito y de neblina;
la imagen detestada perdura en la retina
e infama la vigilia como infamó la sombra.
¿Por qué brota de mí cuando el cuerpo reposa
y el alma queda sola, esta insensata rosa?

EL ORIENTE

La mano de Virgilio se demora
sobre una tela con frescura de agua
y entretejidas formas y colores
que han traído a su Roma las remotas
caravanas del tiempo y de la arena.
Perdurará en un verso de las *Geórgicas*.
No la había visto nunca. Hoy es la seda.
En un atardecer muere un judío
crucificado por los negros clavos
que el pretor ordenó, pero las gentes
de las generaciones de la tierra
no olvidarán la sangre y la plegaria
y en la colina los tres hombres últimos.
Sé de un mágico libro de hexagramas
que marca los sesenta y cuatro rumbos
de nuestra suerte de vigilia y sueño.
¡Cuánta invención para poblar el ocio!
Sé de ríos de arena y peces de oro
que rige el Preste Juan en las regiones
ulteriores al Ganges y a la Aurora
y del *hai ku* que fija en unas pocas
sílabas un instante, un eco, un éxtasis;
sé de aquel genio de humo encarcelado
en la vasija de amarillo cobre
y de lo prometido en la tiniebla.
¡Oh mente que atesoras lo increíble!
Caldea que primero vio los astros.
Las altas naves lusitanas; Goa.
Las victorias de Clive, ayer suicida;

Kim y su lama rojo que prosiguen
para siempre el camino que los salva.
El fino olor del té, el olor del sándalo.
Las mezquitas de Córdoba y del Aksa
y el tigre, delicado como el nardo.

Tal es mi Oriente. Es el jardín que tengo
para que tu memoria no me ahogue.

LA CIERVA BLANCA*

¿De qué agreste balada de la verde Inglaterra,
de qué lámina persa, de qué región arcana
de las noches y días que nuestro ayer encierra,
vino la cierva blanca, que soñé esta mañana?
Duraría un segundo. La vi cruzar el prado
y perderse en el oro de una tarde ilusoria,
leve criatura hecha de un poco de memoria
y de un poco de olvido, cierva de un solo lado.
Los númenes que rigen este curioso mundo
me dejaron soñarte pero no ser tu dueño;
tal vez en un recodo del porvenir profundo
te encontraré de nuevo, cierva blanca de un sueño.
Yo también soy un sueño fugitivo que dura
unos días más que el sueño del prado y la blancura.

THE UNENDING ROSE

A Susana Bombal

A los quinientos años de la Hégira
Persia miró desde sus alminares
la invasión de las lanzas del desierto
y Attar de Nishapur miró una rosa
y le dijo con tácita palabra
como el que piensa, no como el que reza:
—Tu vaga esfera está en mi mano. El tiempo
nos encorva a los dos y nos ignora
en esta tarde de un jardín perdido.
Tu leve peso es húmedo en el aire.
La incesante pleamar de tu fragancia
sube a mi vieja cara que declina
pero te sé más lejos que aquel niño
que te entrevió en las láminas de un sueño
o aquí en este jardín, una mañana.
La blancura del sol puede ser tuya
o el oro de la luna o la bermeja
firmeza de la espada en la victoria.
Soy ciego y nada sé, pero preveo
que son más los caminos. Cada cosa
es infinitas cosas. Eres música,
firmamentos, palacios, ríos, ángeles,
rosa profunda, ilimitada, íntima,
que el Señor mostrará a mis ojos muertos.

*NOTAS

Espadas. Gram es la espada de Sigurd; Durendal es la espada de Rolando; Joyeuse es la espada de Carlomagno; Excalibur, la espada que Arturo arrancó de una piedra.

Brunanburh. Son las palabras de un sajón que se ha batido en la victoria que los reyes de Wessex alcanzaron sobre una coalición de escoceses, daneses y britanos, comandados por Anlaf (Olaf) de Irlanda. En el poema hay ecos de la oda contemporánea que Tennyson tan admirablemente tradujo.

Elegía. Scyld es el rey de Dinamarca cuyo destino canta el exordio de la *Gesta de Beowulf.* El dios hermoso y muerto es Baldr, cuyos sueños premonitorios y cuyo fin están en las *Eddas.*

La cierva blanca. Los devotos de una métrica rigurosa pueden leer de este modo el último verso:

> *Un tiempo más que el sueño del prado y la blancura.*

Debo esta variación a Alicia Jurado.

LA MONEDA DE HIERRO

(1976)

PRÓLOGO

Bien cumplidos los setenta años que aconseja el Espíritu, un escritor, por torpe que sea, ya sabe ciertas cosas. La primera, sus límites. Sabe con razonable esperanza lo que puede intentar y —lo cual sin duda es más importante— lo que le está vedado. Esta comprobación, tal vez melancólica, se aplica a las generaciones y al hombre. Creo que nuestro tiempo es incapaz de la oda pindárica o de la penosa novela histórica o de los alegatos en verso; creo, acaso con análoga ingenuidad, que no hemos acabado de explorar las posibilidades indefinidas del proteico soneto o de las estrofas libres de Whitman. Creo, asimismo, que la estética abstracta es una vanidosa ilusión o un agradable tema para las largas noches del cenáculo o una fuente de estímulos y de trabas. Si fuera una, el arte sería uno. Ciertamente no lo es; gozamos con pareja fruición de Hugo y de Virgilio, de Robert Browning y de Swinburne, de los escandinavos y de los persas. La música de hierro del sajón no nos place menos que las delicadezas morosas del simbolismo. Cada sujeto, por ocasional o tenue que sea, nos impone una estética peculiar. Cada palabra, aunque esté cargada de siglos, inicia una página en blanco y compromete el porvenir.

En cuanto a mí... Sé que este libro misceláneo que el azar fue dejándome a lo largo de 1976, en el yermo universitario de East Lansing y en mi recobrado país, no valdrá mucho más ni mucho menos que los anteriores volúmenes. Este módico vaticinio, que nada nos cuesta admitir, me depara una suerte de impunidad. Puedo consentirme algunos caprichos ya que no me juzgarán por el texto sino por la imagen indefinida pero suficientemente precisa que se tiene de mí. Puedo transcribir las vagas palabras que oí en un sueño y denominarlas «Ein Traum». Puedo reescribir y acaso malear un soneto sobre Spinoza. Puedo tratar de aligerar, mudando el acento prosódico, el endecasílabo castellano. Puedo, en fin, entregarme al culto de los mayores y a ese otro culto que ilumina mi ocaso: la germanística de Inglaterra y de Islandia.

No en vano fui engendrado en 1899. Mis hábitos regresan a aquel siglo y al anterior y he procurado no olvidar mis remotas y ya desdibujadas humanidades. El prólogo tolera la confidencia: he sido un vacilante conversador y un buen auditor. No olvidaré los diálogos de mi padre, de Macedonio Fernández, de Alfonso Reyes y de Rafael Cansinos-Assens. Me sé del todo indigno de opinar en materia política, pero tal vez me sea perdonado añadir que descreo de la democracia, ese curioso abuso de la estadística.

J. L. B.
Buenos Aires, 27 de julio de 1976

ELEGÍA DEL RECUERDO IMPOSIBLE

Qué no daría yo por la memoria
de una calle de tierra con tapias bajas
y de un alto jinete llenando el alba
(largo y raído el poncho)
en uno de los días de la llanura,
en un día sin fecha.
Qué no daría yo por la memoria
de mi madre mirando la mañana
en la estancia de Santa Irene,
sin saber que su nombre iba a ser Borges.
Qué no daría yo por la memoria
de haber combatido en Cepeda
y de haber visto a Estanislao del Campo
saludando la primer bala
con la alegría del coraje.
Qué no daría yo por la memoria
de un portón de quinta secreta
que mi padre empujaba cada noche
antes de perderse en el sueño
y que empujó por última vez
el 14 de febrero del 38.
Qué no daría yo por la memoria
de las barcas de Hengist,
zarpando de la arena de Dinamarca
para debelar una isla
que aún no era Inglaterra.
Qué no daría yo por la memoria
(la tuve y la he perdido)
de una tela de oro de Turner,

vasta como la música.
Qué no daría yo por la memoria
de haber oído a Sócrates
que, en la tarde de la cicuta,
examinó serenamente el problema
de la inmortalidad,
alternando los mitos y las razones
mientras la muerte azul iba subiendo
desde los pies ya fríos.
Qué no daría yo por la memoria
de que me hubieras dicho que me querías
y de no haber dormido hasta la aurora,
desgarrado y feliz.

CORONEL SUÁREZ

Alta en el alba se alza la severa
faz de metal y de melancolía.
Un perro se desliza por la acera.
Ya no es de noche y no es aún de día.
Suárez mira su pueblo y la llanura
ulterior, las estancias, los potreros,
los rumbos que fatigan los reseros,
el paciente planeta que perdura.
Detrás del simulacro te adivino,
oh joven capitán que fuiste el dueño
de esa batalla que torció el destino:
Junín, resplandeciente como un sueño.
En un confín del vasto Sur persiste
esa alta cosa, vagamente triste.

LA PESADILLA*

Sueño con un antiguo rey. De hierro
es la corona y muerta la mirada.
Ya no hay caras así. La firme espada
lo acatará, leal como su perro.
No sé si es de Nortumbria o de Noruega.
Sé que es del Norte. La cerrada y roja
barba le cubre el pecho. No me arroja
una mirada su mirada ciega.
¿De qué apagado espejo, de qué nave
de los mares que fueron su aventura,
habrá surgido el hombre gris y grave
que me impone su antaño y su amargura?
Sé que me sueña y que me juzga, erguido.
El día entra en la noche. No se ha ido.

LA VÍSPERA

Millares de partículas de arena,
ríos que ignoran el reposo, nieve
más delicada que una sombra, leve
sombra de una hoja, la serena
margen del mar, la momentánea espuma,
los antiguos caminos del bisonte
y de la flecha fiel, un horizonte
y otro, los tabacales y la bruma,
la cumbre, los tranquilos minerales,
el Orinoco, el intrincado juego
que urden la tierra, el agua, el aire, el fuego,
las leguas de sumisos animales,
apartarán tu mano de la mía,
pero también la noche, el alba, el día...

UNA LLAVE EN EAST LANSING

A Judith Machado

Soy una pieza de limado acero.
Mi borde irregular no es arbitrario.
Duermo mi vago sueño en un armario
que no veo, sujeta a mi llavero.
Hay una cerradura que me espera,
una sola. La puerta es de forjado
hierro y firme cristal. Del otro lado
está la casa, oculta y verdadera.
Altos en la penumbra los desiertos
espejos ven las noches y los días
y las fotografías de los muertos
y el tenue ayer de las fotografías.
Alguna vez empujaré la dura
puerta y haré girar la cerradura.

ELEGÍA DE LA PATRIA

De hierro, no de oro, fue la aurora.
La forjaron un puerto y un desierto,
unos cuantos señores y el abierto
ámbito elemental de ayer y ahora.
Vino después la guerra con el godo.
Siempre el valor y siempre la victoria.
El Brasil y el tirano. Aquella historia
desenfrenada. El todo por el todo.
Cifras rojas de los aniversarios,
pompas del mármol, arduos monumentos,
pompas de la palabra, parlamentos,
centenarios y sesquicentenarios,
son la ceniza apenas, la soflama
de los vestigios de esa antigua llama.

HILARIO ASCASUBI
(1807-1875)

Alguna vez hubo una dicha. El hombre
aceptaba el amor y la batalla
con igual regocijo. La canalla
sentimental no había usurpado el nombre
del pueblo. En esa aurora, hoy ultrajada,
vivió Ascasubi y se batió, cantando
entre los gauchos de la patria cuando
los llamó una divisa a la patriada.
Fue muchos hombres. Fue el cantor y el coro;
por el río del tiempo fue Proteo.
Fue soldado en la azul Montevideo
y en California, buscador de oro.
Fue suya la alegría de una espada
en la mañana. Hoy somos noche y nada.

1975

MÉXICO

¡Cuántas cosas iguales! El jinete y el llano,
la tradición de espadas, la plata y la caoba,
el piadoso benjuí que sahúma la alcoba
y ese latín venido a menos, el castellano.
¡Cuántas cosas distintas! Una mitología
de sangre que entretejen los hondos dioses muertos,
los nopales que dan horror a los desiertos
y el amor de una sombra que es anterior al día.
¡Cuántas cosas eternas! El patio que se llena
de lenta y leve luna que nadie ve, la ajada
violeta entre las páginas de Nájera olvidada,
el golpe de la ola que regresa a la arena.
El hombre que en su lecho último se acomoda
para esperar la muerte. Quiere tenerla, toda.

EL PERÚ

De la suma de cosas del orbe ilimitado
vislumbramos apenas una que otra. El olvido
y el azar nos despojan. Para el niño que he sido,
el Perú fue la historia que Prescott ha salvado.
Fue también esa clara palangana de plata
que pendió del arzón de una silla y el mate
de plata con serpientes arqueadas y el embate
de las lanzas que tejen la batalla escarlata.
Fue después una playa que el crepúsculo empaña
y un sigilo de patio, de enrejado y de fuente,
y unas líneas de Eguren que pasan levemente
y una vasta reliquia de piedra en la montaña.
Vivo, soy una sombra que la Sombra amenaza;
moriré y no habré visto mi interminable casa.

A MANUEL MUJICA LAINEZ

Isaac Luria declara que la eterna Escritura
tiene tantos sentidos como lectores. Cada
versión es verdadera y ha sido prefijada
por Quien es el lector, el libro y la lectura.
Tu versión de la patria, con sus fastos y brillos,
entra en mi vaga sombra como si entrara el día
y la oda se burla de la Oda. (La mía
no es más que una nostalgia de ignorantes cuchillos
y de viejo coraje.) Ya se estremece el Canto,
ya, apenas contenidas por la prisión del verso,
surgen las muchedumbres del futuro y diverso
reino que será tuyo, su júbilo y su llanto.
Manuel Mujica Lainez, alguna vez tuvimos
una patria —¿recuerdas?— y los dos la perdimos.

1974

EL INQUISIDOR

Pude haber sido un mártir. Fui un verdugo.
Purifiqué las almas con el fuego.
Para salvar la mía, busqué el ruego,
el cilicio, las lágrimas y el yugo.
En los autos de fe vi lo que había
sentenciado mi lengua. Las piadosas
hogueras y las carnes dolorosas,
el hedor, el clamor y la agonía.
He muerto. He olvidado a los que gimen,
pero sé que este vil remordimiento
es un crimen que sumo al otro crimen
y que a los dos ha de arrastrar el viento
del tiempo, que es más largo que el pecado
y que la contrición. Los he gastado.

EL CONQUISTADOR

Cabrera y Carbajal fueron mis nombres.
He apurado la copa hasta las heces.
He muerto y he vivido muchas veces.
Yo soy el Arquetipo. Ellos, los hombres.

De la Cruz y de España fui el errante
soldado. Por las nunca holladas tierras
de un continente infiel encendí guerras.
En el duro Brasil fui el bandeirante.

Ni Cristo ni mi Rey ni el oro rojo
fueron el acicate del arrojo
que puso miedo en la pagana gente.

De mis trabajos fue razón la hermosa
espada y la contienda procelosa.
No importa lo demás. Yo fui valiente.

HERMAN MELVILLE*

Siempre lo cercó el mar de sus mayores,
los sajones, que al mar dieron el nombre
ruta de la ballena, en que se aúnan
las dos enormes cosas, la ballena
y los mares que largamente surca.
Siempre fue suyo el mar. Cuando sus ojos
vieron en alta mar las grandes aguas
ya lo había anhelado y poseído
en aquel otro mar, que es la Escritura,
o en el dintorno de los arquetipos.
Hombre, se dio a los mares del planeta
y a las agotadoras singladuras
y conoció el arpón enrojecido
por Leviathán y la rayada arena
y el olor de las noches y del alba
y el horizonte en que el azar acecha
y la felicidad de ser valiente
y el gusto, al fin, de divisar a Ítaca.
Debelador del mar, pisó la tierra
firme que es la raíz de las montañas
y en la que marca un vago derrotero,
quieta en el tiempo, una dormida brújula.
A la heredada sombra de los huertos,
Melville cruza las tardes de New England
pero lo habita el mar. Es el oprobio
del mutilado capitán del *Pequod*,
el mar indescifrable y las borrascas
y la abominación de la blancura.
Es el gran libro. Es el azul Proteo.

EL INGENUO

Cada aurora (nos dicen) maquina maravillas
capaces de torcer la más terca fortuna;
hay pisadas humanas que han medido la luna
y el insomnio devasta los años y las millas.
En el azul acechan públicas pesadillas
que entenebran el día. No hay en el orbe una
cosa que no sea otra, o contraria, o ninguna.
A mí sólo me inquietan las sorpresas sencillas.
Me asombra que una llave pueda abrir una puerta,
me asombra que mi mano sea una cosa cierta,
me asombra que del griego la eleática saeta
instantánea no alcance la inalcanzable meta,
me asombra que la espada cruel pueda ser hermosa,
y que la rosa tenga el olor de la rosa.

LA LUNA

A María Kodama

Hay tanta soledad en ese oro.
La luna de las noches no es la luna
que vio el primer Adán. Los largos siglos
de la vigilia humana la han colmado
de antiguo llanto. Mírala. Es tu espejo.

A JOHANNES BRAHMS

Yo que soy un intruso en los jardines
que has prodigado a la plural memoria
del porvenir, quise cantar la gloria
que hacia el azul erigen tus violines.
He desistido ahora. Para honrarte
no basta esa miseria que la gente
suele apodar con vacuidad el arte.
Quien te honrare ha de ser claro y valiente.
Soy un cobarde. Soy un triste. Nada
podrá justificar esta osadía
de cantar la magnífica alegría
–fuego y cristal– de tu alma enamorada.
Mi servidumbre es la palabra impura,
vástago de un concepto y de un sonido;
ni símbolo, ni espejo, ni gemido,
tuyo es el río que huye y que perdura.

EL FIN

El hijo viejo, el hombre sin historia,
el huérfano que pudo ser el muerto,
agota en vano el caserón desierto.
(Fue de los dos y es hoy de la memoria.
Es de los dos.) Bajo la dura suerte
busca perdido el hombre doloroso
la voz que fue su voz. Lo milagroso
no sería más raro que la muerte.
Lo acosarán interminablemente
los recuerdos sagrados y triviales
que son nuestro destino, esas mortales
memorias vastas como un continente.
Dios o Tal Vez o Nadie, yo te pido
su inagotable imagen, no el olvido.

A MI PADRE

Tú quisiste morir enteramente,
la carne y la gran alma. Tú quisiste
entrar en la otra sombra sin la triste
plegaria del medroso y del doliente.
Te hemos visto morir con el tranquilo
ánimo de tu padre ante las balas.
La guerra no te dio su ímpetu de alas,
la torpe parca fue cortando el hilo.
Te hemos visto morir sonriente y ciego.
Nada esperabas ver del otro lado,
pero tu sombra acaso ha divisado
los arquetipos últimos que el griego
soñó y que me explicabas. Nadie sabe
de qué mañana el mármol es la llave.

LA SUERTE DE LA ESPADA*

La espada de aquel Borges no recuerda
sus batallas. La azul Montevideo
largamente sitiada por Oribe,
el Ejército Grande, la anhelada
y tan fácil victoria de Caseros,
el intrincado Paraguay, el tiempo,
las dos balas que entraron en el hombre,
el agua maculada por la sangre,
los montoneros en el Entre Ríos,
la jefatura de las tres fronteras,
el caballo y las lanzas del desierto,
San Carlos y Junín, la carga última…
Dios le dio resplandor y estaba ciega.
Dios le dio la epopeya. Estaba muerta.
Quieta como una planta nada supo
de la mano viril ni del estrépito
ni de la trabajada empuñadura
ni del metal marcado por la patria.
Es una cosa más entre las cosas
que olvida la vitrina de un museo,
un símbolo y un humo y una forma
curva y cruel y que ya nadie mira.
Acaso no soy menos ignorante.

EL REMORDIMIENTO

He cometido el peor de los pecados
que un hombre puede cometer. No he sido
feliz. Que los glaciares del olvido
me arrastren y me pierdan, despiadados.
Mis padres me engendraron para el juego
arriesgado y hermoso de la vida,
para la tierra, el agua, el aire, el fuego.
Los defraudé. No fui feliz. Cumplida
no fue su joven voluntad. Mi mente
se aplicó a las simétricas porfías
del arte, que entreteje naderías.
Me legaron valor. No fui valiente.
No me abandona. Siempre está a mi lado
la sombra de haber sido un desdichado.

EINAR TAMBARSKELVER

Heimskringla, *I, 117*

Odín o el rojo Thor o el Cristo Blanco...
Poco importan los nombres y sus dioses;
no hay otra obligación que ser valiente
y Einar lo fue, duro caudillo de hombres.
Era el primer arquero de Noruega
y diestro en el gobierno de la espada
azul y de las naves. De su paso
por el tiempo, nos queda una sentencia
que resplandece en las crestomatías.
La dijo en el clamor de una batalla
en el mar. Ya perdida la jornada,
ya abierto el estribor al abordaje,
un flechazo final quebró su arco.
El rey le preguntó qué se había roto
a sus espaldas y Einar Tambarskelver
dijo: *Noruega, rey, entre tus manos.*
Siglos después, alguien salvó la historia
en Islandia. Yo ahora la traslado,
tan lejos de esos mares y de ese ánimo.

EN ISLANDIA EL ALBA

Ésta es el alba.
Es anterior a sus mitologías y al Cristo Blanco.
Engendrará los lobos y la serpiente
que también es el mar.
El tiempo no la roza.
Engendró los lobos y la serpiente
que también es el mar.
Ya vio partir la nave que labrarán
con uñas de los muertos.
Es el cristal de sombra en que se mira
Dios, que no tiene cara.
Es más pesada que sus mares
y más alta que el ciclo.
Es un gran muro suspendido.
Es el alba en Islandia.

OLAUS MAGNUS
(1490-1558)

El libro es de Olaus Magnus el teólogo
que no abjuró de Roma cuando el Norte
profesó las doctrinas de John Wyclif,
de Hus y de Lutero. Desterrado
del Septentrión, buscaba por las tardes
de Italia algún alivio de sus males
y compuso la historia de su gente
pasando de las fechas a la fábula.
Una vez, una sola, la he tenido
en las manos. El tiempo no ha borrado
el dorso de cansado pergamino,
la escritura cursiva, los curiosos
grabados en acero, las columnas
de su docto latín. Hubo aquel roce.
Oh no leído y presentido libro,
tu hermosa condición de cosa eterna
entró una tarde en las perpetuas aguas
de Heráclito, que siguen arrastrándome.

LOS ECOS

Ultrajada la carne por la espada
de Hamlet muere un rey de Dinamarca
en su alcázar de piedra, que domina
el mar de sus piratas. La memoria
y el olvido entretejen una fábula
de otro rey muerto y de su sombra. Saxo
Gramático recoge esa ceniza
en su *Gesta Danorum.* Unos siglos
y el rey vuelve a morir en Dinamarca
y al mismo tiempo, por curiosa magia,
en un tinglado de los arrabales
de Londres. Lo ha soñado William Shakespeare.
Eterna como el acto de la carne
o como los cristales de la aurora
o como las figuras de la luna
es la muerte del rey. La soñó Shakespeare
y seguirán soñándola los hombres
y es uno de los hábitos del tiempo
y un rito que ejecutan en la hora
predestinada unas eternas formas.

UNAS MONEDAS

GÉNESIS, IX, 13

El arco del Señor surca la esfera
y nos bendice. En el gran arco puro
están las bendiciones del futuro,
pero también está mi amor, que espera.

MATEO, XXVII, 9

La moneda cayó en mi hueca mano.
No pude soportarla, aunque era leve,
y la dejé caer. Todo fue en vano.
El otro dijo: Aún faltan veintinueve.

UN SOLDADO DE ORIBE

Bajo la vieja mano, el arco roza
de un modo transversal la firme cuerda.
Muere un sonido. El hombre no recuerda
que ya otra vez hizo la misma cosa.

BARUCH SPINOZA

Bruma de oro, el Occidente alumbra
la ventana. El asiduo manuscrito
aguarda, ya cargado de infinito.
Alguien construye a Dios en la penumbra.
Un hombre engendra a Dios. Es un judío
de tristes ojos y de piel cetrina;
lo lleva el tiempo como lleva el río
una hoja en el agua que declina.
No importa. El hechicero insiste y labra
a Dios con geometría delicada;
desde su enfermedad, desde su nada,
sigue erigiendo a Dios con la palabra.
El más pródigo amor le fue otorgado,
el amor que no espera ser amado.

PARA UNA VERSIÓN DEL I KING

El porvenir es tan irrevocable
como el rígido ayer. No hay una cosa
que no sea una letra silenciosa
de la eterna escritura indescifrable
cuyo libro es el tiempo. Quien se aleja
de su casa ya ha vuelto. Nuestra vida
es la senda futura y recorrida.
Nada nos dice adiós. Nada nos deja.
No te rindas. La ergástula es oscura,
la firme trama es de incesante hierro,
pero en algún recodo de tu encierro
puede haber un descuido, una hendidura.
El camino es fatal como la flecha
pero en las grietas está Dios, que acecha.

EIN TRAUM*

Lo sabían los tres.
Ella era la compañera de Kafka.
Kafka la había soñado.
Lo sabían los tres.
Él era el amigo de Kafka.
Kafka lo había soñado.
Lo sabían los tres.
La mujer le dijo al amigo:
Quiero que esta noche me quieras.
Lo sabían los tres.
El hombre le contestó: Si pecamos,
Kafka dejará de soñarnos.
Uno lo supo.
No había nadie más en la tierra.
Kafka se dijo:
Ahora que se fueron los dos, he quedado solo.
Dejaré de soñarme.

JUAN CRISÓSTOMO LAFINUR
(1797-1824)

El volumen de Locke, los anaqueles,
la luz del patio ajedrezado y terso,
y la mano trazando, lenta, el verso:
La pálida azucena a los laureles.
Cuando en la tarde evoco la azarosa
procesión de mis sombras, veo espadas
públicas y batallas desgarradas;
con usted, Lafinur, es otra cosa.
Lo veo discutiendo largamente
con mi padre sobre filosofía,
y conjurando esa falaz teoría
de unas eternas formas en la mente.
Lo veo corrigiendo este bosquejo,
del otro lado del incierto espejo.

HERÁCLITO*

Heráclito camina por la tarde
de Éfeso. La tarde lo ha dejado,
sin que su voluntad lo decidiera,
en la margen de un río silencioso
cuyo destino y cuyo nombre ignora.
Hay un Jano de piedra y unos álamos.
Se mira en el espejo fugitivo
y descubre y trabaja la sentencia
que las generaciones de los hombres
no dejarán caer. Su voz declara:
Nadie baja dos veces a las aguas
del mismo río. Se detiene. Siente
con el asombro de un horror sagrado
que él también es un río y una fuga.
Quiere recuperar esa mañana
y su noche y la víspera. No puede.
Repite la sentencia. La ve impresa
en futuros y claros caracteres
en una de las páginas de Burnet.
Heráclito no sabe griego. Jano,
dios de las puertas, es un dios latino.
Heráclito no tiene ayer ni ahora.
Es un mero artificio que ha soñado
un hombre gris a orillas del Red Cedar,
un hombre que entreteje endecasílabos
para no pensar tanto en Buenos Aires
y en los rostros queridos. Uno falta.

East Lansing, 1976

LA CLEPSIDRA

No de agua, de miel, será la última
gota de la clepsidra. La veremos
resplandecer y hundirse en la tiniebla,
pero en ella estarán las beatitudes
que al rojo Adán otorgó Alguien o Algo:
el recíproco amor y tu fragancia,
el acto de entender el universo,
siquiera falazmente, aquel instante
en que Virgilio da con el hexámetro,
el agua de la sed y el pan del hambre,
en el aire la delicada nieve,
el tacto del volumen que buscamos
en la desidia de los anaqueles,
el goce de la espada en la batalla,
el mar que libre roturó Inglaterra,
el alivio de oír tras el silencio
el esperado acorde, una memoria
preciosa y olvidada, la fatiga,
el instante en que el sueño nos disgrega.

NO ERES LOS OTROS

No te habrá de salvar lo que dejaron
escrito aquellos que tu miedo implora;
no eres los otros y te ves ahora
centro del laberinto que tramaron
tus pasos. No te salva la agonía
de Jesús o de Sócrates ni el fuerte
Siddharta de oro que aceptó la muerte
en un jardín, al declinar el día.
Polvo también es la palabra escrita
por tu mano o el verbo pronunciado
por tu boca. No hay lástima en el Hado
y la noche de Dios es infinita.
Tu materia es el tiempo, el incesante
tiempo. Eres cada solitario instante.

SIGNOS

A Susana Bombal

Hacia 1915, en Ginebra, vi en la terraza de un museo una alta campana con caracteres chinos. En 1976 escribo estas líneas:

Indescifrada y sola, sé que puedo
ser en la vaga noche una plegaria
de bronce o la sentencia en que se cifra
el sabor de una vida o de una tarde
o el sueño de Chuang Tzu, que ya conoces
o una fecha trivial o una parábola
o un vasto emperador, hoy unas sílabas,
o el universo o tu secreto nombre
o aquel enigma que indagaste en vano
a lo largo del tiempo y de sus días.
Puedo ser todo. Déjame en la sombra.

LA MONEDA DE HIERRO

Aquí está la moneda de hierro. Interroguemos
las dos contrarias caras que serán la respuesta
de la terca demanda que nadie no se ha hecho:
¿Por qué precisa un hombre que una mujer lo quiera?
Miremos. En el orbe superior se entretejen
el firmamento cuádruple que sostiene el diluvio
y las inalterables estrellas planetarias.
Adán, el joven padre, y el joven Paraíso.
La tarde y la mañana. Dios en cada criatura.
En ese laberinto puro está tu reflejo.
Arrojemos de nuevo la moneda de hierro
que es también un espejo mágico. Su reverso
es nadie y nada y sombra y ceguera. Eso eres.
De hierro las dos caras labran un solo eco.
Tus manos y tu lengua son testigos infieles.
Dios es el inasible centro de la sortija.
No exalta ni condena. Obra mejor: olvida.
Maculado de infamia ¿por qué no han de quererte?
En la sombra del otro buscamos nuestra sombra;
en el cristal del otro, nuestro cristal recíproco.

*NOTAS

Unos sueños. Ciertas páginas de este libro fueron dones de sueños. Una, «Ein Traum», me fue dictada una mañana en East Lansing, sin que yo la entendiera y sin que me inquietara sensiblemente; pude transcribirla después, palabra por palabra. Se trata, claro está, de una mera curiosidad psicológica o, si el lector es muy generoso, de una inofensiva parábola del solipsismo. La visión del rey muerto corresponde a una auténtica «Pesadilla». «Heráclito» es una involuntaria variación de «La busca de Averroes», que data de 1949.

Herman Melville. «Es el azul Proteo.» La hipálage es de Ovidio y la repite Ben Jonson.

La suerte de la espada. Esta composición es el deliberado reverso de «Juan Muraña» y de «El encuentro», que datan de 1970.

HISTORIA DE LA NOCHE

(1977)

*Inscripción**

Por los mares azules de los atlas y por los grandes mares del mundo.
Por el Támesis, por el Ródano y por el Arno. Por las raíces de un len-
guaje de hierro. Por una pira sobre un promontorio del Báltico, hel-
mum behongen. Por los noruegos que atraviesan el claro río, en alto
los escudos. Por una nave de Noruega, que mis ojos no vieron. Por
una vieja piedra del Althing. Por una curiosa isla de cisnes. Por un
gato en Manhattan. Por Kim y por su lama escalando las rodillas de
la montaña. Por el pecado de soberbia del samurái. Por el Paraíso en
un muro. Por el acorde que no hemos oído, por los versos que no nos
encontraron (su número es el número de la arena), por el inexplora-
do universo. Por la memoria de Leonor Acevedo. Por Venecia de
cristal y crepúsculo.

Por la que usted será; por la que acaso no entenderé.

Por todas estas cosas dispares, que son tal vez, como presentía Spi-
noza, meras figuraciones y facetas de una sola cosa infinita, le dedico
a usted este libro, María Kodama.

J. L. B.
Buenos Aires, 23 de agosto de 1977

ALEJANDRÍA, 641 A.D.*

Desde el primer Adán que vio la noche
y el día y la figura de su mano,
fabularon los hombres y fijaron
en piedra o en metal o en pergamino
cuanto ciñe la tierra o plasma el sueño.
Aquí está su labor: la Biblioteca.
Dicen que los volúmenes que abarca
dejan atrás la cifra de los astros
o de la arena del desierto. El hombre
que quisiera agotarla perdería
la razón y los ojos temerarios.
Aquí la gran memoria de los siglos
que fueron, las espadas y los héroes,
los lacónicos símbolos del álgebra,
el saber que sondea los planetas
que rigen el destino, las virtudes
de hierbas y marfiles talismánicos,
el verso en que perdura la caricia,
la ciencia que descifra el solitario
laberinto de Dios, la teología,
la alquimia que en el barro busca el oro
y las figuraciones del idólatra.
Declaran los infieles que si ardiera,
ardería la historia. Se equivocan.
Las vigilias humanas engendraron
los infinitos libros. Si de todos
no quedara uno solo, volverían
a engendrar cada hoja y cada línea,
cada trabajo y cada amor de Hércules,

cada lección de cada manuscrito.
En el siglo primero de la Hégira,
yo, aquel Omar que sojuzgó a los persas
y que impone el Islam sobre la tierra,
ordeno a mis soldados que destruyan
por el fuego la larga Biblioteca,
que no perecerá. Loados sean
Dios que no duerme y Muhammad, Su Apóstol.

ALHAMBRA

Grata la voz del agua
a quien abrumaron negras arenas,
grato a la mano cóncava
el mármol circular de la columna,
gratos los finos laberintos del agua
entre los limoneros,
grata la música del zéjel,
grato el amor y grata la plegaria
dirigida a un Dios que está solo,
grato el jazmín.

Vano el alfanje
ante las largas lanzas de los muchos,
vano ser el mejor.
Grato sentir o presentir, rey doliente,
que tus dulzuras son adioses,
que te será negada la llave,
que la cruz del infiel borrará la luna,
que la tarde que miras es la última.

Granada, 1976

METÁFORAS DE
«LAS MIL Y UNA NOCHES»

La primera metáfora es el río.
Las grandes aguas. El cristal viviente
que guarda esas queridas maravillas
que fueron del Islam y que son tuyas
y mías hoy. El todopoderoso
talismán que también es un esclavo;
el genio confinado en la vasija
de cobre por el sello salomónico;
el juramento de aquel rey que entrega
su reina de una noche a la justicia
de la espada, la luna, que está sola;
las manos que se lavan con ceniza;
los viajes de Simbad, ese Odiseo
urgido por la sed de su aventura,
no castigado por un dios; la lámpara;
los símbolos que anuncian a Rodrigo
la conquista de España por los árabes;
el simio que revela que es un hombre,
jugando al ajedrez; el rey leproso;
las altas caravanas; la montaña
de piedra imán que hace estallar la nave;
el jeque y la gacela; un orbe fluido
de formas que varían como nubes,
sujetas al arbitrio del Destino
o del Azar, que son la misma cosa;
el mendigo que puede ser un ángel
y la caverna que se llama Sésamo.
La segunda metáfora es la trama
de un tapiz, que propone a la mirada

un caos de colores y de líneas
irresponsables, un azar y un vértigo,
pero un orden secreto lo gobierna.
Como aquel otro sueño, el Universo,
el Libro de las Noches está hecho
de cifras tutelares y de hábitos:
los siete hermanos y los siete viajes,
los tres cadíes y los tres deseos
de quien miró la Noche de las Noches,
la negra cabellera enamorada
en que el amante ve tres noches juntas,
los tres visires y los tres castigos,
y encima de las otras la primera
y última cifra del Señor; el Uno.
La tercera metáfora es un sueño.
Agarenos y persas lo soñaron
en los portales del velado Oriente
o en vergeles que ahora son del polvo
y seguirán soñándolo los hombres
hasta el último fin de su jornada.
Como en la paradoja del eleata,
el sueño se disgrega en otro sueño
y ése en otro y en otros, que entretejen
ociosos un ocioso laberinto.
En el libro está el Libro. Sin saberlo,
la reina cuenta al rey la ya olvidada
historia de los dos. Arrebatados
por el tumulto de anteriores magias,
no saben quiénes son. Siguen soñando.
La cuarta es la metáfora de un mapa
de esa región indefinida, el Tiempo,
de cuanto miden las graduales sombras
y el perpetuo desgaste de los mármoles
y los pasos de las generaciones.
Todo. La voz y el eco, lo que miran

las dos opuestas caras del Bifronte,
mundos de plata y mundos de oro rojo
y la larga vigilia de los astros.
Dicen los árabes que nadie puede
leer hasta el fin el Libro de las Noches.
Las Noches son el Tiempo, el que no duerme.
Sigue leyendo mientras muere el día
y Shahrazad te contará tu historia.

ALGUIEN

Balkh Nishapur, Alejandría; no importa el nombre. Podemos imaginar un zoco, una taberna, un patio de altos miradores velados, un río que ha repetido los rostros de las generaciones. Podemos imaginar asimismo un jardín polvoriento, porque el desierto no está lejos. Se ha formado una rueda y un hombre habla. No nos es dado descifrar (los reinos y los siglos son muchos) el vago turbante, los ojos ágiles, la piel cetrina y la voz áspera que articula prodigios. Tampoco él nos ve; somos demasiados. Narra la historia del primer jeque y de la gacela o la de aquel Ulises que se apodó Es-Sindibad del Mar.

El hombre habla y gesticula. No sabe (otros lo sabrán) que es del linaje de los *confabulatores nocturni*, de los rapsodas de la noche, que Alejandro Bicorne congregaba para solaz de sus vigilias. No sabe (nunca lo sabrá) que es nuestro bienhechor. Cree hablar para unos pocos y unas monedas y en un perdido ayer entreteje el Libro de las Mil y Una Noches.

CAJA DE MÚSICA

Música del Japón. Avaramente
de la clepsidra se desprenden gotas
de lenta miel o de invisible oro
que en el tiempo repiten una trama
eterna y frágil, misteriosa y clara.
Temo que cada una sea la última.
Son un ayer que vuelve. ¿De qué templo,
de qué leve jardín en la montaña,
de qué vigilias ante un mar que ignoro,
de qué pudor de la melancolía,
de qué perdida y rescatada tarde
llegan a mí, su porvenir remoto?
No lo sabré. No importa. En esa música
yo soy. Yo quiero ser. Yo me desangro.

EL TIGRE

Iba y venía, delicado y fatal, cargado de infinita energía, del otro lado de los firmes barrotes y todos lo mirábamos. Era el tigre de esa mañana, en Palermo, y el tigre del Oriente y el tigre de Blake y de Hugo y Shere Khan, y los tigres que fueron y que serán y asimismo el tigre arquetipo, ya que el individuo, en su caso, es toda la especie. Pensamos que era sanguinario y hermoso. Norah, una niña, dijo: Está hecho para el amor.

LEONES

Ni el esplendor del cadencioso tigre
ni del jaguar los signos prefijados
ni del gato el sigilo. De la tribu
es el menos felino, pero siempre
ha encendido los sueños de los hombres.
Leones en el oro y en el verso,
en patios del Islam y en evangelios,
vastos leones en el orbe de Hugo,
leones de la puerta de Micenas,
leones que Cartago crucifica.
En el violento cobre de Durero
las manos de Sansón lo despedazan.
Es la mitad de la secreta esfinge
y la mitad del grifo que en las cóncavas
grutas custodia el oro de la sombra.
Es uno de los símbolos de Shakespeare.
Los hombres lo esculpieron con montañas
y estamparon su forma en las banderas
y lo coronan rey sobre los otros.
Con sus ojos de sombra lo vio Milton
emergiendo del barro el quinto día,
desligadas las patas delanteras
y en alto la cabeza extraordinaria.
Resplandece en la rueda del caldeo
y las mitologías lo prodigan.

Un animal que se parece a un perro
come la presa que le trae la hembra.

ENDIMIÓN EN LATMOS

Yo dormía en la cumbre y era hermoso
mi cuerpo, que los años han gastado.
Alto en la noche helénica, el centauro
demoraba su cuádruple carrera
para atisbar mi sueño. Me placía
dormir para soñar y para el otro
sueño lustral que elude la memoria
y que nos purifica del gravamen
de ser aquel que somos en la tierra.
Diana, la diosa, que es también la luna,
me veía dormir en la montaña
y lentamente descendió a mis brazos
oro y amor en la encendida noche.
Yo apretaba los párpados mortales,
yo quería no ver el rostro bello
que mis labios de polvo profanaban.
Yo aspiré la fragancia de la luna
y su infinita voz dijo mi nombre.
Oh las puras mejillas que se buscan,
oh ríos del amor y de la noche,
oh el beso humano y la tensión del arco.
No sé cuánto duraron mis venturas;
hay cosas que no miden los racimos
ni la flor ni la nieve delicada.
La gente me rehúye. Le da miedo
el hombre que fue amado por la luna.
Los años han pasado. Una zozobra
da horror a mi vigilia. Me pregunto
si aquel tumulto de oro en la montaña

fue verdadero o no fue más que un sueño.
Inútil repetirme que el recuerdo
de ayer y un sueño son la misma cosa.
Mi soledad recorre los comunes
caminos de la tierra, pero siempre
busco en la antigua noche de los númenes
la indiferente luna, hija de Zeus.

UN ESCOLIO

Al cabo de veinte años de trabajos y de extraña aventura, Ulises hijo de Laertes vuelve a su Ítaca. Con la espada de hierro y con el arco ejecuta la debida venganza. Atónita hasta el miedo, Penélope no se atreve a reconocerlo y alude, para probarlo, a un secreto que comparten los dos, y sólo los dos: el de su tálamo común, que ninguno de los mortales puede mover, porque el olivo con que fue labrado lo ata a la tierra. Tal es la historia que se lee en el libro vigésimo tercero de la *Odisea*.

Homero no ignoraba que las cosas deben decirse de manera indirecta. Tampoco lo ignoraban sus griegos, cuyo lenguaje natural era el mito. La fábula del tálamo que es un árbol es una suerte de metáfora. La reina supo que el desconocido era el rey cuando se vio en sus ojos, cuando sintió en su amor que la encontraba el amor de Ulises.

NI SIQUIERA SOY POLVO

No quiero ser quien soy. La avara suerte
me ha deparado el siglo diecisiete,
el polvo y la rutina de Castilla,
las cosas repetidas, la mañana
que, prometiendo el hoy, nos da la víspera,
la plática del cura y del barbero,
la soledad que va dejando el tiempo
y una vaga sobrina analfabeta.
Soy hombre entrado en años. Una página
casual me reveló no usadas voces
que me buscaban, Amadís y Urganda.
Vendí mis tierras y compré los libros
que historian cabalmente las empresas:
el Grial, que recogió la sangre humana
que el Hijo derramó para salvarnos,
el ídolo de oro de Mahoma,
los hierros, las almenas, las banderas
y las operaciones de la magia.
Cristianos caballeros recorrían
los reinos de la tierra, vindicando
el honor ultrajado o imponiendo
justicia con los filos de la espada.
Quiera Dios que un enviado restituya
a nuestro tiempo ese ejercicio noble.
Mis sueños lo divisan. Lo he sentido
a veces en mi triste carne célibe.
No sé aún su nombre. Yo, Quijano,
seré ese paladín. Seré mi sueño.
En esta vieja casa hay una adarga

antigua y una hoja de Toledo
y una lanza y los libros verdaderos
que a mi brazo prometen la victoria.
¿A mi brazo? Mi cara (que no he visto)
no proyecta una cara en el espejo.
Ni siquiera soy polvo. Soy un sueño
que entreteje en el sueño y la vigilia
mi hermano y padre, el capitán Cervantes,
que militó en los mares de Lepanto
y supo unos latines y algo de árabe…
Para que yo pueda soñar al otro
cuya verde memoria será parte
de los días del hombre, te suplico:
Mi Dios, mi soñador, sigue soñándome.

ISLANDIA

Qué dicha para todos los hombres,
Islandia de los mares, que existas.
Islandia de la nieve silenciosa y del agua ferviente.
Islandia de la noche que se aboveda
sobre la vigilia y el sueño.
Isla del día blanco que regresa,
joven y mortal como Baldr.
Fría rosa, isla secreta
que fuiste la memoria de Germania
y salvaste para nosotros
su apagada, enterrada mitología,
el anillo que engendra nueve anillos,
los altos lobos de la selva de hierro
que devorarán la luna y el sol,
la nave que Alguien o Algo construye
con uñas de los muertos.
Islandia de los cráteres que esperan,
y de las tranquilas majadas.
Islandia de las tardes inmóviles
y de los hombres fuertes
que son ahora marineros y barqueros y párrocos
y que ayer descubrieron un continente.
Isla de los caballos de larga crin
que engendran sobre el pasto y la lava,
isla del agua llena de monedas
y de no saciada esperanza.
Islandia de la espada y de la runa,
Islandia de la gran memoria cóncava
que no es una nostalgia.

GUNNAR THORGILSSON
(1816-1879)

La memoria del tiempo
está llena de espadas y de naves
y de polvo de imperios
y de rumor de hexámetros
y de altos caballos de guerra
y de clamores y de Shakespeare.
Yo quiero recordar aquel beso
con el que me besabas en Islandia.

UN LIBRO

Apenas una cosa entre las cosas
pero también un arma. Fue forjada
en Inglaterra, en 1604,
y la cargaron con un sueño. Encierra
sonido y furia y noche y escarlata.
Mi palma la sopesa. Quién diría
que contiene el infierno: las barbadas
brujas que son las parcas, los puñales
que ejecutan las leyes de la sombra,
el aire delicado del castillo
que te verá morir, la delicada
mano capaz de ensangrentar los mares,
la espada y el clamor de la batalla.

Ese tumulto silencioso duerme
en el ámbito de uno de los libros
del tranquilo anaquel. Duerme y espera.

EL JUEGO

No se miraban. En la penumbra compartida los dos estaban serios y silenciosos.

Él le había tomado la mano izquierda y le quitaba y le ponía el anillo de marfil y el anillo de plata.

Luego le tomó la mano derecha y le quitó y le puso los dos anillos de plata y el anillo de oro con piedras duras.

Ella tendía alternativamente las manos.

Esto duró algún tiempo. Fueron entrelazando los dedos y juntando las palmas.

Procedían con lenta delicadeza, como si temieran equivocarse.

No sabían que era necesario aquel juego para que determinada cosa ocurriera, en el porvenir, en determinada región.

MILONGA DEL FORASTERO

La historia corre pareja,
la historia siempre es igual;
la cuentan en Buenos Aires
y en la campaña oriental.

Siempre son dos los que tallan,
un propio y un forastero;
siempre es de tarde. En la tarde
está luciendo el lucero.

Nunca se han visto la cara,
no se volverán a ver;
no se disputan haberes
ni el favor de una mujer.

Al forastero le han dicho
que en el pago hay un valiente.
Para probarlo ha venido
y lo busca entre la gente.

Lo convida de buen modo,
no alza la voz ni amenaza;
se entienden y van saliendo
para no ofender la casa.

Ya se cruzan los puñales,
ya se enredó la madeja,
ya quedó tendido un hombre
que muere y que no se queja.

Sólo esa tarde se vieron.
No se volverán a ver;
no los movió la codicia
ni el amor de una mujer.

No vale ser el más diestro,
no vale ser el más fuerte;
siempre el que muere es aquel
que vino a buscar la muerte.

Para esa prueba vivieron
toda su vida esos hombres;
ya se han borrado las caras,
ya se borrarán los nombres.

EL CONDENADO

Una de las dos calles que se cruzan puede ser Andes o San Juan o Bermejo; lo mismo da. En el inmóvil atardecer Ezequiel Tabares espera. Desde la esquina puede vigilar, sin que nadie lo note, el portón abierto del conventillo, que queda a media cuadra. No se impacienta, pero a veces cambia de acera y entra en el solitario almacén, donde el mismo dependiente le sirve la misma ginebra, que no le quema la garganta y por la que deja unos cobres. Después, vuelve a su puesto. Sabe que el Chengo no tardará mucho en salir, el Chengo que le quitó la Matilde. Con la mano derecha roza el bultito del puñal que carga en la sisa, bajo el saco cruzado. Hace tiempo que no se acuerda de la mujer; sólo piensa en el otro. Siente la modesta presencia de las manzanas bajas: las ventanas de reja, las azoteas, los patios de baldosa o de tierra. El hombre sigue viendo esas cosas. Sin que lo sepa, Buenos Aires ha crecido a su alrededor como una planta que hace ruido. No ve –le está vedado ver– las casas nuevas y los grandes ómnibus torpes. La gente lo atraviesa y él no lo sabe. Tampoco sabe que padece castigo. El odio lo colma.

Hoy, 13 de junio de 1977, los dedos de la mano derecha del compadrito muerto Ezequiel Tabares, condenado a ciertos minutos de 1890, rozan en un eterno atardecer un puñal imposible.

BUENOS AIRES, 1899

El aljibe. En el fondo la tortuga.
Sobre el patio la vaga astronomía
del niño. La heredada platería
que se espeja en el ébano. La fuga
del tiempo, que al principio nunca pasa.
Un sable que ha servido en el desierto.
Un grave rostro militar y muerto.
El húmedo zaguán. La vieja casa.
En el patio que fue de los esclavos
la sombra de la parra se aboveda.
Silba un trasnochador por la vereda.
En la alcancía duermen los centavos.
Nada. Sólo esa pobre medianía
que buscan el olvido y la elegía.

EL CABALLO*

La llanura que espera desde el principio. Más allá de los últimos
duurazneros, junto a las aguas, un gran caballo blanco de ojos
dormidos parece llenar la mañana. El cuello arqueado, como
en una lámina persa, y la crin y la cola arremolinadas. Es rec-
to y firme y está hecho de largas curvas. Recuerdo la curiosa
línea de Chaucer: *a very horsely horse*. No hay con qué com-
pararlo y no está cerca, pero se sabe que es muy alto.
Nada, salvo ya el mediodía.
Aquí y ahora está el caballo, pero algo distinto hay en él, porque
también es un caballo en un sueño de Alejandro de Mace-
donia.

EL GRABADO

¿Por qué al hacer girar la cerradura,
vuelve a mis ojos con asombro antiguo
el grabado de un tártaro que enlaza
desde el caballo un lobo de la estepa?
La fiera se revuelve eternamente.
El jinete la mira. La memoria
me concede esta lámina de un libro
cuyo color y cuyo idioma ignoro.
Muchos años hará que no la veo.
A veces me da miedo la memoria.
En sus cóncavas grutas y palacios
(dijo san Agustín) hay tantas cosas.
El infierno y el cielo están en ella.
Para el primero basta lo que encierra
el más común y tenue de tus días
y cualquier pesadilla de tu noche;
para el otro, el amor de los que aman,
la frescura del agua en la garganta
de la sed, la razón y su ejercicio,
la tersura del ébano invariable
o –luna y sombra– el oro de Virgilio.

THINGS THAT
MIGHT HAVE BEEN

Pienso en las cosas que pudieron ser y no fueron.
El tratado de mitología sajona que Beda no escribió.
La obra inconcebible que a Dante le fue dado acaso entrever,
ya corregido el último verso de la *Comedia*.
La historia sin la tarde de la Cruz y la tarde de la cicuta.
La historia sin el rostro de Helena.
El hombre sin los ojos, que nos han deparado la luna.
En las tres jornadas de Gettysburg la victoria del Sur.
El amor que no compartimos.
El dilatado imperio que los Vikings no quisieron fundar.
El orbe sin la rueda o sin la rosa.
El juicio de John Donne sobre Shakespeare.
El otro cuerno del Unicornio.
El ave fabulosa de Irlanda, que está en dos lugares a un tiempo.
El hijo que no tuve.

EL ENAMORADO

Lunas, marfiles, instrumentos, rosas,
lámparas y la línea de Durero,
las nueve cifras y el cambiante cero,
debo fingir que existen esas cosas.
Debo fingir que en el pasado fueron
Persépolis y Roma y que una arena
sutil midió la suerte de la almena
que los siglos de hierro deshicieron.
Debo fingir las armas y la pira
de la epopeya y los pesados mares
que roen de la tierra los pilares.
Debo fingir que hay otros. Es mentira.
Sólo tú eres. Tú, mi desventura
y mi ventura, inagotable y pura.

G. A. BÜRGER

No acabo de entender
por qué me afectan de este modo las cosas
que le sucedieron a Bürger
(sus dos fechas están en la enciclopedia)
en una de las ciudades de la llanura,
junto al río que tiene una sola margen
en la que crece la palmera, no el pino.
Al igual de todos los hombres,
dijo y oyó mentiras,
fue traicionado y fue traidor,
agonizó de amor muchas veces
y, tras la noche del insomnio,
vio los cristales grises del alba,
pero mereció la gran voz de Shakespeare
(en la que están las otras)
y la de Angelus Silesius de Breslau
y con falso descuido limó algún verso,
en el estilo de su época.
Sabía que el presente no es otra cosa
que una partícula fugaz del pasado
y que estamos hechos de olvido:
sabiduría tan inútil
como los corolarios de Spinoza
o las magias del miedo.
En la ciudad junto al río inmóvil,
unos dos mil años después de la muerte de un dios
(la historia que refiero es antigua),
Bürger está solo y ahora,
precisamente ahora, lima unos versos.

LA ESPERA

Antes que suene el presuroso timbre
y abran la puerta y entres, oh esperada
por la ansiedad, el universo tiene
que haber ejecutado una infinita
serie de actos concretos. Nadie puede
computar ese vértigo, la cifra
de lo que multiplican los espejos,
de sombras que se alargan y regresan,
de pasos que divergen y convergen.
La arena no sabría numerarlos.
(En mi pecho, el reloj de sangre mide
el temeroso tiempo de la espera.)

Antes que llegues,
un monje tiene que soñar con un ancla,
un tigre tiene que morir en Sumatra,
nueve hombres tienen que morir en Borneo.

EL ESPEJO

Yo, de niño, temía que el espejo
me mostrara otra cara o una ciega
máscara impersonal que ocultaría
algo sin duda atroz. Temí asimismo
que el silencioso tiempo del espejo
se desviara del curso cotidiano
de las horas del hombre y hospedara
en su vago confín imaginario
seres y formas y colores nuevos.
(A nadie se lo dije; el niño es tímido.)
Yo temo ahora que el espejo encierre
el verdadero rostro de mi alma,
lastimada de sombras y de culpas,
el que Dios ve y acaso ven los hombres.

A FRANCIA

El frontispicio del castillo advertía:
Ya estabas aquí antes de entrar
y cuando salgas no sabrás que te quedas.
Diderot narra la parábola. En ella están mis días,
mis muchos días.
Me desviaron otros amores
y la erudición vagabunda,
pero no dejé nunca de estar en Francia
y estaré en Francia cuando la grata muerte me llame
en un lugar de Buenos Aires.
No diré la tarde y la luna; diré Verlaine.
No diré el mar y la cosmogonía; diré el nombre de Hugo.
No la amistad, sino Montaigne.
No diré el fuego; diré Juana,
y las sombras que evoco no disminuyen
una serie infinita.
¿Con qué verso entraste en mi vida
como aquel juglar del Bastardo
que entró cantando en la batalla,
que entró cantando la *Chanson de Roland*
y no vio el fin, pero presintió la victoria?
La firme voz rueda de siglo en siglo
y todas las espadas son Durendal.

Suyo fue el ejercicio generoso
de la amistad genial. Era el hermano
a quien podemos, en la hora adversa,
confiarle todo o, sin decirle nada,
dejarle adivinar lo que no quiere
confesar el orgullo. Agradecía
la variedad del orbe, los enigmas
de la curiosa condición humana,
el azul del tabaco pensativo,
los diálogos que lindan con el alba,
el ajedrez heráldico y abstracto,
los arabescos del azar, los gratos
sabores de las frutas y las aves,
el café insomne y el propicio vino
que conmemora y une. Un verso de Hugo
podía arrebatarlo. Yo lo he visto.
La nostalgia fue un hábito de su alma.
Le placía vivir en lo perdido,
en la mitología cuchillera
de una esquina del Sur o de Palermo
o en tierras que a los ojos de su carne
fueron vedadas: la madura Francia
y América del rifle y de la aurora.
En la vasta mañana se entregaba
a la invención de fábulas que el tiempo
no dejará caer y que conjugan
aquella valentía que hemos sido
y el amargo sabor de lo presente.
Luego fue declinando y apagándose.

Esta página no es una elegía.
No dije ni las lágrimas ni el mármol
que prescriben los cánones retóricos.
Atardece en los vidrios. Llanamente
hemos hablado de un querido amigo
que no puede morir. Que no se ha muerto.

THE THING I AM*

He olvidado mi nombre. No soy Borges
(Borges murió en La Verde, ante las balas)
ni Acevedo, soñando una batalla,
ni mi padre, inclinado sobre el libro
o aceptando la muerte en la mañana,
ni Haslam, descifrando los versículos
de la Escritura, lejos de Northumberland,
ni Suárez, de la carga de las lanzas.
Soy apenas la sombra que proyectan
esas íntimas sombras intrincadas.
Soy su memoria, pero soy el otro
que estuvo, como Dante y como todos
los hombres, en el raro Paraíso
y en los muchos Infiernos necesarios.
Soy la carne y la cara que no veo.
Soy al cabo del día el resignado
que dispone de un modo algo distinto
las voces de la lengua castellana
para narrar las fábulas que agotan
lo que se llama la literatura.
Soy el que hojeaba las enciclopedias,
el tardío escolar de sienes blancas
o grises, prisionero de una casa
llena de libros que no tienen letras
que en la penumbra escande un temeroso
hexámetro aprendido junto al Ródano,
el que quiere salvar un orbe que huye
del fuego y de las aguas de la Ira
con un poco de Fedro y de Virgilio.

El pasado me acosa con imágenes.
Soy la brusca memoria de la esfera
de Magdeburgo o de dos letras rúnicas
o de un dístico de Angelus Silesius.
Soy el que no conoce otro consuelo
que recordar el tiempo de la dicha.
Soy a veces la dicha inmerecida.
Soy el que sabe que no es más que un eco,
el que quiere morir enteramente.
Soy acaso el que eres en el sueño.
Soy la cosa que soy. Lo dijo Shakespeare.
Soy lo que sobrevive a los cobardes
y a los fatuos que ha sido.

UN SÁBADO

Un hombre ciego en una casa hueca
fatiga ciertos limitados rumbos
y toca las paredes que se alargan
y el cristal de las puertas interiores
y los ásperos lomos de los libros
vedados a su amor y la apagada
platería que fue de los mayores
y los grifos del agua y las molduras
y unas vagas monedas y la llave.
Está solo y no hay nadie en el espejo.
Ir y venir. La mano roza el borde
del primer anaquel. Sin proponérselo,
se ha tendido en la cama solitaria
y siente que los actos que ejecuta
interminablemente en su crepúsculo
obedecen a un juego que no entiende
y que dirige un dios indescifrable.
En voz alta repite y cadenciosa
fragmentos de los clásicos y ensaya
variaciones de verbos y de epítetos
y bien o mal escribe este poema.

LAS CAUSAS*

Los ponientes y las generaciones.
Los días y ninguno fue el primero.
La frescura del agua en la garganta
de Adán. El ordenado Paraíso.
El ojo descifrando la tiniebla.
El amor de los lobos en el alba.
La palabra. El hexámetro. El espejo.
La Torre de Babel y la soberbia.
La luna que miraban los caldeos.
Las arenas innúmeras del Ganges.
Chuang-Tzu y la mariposa que lo sueña.
Las manzanas de oro de las islas.
Los pasos del errante laberinto.
El infinito lienzo de Penélope.
El tiempo circular de los estoicos.
La moneda en la boca del que ha muerto.
El peso de la espada en la balanza.
Cada gota de agua en la clepsidra.
Las águilas, los fastos, las legiones.
César en la mañana de Farsalia.
La sombra de las cruces en la tierra.
El ajedrez y el álgebra del persa.
Los rastros de las largas migraciones.
La conquista de reinos por la espada.
La brújula incesante. El mar abierto.
El eco del reloj en la memoria.
El rey ajusticiado por el hacha.
El polvo incalculable que fue ejércitos.
La voz del ruiseñor en Dinamarca.

La escrupulosa línea del calígrafo.
El rostro del suicida en el espejo.
El naipe del tahúr. El oro ávido.
Las formas de la nube en el desierto.
Cada arabesco del calidoscopio.
Cada remordimiento y cada lágrima.
Se precisaron todas esas cosas
para que nuestras manos se encontraran.

ADÁN ES TU CENIZA

La espada morirá como el racimo.
El cristal no es más frágil que la roca.
Las cosas son su porvenir de polvo.
El hierro es el orín. La voz, el eco.
Adán, el joven padre, es tu ceniza.
El último jardín será el primero.
El ruiseñor y Píndaro son voces.
La aurora es el reflejo del ocaso.
El micenio, la máscara de oro.
El alto muro, la ultrajada ruina.
Urquiza, lo que dejan los puñales.
El rostro que se mira en el espejo
no es el de ayer. La noche lo ha gastado.
El delicado tiempo nos modela.

Qué dicha ser el agua invulnerable
que corre en la parábola de Heráclito
o el intrincado fuego, pero ahora,
en este largo día que no pasa,
me siento duradero y desvalido.

HISTORIA DE LA NOCHE

A lo largo de sus generaciones
los hombres erigieron la noche.
En el principio era ceguera y sueño
y espinas que laceran el pie desnudo
y temor de los lobos.
Nunca sabremos quién forjó la palabra
para el intervalo de sombra
que divide los dos crepúsculos;
nunca sabremos en qué siglo fue cifra
del espacio de estrellas.
Otros engendraron el mito.
La hicieron madre de las Parcas tranquilas
que tejen el destino
y le sacrificaban ovejas negras
y el gallo que presagia su fin.
Doce casas le dieron los caldeos;
infinitos mundos, el Pórtico.
Hexámetros latinos la modelaron
y el terror de Pascal.
Luis de León vio en ella la patria
de su alma estremecida.
Ahora la sentimos inagotable
como un antiguo vino
y nadie puede contemplarla sin vértigo
y el tiempo la ha cargado de eternidad.

Y pensar que no existiría
sin esos tenues instrumentos, los ojos.

EPÍLOGO

Un hecho cualquiera –una observación, una despedida, un encuentro, uno de esos curiosos arabescos en que se complace el azar– puede suscitar la emoción estética. La suerte del poeta es proyectar esa emoción, que fue íntima, en una fábula o en una cadencia. La materia de que dispone, el lenguaje, es, como afirma Stevenson, absurdamente inadecuada. ¿Qué hacer con las gastadas palabras –con los idola fori de Francis Bacon– y con algunos artificios retóricos que están en los manuales? A primera vista, nada o muy poco. Sin embargo, basta una página del propio Stevenson o una línea de Séneca para demostrar que la empresa no siempre es imposible. Para eludir la controversia he elegido ejemplos pretéritos; dejo al lector el vasto pasatiempo de buscar otras felicidades, quizá más inmediatas.

Un volumen de versos no es otra cosa que una sucesión de ejercicios mágicos. El modesto hechicero hace lo que puede con sus modestos medios. Una connotación desdichada, un acento erróneo, un matiz, pueden quebrar el conjuro. Whitehead ha denunciado la falacia del diccionario perfecto: suponer que para cada cosa hay una palabra. Trabajamos a tientas. El universo es fluido y cambiante; el lenguaje, rígido.

De cuantos libros he publicado, el más íntimo es éste. Abunda en referencias librescas; también abundó en ellas Montaigne, inventor de la intimidad. Cabe decir lo mismo de Robert Burton, cuya inagotable Anatomy of Melancholy –una de las obras más personales de la literatura– es una suerte de centón que no se concibe sin largos anaqueles. Como ciertas ciudades, como ciertas personas, una parte muy grata de mi destino fueron los libros. ¿Me será permitido repetir que la biblioteca de mi padre ha sido el hecho capital de mi vida? La verdad es que nunca he salido de ella, como no salió nunca de la suya Alonso Quijano.

J. L. B.
Buenos Aires, 7 de octubre de 1977

*NOTAS

Inscripción. «Helmum behongen» *(Beowulf,* verso 3.139) quiere decir en anglosajón «exornada de yelmos».

Alejandría, 641 A.D. Omar, contra toda verosimilitud, habla de los trabajos de Hércules. No sé si cabe recordar que es una proyección del autor. La verdadera fecha es 1976, no el primer siglo de la Hégira.

El caballo. Debo corregir una cita. Chaucer («The Squieres Tale», 194) escribió:

> *Therwith so horsly, and so quik of yë.*

The Thing I Am. Parolles, personaje subalterno de *All's Well That Ends Well,* sufre una humillación. Súbitamente lo ilumina la luz de Shakespeare y dice las palabras:

> *Captain I'll be no more*
> *But I will eat and drink and sleep as soft*
> *As captain shall. Simply the thing I am*
> *Shall make me live.*

En el verso penúltimo se oye el eco del tremendo nombre Soy El Que Soy, que en la versión inglesa se lee I am that I am (Buber entiende que se trata de una evasiva del Señor urdida para no entregar su verdadero y secreto nombre a Moisés). Swift, en las vísperas de su muerte, erraba loco y solo de habitación en habitación, repitiendo «I am that I am». Como el Creador, la criatura es lo que es, siquiera de manera adjetiva.

Las causas. Unos quinientos años antes de la Era Cristiana, alguien escribió: «Chuang-Tzu soñó que era una mariposa y no sabía al despertar si era un hombre que había soñado ser una mariposa o una mariposa que ahora soñaba ser un hombre».

LA CIFRA

(1981)

Inscripción

De la serie de hechos inexplicables que son el universo o el tiempo, la dedicatoria de un libro no es, por cierto, el menos arcano. Se la define como un don, un regalo. Salvo en el caso de la indiferente moneda que la caridad cristiana deja caer en la palma del pobre, todo regalo verdadero es recíproco. El que da no se priva de lo que da. Dar y recibir son lo mismo.

Como todos los actos del universo, la dedicatoria de un libro es un acto mágico. También cabría definirla como el modo más grato y más sensible de pronunciar un nombre. Yo pronuncio ahora su nombre, María Kodama. Cuántas mañanas, cuántos mares, cuántos jardines del Oriente y del Occidente, cuánto Virgilio.

J. L. B.
Buenos Aires, 17 de mayo de 1981

PRÓLOGO

El ejercicio de la literatura puede enseñarnos a eludir equivocacio-nes, no a merecer hallazgos. Nos revela nuestras imposibilidades, nuestros severos límites. Al cabo de los años, he comprendido que me está vedado ensayar la cadencia mágica, la curiosa metáfora, la inter-jección, la obra sabiamente gobernada o de largo aliento. Mi suerte es lo que suele denominarse «poesía intelectual». La palabra es casi un oxímoron; el intelecto (la vigilia) piensa por medio de abstraccio-nes, la poesía (el sueño), por medio de imágenes, de mitos o de fábu-las. La poesía intelectual debe entretejer gratamente esos dos proce-sos. Así lo hace Platón en sus diálogos; así lo hace también Francis Bacon en su enumeración de los ídolos de la tribu, del mercado, de la caverna y del teatro. El maestro del género es, en mi opinión, Emer-son; también lo han ensayado, con diversa felicidad, Browning y Frost, Unamuno y, me aseguran, Paul Valéry.

Admirable ejemplo de una poesía puramente verbal es la siguien-te estrofa de Jaimes Freyre.

> Peregrina paloma imaginaria
> que enardeces los últimos amores;
> alma de luz, de música y de flores,
> peregrina paloma imaginaria.

No quiere decir nada y a la manera de la música dice todo.

Ejemplo de poesía intelectual es aquella silva de Luis de León, que Poe sabía de memoria:

> Vivir quiero conmigo,
> gozar quiero del bien que debo al Cielo,
> a solas, sin testigo,

libre de amor, de celo,
de odio, de esperanza, de recelo.

*No hay una sola imagen. No hay una sola hermosa palabra, con la
excepción dudosa de* testigo, *que no sea una abstracción.
Estas páginas buscan, no sin incertidumbre, una vía media.*

J. L. B.
Buenos Aires, 29 de abril de 1981

RONDA

El Islam, que fue espadas
que desolaron el poniente y la aurora
y estrépito de ejércitos en la tierra
y una revelación y una disciplina
y la aniquilación de los ídolos
y la conversión de todas las cosas
en un terrible Dios, que está solo,
y la rosa y el vino del sufí
y la rimada prosa alcoránica
y ríos que repiten alminares
y el idioma infinito de la arena
y ese otro idioma, el álgebra,
y ese largo jardín, las Mil y Una Noches,
y hombres que comentaron a Aristóteles
y dinastías que son ahora nombres del polvo
y Tamerlán y Omar, que destruyeron,
es aquí, en Ronda,
en la delicada penumbra de la ceguera,
un cóncavo silencio de patios,
un ocio del jazmín
y un tenue rumor de agua, que conjuraba
memorias de desiertos.

EL ACTO DEL LIBRO

Entre los libros de la biblioteca había uno, escrito en lengua arábiga, que un soldado adquirió por unas monedas en el Alcana de Toledo y que los orientalistas ignoran, salvo en la versión castellana. Ese libro era mágico y registraba de manera profética los hechos y palabras de un hombre desde la edad de cincuenta años hasta el día de su muerte, que ocurriría en 1614.

Nadie dará con aquel libro, que pereció en la famosa conflagración que ordenaron un cura y un barbero, amigo personal del soldado, como se lee en el sexto capítulo.

El hombre tuvo el libro en las manos y no lo leyó nunca, pero cumplió minuciosamente el destino que había soñado el árabe y seguirá cumpliéndolo siempre, porque su aventura ya es parte de la larga memoria de los pueblos.

¿Acaso es más extraña esta fantasía que la predestinación del Islam que postula un Dios, o que el libre albedrío, que nos da la terrible potestad de elegir el infierno?

DESCARTES

Soy el único hombre en la tierra y acaso no haya tierra ni hombre.
Acaso un dios me engaña.
Acaso un dios me ha condenado al tiempo, esa larga ilusión.
Sueño la luna y sueño mis ojos que perciben la luna.
He soñado la tarde y la mañana del primer día.
He soñado a Cartago y a las legiones que desolaron a Cartago.
He soñado a Lucano.
He soñado la colina del Gólgota y las cruces de Roma.
He soñado la geometría.
He soñado el punto, la línea, el plano y el volumen.
He soñado el amarillo, el azul y el rojo.
He soñado mi enfermiza niñez.
He soñado los mapas y los reinos y aquel duelo en el alba.
He soñado el inconcebible dolor.
He soñado mi espada.
He soñado a Elizabeth de Bohemia.
He soñado la duda y la certidumbre.
He soñado el día de ayer.
Quizá no tuve ayer, quizá no he nacido.
Acaso sueño haber soñado.
Siento un poco de frío, un poco de miedo.
Sobre el Danubio está la noche.
Seguiré soñando a Descartes y a la fe de sus padres.

LAS DOS CATEDRALES*

En esa biblioteca de Almagro Sur
compartimos la rutina y el tedio
y la morosa clasificación de los libros
según el orden decimal de Bruselas
y me confiaste tu curiosa esperanza
de escribir un poema que observara
verso por verso, estrofa por estrofa,
las divisiones y las proporciones
de la remota catedral de Chartres
(que tus ojos de carne no vieron nunca)
y que fuera el coro, y las naves,
y el ábside, el altar y las torres.
Ahora, Schiavo, estás muerto.
Desde el cielo platónico habrás mirado
con sonriente piedad
la clara catedral de erguida piedra
y tu secreta catedral tipográfica
y sabrás que las dos,
la que erigieron las generaciones de Francia
y la que urdió tu sombra,
son copias temporales y mortales
de un arquetipo inconcebible.

BEPPO*

El gato blanco y célibe se mira
en la lúcida luna del espejo
y no puede saber que esa blancura
y esos ojos de oro que no ha visto
nunca en la casa son su propia imagen.
¿Quién le dirá que el otro que lo observa
es apenas un sueño del espejo?
Me digo que esos gatos armoniosos,
el de cristal y el de caliente sangre,
son simulacros que concede al tiempo
un arquetipo eterno. Así lo afirma,
sombra también, Plotino en las *Ennéadas*.
¿De qué Adán anterior al Paraíso,
de qué divinidad indescifrable
somos los hombres un espejo roto?

AL ADQUIRIR UNA ENCICLOPEDIA

Aquí la vasta enciclopedia de Brockhaus,
aquí los muchos y cargados volúmenes y el volumen del atlas,
aquí la devoción de Alemania,
aquí los neoplatónicos y los gnósticos,
aquí el primer Adán y Adán de Bremen,
aquí el tigre y el tártaro,
aquí la escrupulosa tipografía y el azul de los mares,
aquí la memoria del tiempo y los laberintos del tiempo,
aquí el error y la verdad,
aquí la dilatada miscelánea que sabe más que cualquier hombre,
aquí la suma de la larga vigilia.
Aquí también los ojos que no sirven, las manos que no aciertan,
                                        [las ilegibles páginas,
la dudosa penumbra de la ceguera, los muros que se alejan.
Pero también aquí una costumbre nueva,
de esta costumbre vieja, la casa,
una gravitación y una presencia,
el misterioso amor de las cosas
que nos ignoran y se ignoran.

AQUÉL*

Oh días consagrados al inútil
empeño de olvidar la biografía
de un poeta menor del hemisferio
austral, a quien los hados o los astros
dieron un cuerpo que no deja un hijo
y la ceguera, que es penumbra y cárcel,
y la vejez, aurora de la muerte,
y la fama, que no merece nadie,
y el hábito de urdir endecasílabos
y el viejo amor de las enciclopedias
y de los finos mapas caligráficos
y del tenue marfil y una incurable
nostalgia del latín y fragmentarias
memorias de Edimburgo y de Ginebra
y el olvido de fechas y de nombres
y el culto del Oriente, que los pueblos
del misceláneo Oriente no comparten,
y vísperas de trémula esperanza
y el abuso de la etimología
y el hierro de las sílabas sajonas
y la luna, que siempre nos sorprende,
y esa mala costumbre, Buenos Aires,
y el sabor de las uvas y del agua
y del cacao, dulzura mexicana,
y unas monedas y un reloj de arena
y que una tarde, igual a tantas otras,
se resigna a estos versos.

Si me paso la mano por la frente,
si acaricio los lomos de los libros,
si reconozco el Libro de las Noches,
si hago girar la terca cerradura,
si me demoro en el umbral incierto,
si el dolor increíble me anonada,
si recuerdo la Máquina del Tiempo,
si recuerdo el tapiz del unicornio,
si cambio de postura mientras duermo,
si la memoria me devuelve un verso,
repito lo cumplido innumerables
veces en mi camino señalado.
No puedo ejecutar un acto nuevo,
tejo y torno a tejer la misma fábula,
repito un repetido endecasílabo,
digo lo que los otros me dijeron,
siento las mismas cosas en la misma
hora del día o de la abstracta noche.
Cada noche la misma pesadilla,
cada noche el rigor del laberinto.
Soy la fatiga de un espejo inmóvil
o el polvo de un museo.
Sólo una cosa no gustada espero,
una dádiva, un oro de la sombra,
esa virgen, la muerte. (El castellano
permite esta metáfora.)

DOS FORMAS DEL INSOMNIO

¿Qué es el insomnio?

La pregunta es retórica; sé demasiado bien la respuesta.

Es temer y contar en la alta noche las duras campanadas fatales, es ensayar con magia inútil una respiración regular, es la carga de un cuerpo que bruscamente cambia de lado, es apretar los párpados, es un estado parecido a la fiebre y que ciertamente no es la vigilia, es pronunciar fragmentos de párrafos leídos hace ya muchos años, es saberse culpable de velar cuando los otros duermen, es querer hundirse en el sueño y no poder hundirse en el sueño, es el horror de ser y de seguir siendo, es el alba dudosa.

¿Qué es la longevidad?

Es el horror de ser en un cuerpo humano cuyas facultades declinan, es un insomnio que se mide por décadas y no con agujas de acero, es el peso de mares y de pirámides, de antiguas bibliotecas y dinastías, de las auroras que vio Adán, es no ignorar que estoy condenado a mi carne, a mi detestada voz, a mi nombre, a una rutina de recuerdos, al castellano, que no sé manejar, a la nostalgia del latín, que no sé, a querer hundirme en la muerte y no poder hundirme en la muerte, a ser y seguir siendo.

THE CLOISTERS

De un lugar del reino de Francia
trajeron los cristales y la piedra
para construir en la isla de Manhattan
estos cóncavos claustros.
No son apócrifos.
Son fieles monumentos de una nostalgia.
Una voz americana nos dice
que paguemos lo que queramos,
porque toda esta fábrica es ilusoria
y el dinero que deja nuestra mano
se convertirá en zequíes o en humo.
Esta abadía es más terrible
que la pirámide de Ghizeh
o que el laberinto de Knossos,
porque es también un sueño.
Oímos el rumor de la fuente,
pero esa fuente está en el Patio de los Naranjos
o en el cantar *Der Asra.*
Oímos claras voces latinas,
pero esas voces resonaron en Aquitania
cuando estaba cerca el Islam.
Vemos en los tapices
la resurrección y la muerte
del sentenciado y blanco unicornio,
porque el tiempo de este lugar
no obedece a un orden.
Los laureles que toco florecerán
cuando Leif Ericsson divise las arenas de América.
Siento un poco de vértigo.
No estoy acostumbrado a la eternidad.

NOTA PARA UN CUENTO FANTÁSTICO

En Wisconsin o en Texas o en Alabama los chicos juegan a la guerra y los dos bandos son el Norte y el Sur. Yo sé (todos lo saben) que la derrota tiene una dignidad que la ruidosa victoria no merece, pero también sé imaginar que ese juego, que abarca más de un siglo y un continente, descubrirá algún día el arte divino de destejer el tiempo o, como dijo Pietro Damiano, de modificar el pasado.

Si ello acontece, si en el decurso de los largos juegos el Sur humilla al Norte, el hoy gravitará sobre el ayer y los hombres de Lee serán vencedores en Gettysburg en los primeros días de julio de 1863 y la mano de Donne podrá dar fin a su poema sobre las transmigraciones de un alma y el viejo hidalgo Alonso Quijano conocerá el amor de Dulcinea y los ocho mil sajones de Hastings derrotarán a los normandos, como antes derrotaron a los noruegos, y Pitágoras no reconocerá en un pórtico de Argos el escudo que usó cuando era Euforbo.

EPÍLOGO

Ya cumplida la cifra de los pasos
que te fue dado andar sobre la tierra,
digo que has muerto. Yo también he muerto.
Yo, que recuerdo la precisa noche
del ignorado adiós, hoy me pregunto:
¿Qué habrá sido de aquellos dos muchachos
que hacia mil novecientos veintitantos
buscaban con ingenua fe platónica
por las largas aceras de la noche
del Sur o en la guitarra de Paredes
o en fábulas de esquina y de cuchillo
o en el alba, que no ha tocado nadie,
la secreta ciudad de Buenos Aires?
Hermano en los metales de Quevedo
y en el amor del numeroso hexámetro,
descubridor (todos entonces lo éramos)
de ese antiguo instrumento, la metáfora,
Francisco Luis, del estudioso libro,
ojalá compartieras esta vana
tarde conmigo, inexplicablemente,
y me ayudaras a limar el verso.

BUENOS AIRES

He nacido en otra ciudad que también se llamaba Buenos Aires.
Recuerdo el ruido de los hierros de la puerta cancel.
Recuerdo los jazmines y el aljibe, cosas de la nostalgia.
Recuerdo una divisa rosada que había sido punzó.
Recuerdo la resolana y la siesta.
Recuerdo dos espadas cruzadas que habían servido en el desierto.
Recuerdo los faroles de gas y el hombre con el palo.
Recuerdo el tiempo generoso, la gente que llegaba sin anunciarse.
Recuerdo un bastón con estoque.
Recuerdo lo que he visto y lo que me contaron mis padres.
Recuerdo a Macedonio, en un rincón de una confitería del Once.
Recuerdo las carretas de tierra adentro en el polvo del Once.
Recuerdo el Almacén de la Figura en la calle de Tucumán.
(A la vuelta murió Estanislao del Campo.)
Recuerdo un tercer patio, que no alcancé, que era el patio de los
                                        [esclavos.
Guardo memoria del pistoletazo de Alem en un coche cerrado.
En aquel Buenos Aires, que me dejó, yo sería un extraño.
Sé que los únicos paraísos no vedados al hombre son los paraísos
                                        [perdidos.
Alguien casi idéntico a mí, alguien que no habrá leído esta página,
lamentará las torres de cemento y el talado obelisco.

LA PRUEBA

Del otro lado de la puerta un hombre
deja caer su corrupción. En vano
elevará esta noche una plegaria
a su curioso dios, que es tres, dos, uno,
y se dirá que es inmortal. Ahora
oye la profecía de su muerte
y sabe que es un animal sentado.
Eres, hermano, ese hombre. Agradezcamos
los vermes y el olvido.

HIMNO

Esta mañana
hay en el aire la increíble fragancia
de las rosas del Paraíso.
En la margen del Éufrates
Adán descubre la frescura del agua.
Una lluvia de oro cae del cielo;
es el amor de Zeus.
Salta del mar un pez
y un hombre de Agrigento recordará
haber sido ese pez.
En la caverna cuyo nombre será Altamira
una mano sin cara traza la curva
de un lomo de bisonte.
La lenta mano de Virgilio acaricia
la seda que trajeron
del reino del Emperador Amarillo
las caravanas y las naves.
El primer ruiseñor canta en Hungría.
Jesús ve en la moneda el perfil de César.
Pitágoras revela a sus griegos
que la forma del tiempo es la del círculo.
En una isla del Océano
los lebreles de plata persiguen a los ciervos de oro.
En un yunque forjan la espada
que será fiel a Sigurd.
Whitman canta en Manhattan.
Homero nace en siete ciudades.

Una doncella acaba de apresar
al unicornio blanco.
Todo el pasado vuelve como una ola
y esas antiguas cosas recurren
porque una mujer te ha besado.

LA DICHA

El que abraza a una mujer es Adán. La mujer es Eva.
Todo sucede por primera vez.
He visto una cosa blanca en el cielo. Me dicen que es la luna, pero
      [qué puedo hacer con una palabra y con una mitología.
Los árboles me dan un poco de miedo. Son tan hermosos.
Los tranquilos animales se acercan para que yo les diga su nombre.
Los libros de la biblioteca no tienen letras. Cuando los abro surgen.
Al hojear el atlas proyecto la forma de Sumatra.
El que prende un fósforo en el oscuro está inventando el fuego.
En el espejo hay otro que acecha.
El que mira el mar ve a Inglaterra.
El que profiere un verso de Liliencron ha entrado en la batalla.
He soñado a Cartago y a las legiones que desolaron a Cartago.
He soñado la espada y la balanza.
Loado sea el amor en el que no hay poseedor ni poseída, pero los
                        [dos se entregan.
Loada sea la pesadilla, que nos revela que podemos crear el
                             [infierno.
El que desciende a un río desciende al Ganges.
El que mira un reloj de arena ve la disolución de un imperio.
El que juega con un puñal presagia la muerte de César.
El que duerme es todos los hombres.
En el desierto vi la joven Esfinge, que acaban de labrar.
Nada hay tan antiguo bajo el sol.
Todo sucede por primera vez, pero de un modo eterno.
El que lee mis palabras está inventándolas.

ELEGÍA

Sin que nadie lo sepa, ni el espejo,
ha llorado unas lágrimas humanas.
No puede sospechar que conmemoran
todas las cosas que merecen lágrimas:
la hermosura de Helena, que no ha visto,
el río irreparable de los años,
la mano de Jesús en el madero
de Roma, la ceniza de Cartago,
el ruiseñor del húngaro y del persa,
la breve dicha y la ansiedad que aguarda,
de marfil y de música Virgilio,
que cantó los trabajos de la espada,
las configuraciones de las nubes
de cada nuevo y singular ocaso
y la mañana que será la tarde.
Del otro lado de la puerta un hombre
hecho de soledad, de amor, de tiempo,
acaba de llorar en Buenos Aires
todas las cosas.

BLAKE

¿Dónde estará la rosa que en tu mano
prodiga, sin saberlo, íntimos dones?
No en el color, porque la flor es ciega,
ni en la dulce fragancia inagotable,
ni en el peso de un pétalo. Esas cosas
son unos pocos y perdidos ecos.
La rosa verdadera está muy lejos.
Puede ser un pilar o una batalla
o un firmamento de ángeles o un mundo
infinito, secreto y necesario,
o el júbilo de un dios que no veremos
o un planeta de plata en otro cielo
o un terrible arquetipo que no tiene
la forma de la rosa.

EL HACEDOR

Somos el río que invocaste, Heráclito.
Somos el tiempo. Su intangible curso
acarrea leones y montañas,
llorado amor, ceniza del deleite,
insidiosa esperanza interminable,
vastos nombres de imperios que son polvo,
hexámetros del griego y del romano,
lóbrego un mar bajo el poder del alba,
el sueño, ese pregusto de la muerte,
las armas y el guerrero, monumentos,
las dos caras de Jano que se ignoran,
los laberintos de marfil que urden
las piezas de ajedrez en el tablero,
la roja mano de Macbeth que puede
ensangrentar los mares, la secreta
labor de los relojes en la sombra,
un incesante espejo que se mira
en otro espejo y nadie para verlos,
láminas en acero, letra gótica,
una barra de azufre en un armario,
pesadas campanadas del insomnio,
auroras y ponientes y crepúsculos,
ecos, resaca, arena, liquen, sueños.

Otra cosa no soy que esas imágenes
que baraja el azar y nombra el tedio.
Con ellas, aunque ciego y quebrantado,
he de labrar el verso incorruptible
y (es mi deber) salvarme.

YESTERDAYS

De estirpe de pastores protestantes
y de soldados sudamericanos
que opusieron al godo y a las lanzas
del desierto su polvo incalculable,
soy y no soy. Mi verdadera estirpe
es la voz, que aún escucho, de mi padre,
conmemorando música de Swinburne,
y los grandes volúmenes que he hojeado,
hojeado y no leído, y que me bastan.
Soy lo que me contaron los filósofos.
El azar o el destino, esos dos nombres
de una secreta cosa que ignoramos,
me prodigaron patrias: Buenos Aires,
Nara, donde pasé una sola noche,
Ginebra, las dos Córdobas, Islandia...
Soy el cóncavo sueño solitario
en que me pierdo o trato de perderme,
la servidumbre de los dos crepúsculos,
las antiguas mañanas, la primera
vez que vi el mar o una ignorante luna,
sin su Virgilio y sin su Galileo.
Soy cada instante de mi largo tiempo,
cada noche de insomnio escrupuloso,
cada separación y cada víspera.
Soy la errónea memoria de un grabado
que hay en la habitación y que mis ojos,
hoy apagados, vieron claramente:
el Jinete, la Muerte y el Demonio.
Soy aquel otro que miró el desierto
y que en su eternidad sigue mirándolo.
Soy un espejo, un eco. El epitafio.

LA TRAMA

En el segundo patio
la canilla periódica gotea,
fatal como la muerte de César.
Las dos son piezas de la trama que abarca
el círculo sin principio ni fin,
el ancla del fenicio,
el primer lobo y el primer cordero,
la fecha de mi muerte
y el teorema perdido de Fermat.
A esa trama de hierro
los estoicos la pensaron de un fuego
que muere y que renace como el Fénix.
Es el gran árbol de las causas
y de los ramificados efectos;
en sus hojas están Roma y Caldea
y lo que ven las caras de Jano.
El universo es uno de sus nombres.
Nadie lo ha visto nunca
y ningún hombre puede ver otra cosa.

MILONGA DE JUAN MURAÑA

Me habré cruzado con él
en una esquina cualquiera.
Yo era un chico, él era un hombre.
Nadie me dijo quién era.

No sé por qué en la oración
ese antiguo me acompaña.
Sé que mi suerte es salvar
la memoria de Muraña.

Tuvo una sola virtud.
Hay quien no tiene ninguna.
Fue el hombre más animoso
que han visto el sol y la luna.

A nadie faltó el respeto.
No le gustaba pelear,
pero cuando se avenía,
siempre tiraba a matar.

Fiel como un perro al caudillo
servía en las elecciones.
Padeció la ingratitud,
la pobreza y las prisiones.

Hombre capaz de pelear
liado al otro por un lazo,
hombre que supo afrontar
con el cuchillo el balazo.

Lo recordaba Carriego
y yo lo recuerdo ahora.
Más vale pensar en otros
cuando se acerca la hora.

ANDRÉS ARMOA*

Los años le han dejado unas palabras en guaraní, que sabe usar cuando la ocasión lo requiere, pero que no podría traducir sin algún trabajo.

Los otros soldados lo aceptan, pero algunos (no todos) sienten que algo ajeno hay en él, como si fuera hereje o infiel o padeciera un mal.

Este rechazo lo fastidia menos que el interés de los reclutas.

No es bebedor, pero suele achisparse los sábados.

Tiene la costumbre del mate, que puebla de algún modo la soledad.

Las mujeres no lo quieren y él no las busca.

Tiene un hijo en Dolores. Hace años que no sabe nada de él, a la manera de la gente sencilla, que no escribe.

No es hombre de buena conversación, pero suele contar, siempre con las mismas palabras, aquella larga marcha de tantas leguas desde Junín hasta San Carlos. Quizá la cuenta con las mismas palabras, porque las sabe de memoria y ha olvidado los hechos.

No tiene catre. Duerme sobre el recado y no sabe qué cosa es la pesadilla.

Tiene la conciencia tranquila. Se ha limitado a cumplir órdenes.

Goza de la confianza de sus jefes.

Es el degollador.

Ha perdido la cuenta de las veces que ha visto el alba en el desierto.

Ha perdido la cuenta de las gargantas, pero no olvidará la primera y los visajes que hizo el pampa.

Nunca lo ascenderán. No debe llamar la atención.

En su provincia fue domador. Ya es incapaz de jinetear un bagual, pero le gustan los caballos y los entiende.

Es amigo de un indio.

EL TERCER HOMBRE*

Dirijo este poema
(por ahora aceptemos esa palabra)
al tercer hombre que se cruzó conmigo antenoche,
no menos misterioso que el de Aristóteles.
El sábado salí.
La noche estaba llena de gente;
hubo sin duda un tercer hombre,
como hubo un cuarto y un primero.
No sé si nos miramos;
él iba a Paraguay, yo iba a Córdoba.
Casi lo han engendrado estas palabras;
nunca sabré su nombre.
Sé que hay un sabor que prefiere.
Sé que ha mirado lentamente la luna.
No es imposible que haya muerto.
Leerá lo que ahora escribo y no sabrá
que me refiero a él.
En el secreto porvenir
podemos ser rivales y respetarnos
o amigos y querernos.
He ejecutado un acto irreparable,
he establecido un vínculo.
En este mundo cotidiano,
que se parece tanto
al Libro de las Mil y Una Noches,
no hay un solo acto que no corra el albur
de ser una operación de la magia,

no hay un solo hecho que no pueda ser el primero
de una serie infinita.
Me pregunto qué sombras no arrojarán
estas ociosas líneas.

NOSTALGIA DEL PRESENTE

En aquel preciso momento el hombre se dijo:
Qué no daría yo por la dicha
de estar a tu lado en Islandia
bajo el gran día inmóvil
y de compartir el ahora
como se comparte la música
o el sabor de una fruta.
En aquel preciso momento
el hombre estaba junto a ella en Islandia.

EL ÁPICE

No te habrá de salvar lo que dejaron
escrito aquellos que tu miedo implora;
no eres los otros y te ves ahora
centro del laberinto que tramaron
tus pasos. No te salva la agonía
de Jesús o de Sócrates ni el fuerte
Siddharta de oro que aceptó la muerte
en un jardín, al declinar el día.
Polvo también es la palabra escrita
por tu mano o el verbo pronunciado
por tu boca. No hay lástima en el Hado
y la noche de Dios es infinita.
Tu materia es el tiempo, el incesante
tiempo. Eres cada solitario instante.

POEMA*

Dormías. Te despierto.
La gran mañana depara la ilusión de un principio.
Te habías olvidado de Virgilio. Ahí están los hexámetros.
Te traigo muchas cosas.
Las cuatro raíces del griego: la tierra, el agua, el fuego, el aire.
Un solo nombre de mujer.
La amistad de la luna.
Los claros colores del atlas.
El olvido, que purifica.
La memoria que elige y que redescubre.
El hábito que nos ayuda a sentir que somos inmortales.
La esfera y las agujas que parcelan el inasible tiempo.
La fragancia del sándalo.
Las dudas que llamamos, no sin alguna vanidad, metafísica.
La curva del bastón que tu mano espera.
El sabor de las uvas y de la miel.

REVERSO

Recordar a quien duerme
es un acto común y cotidiano
que podría hacernos temblar.
Recordar a quien duerme
es imponer a otro la interminable
prisión del universo,
de su tiempo sin ocaso ni aurora.
Es revelarle que es alguien o algo
que está sujeto a un nombre que lo publica
y a un cúmulo de ayeres.
Es inquietar su eternidad.
Es cargarlo de siglos y de estrellas.
Es restituir al tiempo otro Lázaro
cargado de memoria.
Es infamar el agua del Leteo.

EL ÁNGEL

Que el hombre no sea indigno del Ángel
cuya espada lo guarda
desde que lo engendró aquel Amor
que mueve el sol y las estrellas
hasta el Último Día en que retumbe
el trueno en la trompeta.
Que no lo arrastre a rojos lupanares
ni a los palacios que erigió la soberbia
ni a las tabernas insensatas.
Que no se rebaje a la súplica
ni al oprobio del llanto
ni a la fabulosa esperanza
ni a las pequeñas magias del miedo
ni al simulacro del histrión;
el Otro lo mira.
Que recuerde que nunca estará solo.
En el público día o en la sombra
el incesante espejo lo atestigua;
que no macule su cristal una lágrima.

Señor, que al cabo de mis días en la Tierra
yo no deshonre al Ángel.

EL SUEÑO

La noche nos impone su tarea
mágica. Destejer el universo,
las ramificaciones infinitas
de efectos y de causas, que se pierden
en ese vértigo sin fondo, el tiempo.
La noche quiere que esta noche olvides
tu nombre, tus mayores y tu sangre,
cada palabra humana y cada lágrima,
lo que pudo enseñarte la vigilia,
el ilusorio punto de los geómetras,
la línea, el plano, el cubo, la pirámide,
el cilindro, la esfera, el mar, las olas,
tu mejilla en la almohada, la frescura
de la sábana nueva, los jardines,
los imperios, los Césares y Shakespeare
y lo que es más difícil, lo que amas.
Curiosamente, una pastilla puede
borrar el cosmos y erigir el caos.

UN SUEÑO

En un desierto lugar del Irán hay una no muy alta torre de piedra, sin puerta ni ventana. En la única habitación (cuyo piso es de tierra y que tiene la forma del círculo) hay una mesa de madera y un banco. En esa celda circular, un hombre que se parece a mí escribe en caracteres que no comprendo un largo poema sobre un hombre que en otra celda circular escribe un poema sobre un hombre que en otra celda circular... El proceso no tiene fin y nadie podrá leer lo que los prisioneros escriben.

Dejan caer el libro, porque ya saben
que son las personas del libro.
(Lo serán de otro, el máximo,
pero eso qué puede importarles.)
Ahora son Paolo y Francesca,
no dos amigos que comparten
el sabor de una fábula.
Se miran con incrédula maravilla.
Las manos no se tocan.
Han descubierto el único tesoro;
han encontrado al otro.
No traicionan a Malatesta,
porque la traición requiere un tercero
y sólo existen ellos dos en el mundo.
Son Paolo y Francesca
y también la reina y su amante
y todos los amantes que han sido
desde aquel Adán y su Eva
en el pasto del Paraíso.
Un libro, un sueño les revela
que son formas de un sueño que fue soñado
en tierras de Bretaña.
Otro libro hará que los hombres,
sueños también, los sueñen.

CORRER O SER*

¿Fluye en el cielo el Rhin? ¿Hay una forma
universal del Rhin, un arquetipo,
que invulnerable a ese otro Rhin, el tiempo,
dura y perdura en un eterno Ahora
y es raíz de aquel Rhin, que en Alemania
sigue su curso mientras dicto el verso?
Así lo conjeturan los platónicos;
así no lo aprobó Guillermo de Occam.
Dijo que *Rhin* (cuya etimología
es *rinan* o «correr») no es otra cosa
que un arbitrario apodo que los hombres
dan a la fuga secular del agua
desde los hielos a la arena última.
Bien puede ser. Que lo decidan otros.
¿Seré apenas, repito, aquella serie
de blancos días y de negras noches
que amaron, que cantaron, que leyeron
y padecieron miedo y esperanza
o también habrá otro, el yo secreto
cuya ilusoria imagen, hoy borrada,
he interrogado en el ansioso espejo?
Quizá del otro lado de la muerte
sabré si he sido una palabra o alguien.

LA FAMA

Haber visto crecer a Buenos Aires, crecer y declinar.
Recordar el patio de tierra y la parra, el zaguán y el aljibe.
Haber heredado el inglés, haber interrogado el sajón.
Profesar el amor del alemán y la nostalgia del latín.
Haber conversado en Palermo con un viejo asesino.
Agradecer el ajedrez y el jazmín, los tigres y el hexámetro.
Leer a Macedonio Fernández con la voz que fue suya.
Conocer las ilustres incertidumbres que son la metafísica.
Haber honrado espadas y razonablemente querer la paz.
No ser codicioso de islas.
No haber salido de mi biblioteca.
Ser Alonso Quijano y no atreverme a ser don Quijote.
Haber enseñado lo que no sé a quienes sabrán más que yo.
Agradecer los dones de la luna y de Paul Verlaine.
Haber urdido algún endecasílabo.
Haber vuelto a contar antiguas historias.
Haber ordenado en el dialecto de nuestro tiempo las cinco o seis
                                        [metáforas.
Haber eludido sobornos.
Ser ciudadano de Ginebra, de Montevideo, de Austin y (como
                              [todos los hombres) de Roma.
Ser devoto de Conrad.
Ser esa cosa que nadie puede definir: argentino.
Ser ciego.
Ninguna de esas cosas es rara y su conjunto me depara una fama
                              [que no acabo de comprender.

LOS JUSTOS

Un hombre que cultiva su jardín, como quería Voltaire.
El que agradece que en la tierra haya música.
El que descubre con placer una etimología.
Dos empleados que en un café del Sur juegan un silencioso ajedrez.
El ceramista que premedita un color y una forma.
El tipógrafo que compone bien esta página, que tal vez no le
                                                    [agrada.
Una mujer y un hombre que leen los tercetos finales de cierto canto.
El que acaricia a un animal dormido.
El que justifica o quiere justificar un mal que le han hecho.
El que agradece que en la tierra haya Stevenson.
El que prefiere que los otros tengan razón.
Esas personas, que se ignoran, están salvando el mundo.

EL CÓMPLICE

Me crucifican y yo debo ser la cruz y los clavos.
Me tienden la copa y yo debo ser la cicuta.
Me engañan y yo debo ser la mentira.
Me incendian y yo debo ser el infierno.
Debo alabar y agradecer cada instante del tiempo.
Mi alimento es todas las cosas.
El peso preciso del universo, la humillación, el júbilo.
Debo justificar lo que me hiere.
No importa mi ventura o mi desventura.
Soy el poeta.

EL ESPÍA

En la pública luz de las batallas
otros dan su vida a la patria
y los recuerda el mármol.
Yo he errado oscuro por ciudades que odio.
Le di otras cosas.
Abjuré de mi honor,
traicioné a quienes me creyeron su amigo,
compré conciencias,
abominé del nombre de la patria.
Me resigno a la infamia.

EL DESIERTO

Antes de entrar en el desierto
los soldados bebieron largamente el agua de la cisterna.
Hierocles derramó en la tierra
el agua de su cántaro y dijo:
Si hemos de entrar en el desierto,
ya estoy en el desierto.
Si la sed va a abrasarme,
que ya me abrase.
Ésta es una parábola.
Antes de hundirme en el infierno
los lictores del dios me permitieron que mirara una rosa.
Esa rosa es ahora mi tormento
en el oscuro reino.
A un hombre lo dejó una mujer.
Resolvieron mentir un último encuentro.
El hombre dijo:
Si debo entrar en la soledad
ya estoy solo.
Si la sed va a abrasarme,
que ya me abrase.
Ésta es otra parábola.
Nadie en la tierra
tiene el valor de ser aquel hombre.

EL BASTÓN DE LACA*

María Kodama lo descubrió. Pese a su autoridad y a su firmeza, es curiosamente liviano. Quienes lo ven lo advierten; quienes lo advierten lo recuerdan.

Lo miro. Siento que es una parte de aquel imperio, infinito en el tiempo, que erigió su muralla para construir un recinto mágico.

Lo miro. Pienso en aquel Chuang Tzu que soñó que era una mariposa y que no sabía al despertar si era un hombre que había soñado ser una mariposa o una mariposa que ahora soñaba ser un hombre.

Lo miro. Pienso en el artesano que trabajó el bambú y lo dobló para que mi mano derecha pudiera calzar bien en el puño.

No sé si vive aún o si ha muerto.

No sé si es taoísta o budista o si interroga el libro de los sesenta y cuatro hexagramas.

No nos veremos nunca.

Está perdido entre novecientos treinta millones.

Algo, sin embargo, nos ata.

No es imposible que Alguien haya premeditado este vínculo.

No es imposible que el universo necesite este vínculo.

A CIERTA ISLA

¿Cómo invocarte, delicada Inglaterra?
Es evidente que no debo ensayar
la pompa y el estrépito de la oda,
ajena a tu pudor.
No hablaré de tus mares, que son el Mar,
ni del imperio que te impuso, isla íntima,
el desafío de los otros.
Mencionaré en voz baja unos símbolos:
Alicia, que fue un sueño del Rey Rojo,
que fue un sueño de Carroll, hoy un sueño,
el sabor del té y de los dulces,
un laberinto en el jardín,
un reloj de sol,
un hombre que extraña (y que a nadie dice que extraña)
el Oriente y las soledades glaciales
que Coleridge no vio
y que cifró en palabras precisas,
el ruido de la lluvia, que no cambia,
la nieve en la mejilla,
la sombra de la estatua de Samuel Johnson,
el eco de un laúd que perdura
aunque ya nadie pueda oírlo,
el cristal de un espejo que ha reflejado
la mirada ciega de Milton,
la constante vigilia de una brújula,
el Libro de los Mártires,
la crónica de oscuras generaciones
en las últimas páginas de una Biblia,
el polvo bajo el mármol,

el sigilo del alba.
Aquí estamos los dos, isla secreta.
Nadie nos oye.
Entre los dos crepúsculos
compartiremos en silencio cosas queridas.

EL «GO»

Hoy, 9 de setiembre de 1978,
tuve en la palma de la mano un pequeño disco
de los trescientos sesenta y uno que se requieren
para el juego astrológico del *go*,
ese otro ajedrez del Oriente.
Es más antiguo que la más antigua escritura
y el tablero es un mapa del universo.
Sus variaciones negras y blancas
agotarán el tiempo.
En él pueden perderse los hombres
como en el amor y en el día.
Hoy, 9 de setiembre de 1978,
yo, que soy ignorante de tantas cosas,
sé que ignoro una más,
y agradezco a mis númenes
esta revelación de un laberinto
que nunca será mío.

SHINTO

Cuando nos anonada la desdicha,
durante un segundo nos salvan
las aventuras ínfimas
de la atención o de la memoria:
el sabor de una fruta, el sabor del agua,
esa cara que un sueño nos devuelve,
los primeros jazmines de noviembre,
el anhelo infinito de la brújula,
un libro que creíamos perdido,
el pulso de un hexámetro,
la breve llave que nos abre una casa,
el olor de una biblioteca o del sándalo,
el nombre antiguo de una calle,
los colores de un mapa,
una etimología imprevista,
la lisura de la uña limada,
la fecha que buscábamos,
contar las doce campanadas oscuras,
un brusco dolor físico.

Ocho millones son las divinidades del Shinto
que viajan por la tierra, secretas.
Esos modestos númenes nos tocan,
nos tocan y nos dejan.

EL FORASTERO

En el santuario hay una espada.
Soy el segundo sacerdote del templo. Nunca la he visto.
Otras comunidades veneran un espejo de metal o una piedra.
Creo que se eligieron esas cosas porque alguna vez fueron raras.
Hablo con libertad; el Shinto es el más leve de los cultos.
El más leve y el más antiguo.
Guarda escrituras tan arcaicas que ya están casi en blanco.
Un ciervo o una gota de rocío podrían profesarlo.
Nos dice que debemos obrar bien, pero no ha fijado una ética.
No declara que el hombre teje su *karma*.
No quiere intimidar con castigos ni sobornar con premios.
Sus fieles pueden aceptar la doctrina de Buddha o la de Jesús.
Venera al Emperador y a los muertos.
Sabe que después de su muerte cada hombre es un dios que
                                    [ampara a los suyos.
Sabe que después de su muerte cada árbol es un dios que ampara
                                    [a los árboles.
Sabe que la sal, el agua y la música pueden purificarnos.
Sabe que son legión las divinidades.
Esta mañana nos visitó un viejo poeta peruano. Era ciego.
Desde el atrio compartimos el aire del jardín y el olor de la tierra
                        [húmeda y el canto de aves o de dioses.
A través de un intérprete quise explicarle nuestra fe.
No sé si me entendió.
Los rostros occidentales son máscaras que no se dejan descifrar.
Me dijo que de vuelta al Perú recordaría nuestro diálogo en un
                                    [poema.
Ignoro si lo hará.
Ignoro si nos volveremos a ver.

DIECISIETE HAIKU

1

Algo me han dicho
la tarde y la montaña.
Ya lo he perdido.

2

La vasta noche
no es ahora otra cosa
que una fragancia.

3

¿Es o no es
el sueño que olvidé
antes del alba?

4

Callan las cuerdas.
La música sabía
lo que yo siento.

5

Hoy no me alegran
los almendros del huerto.
Son tu recuerdo.

6

Oscuramente
libros, láminas, llaves
siguen mi suerte.

7

Desde aquel día
no he movido las piezas
en el tablero.

8

En el desierto
acontece la aurora.
Alguien lo sabe.

9

La ociosa espada
sueña con sus batallas.
Otro es mi sueño.

10

El hombre ha muerto.
La barba no lo sabe.
Crecen las uñas.

11

Ésta es la mano
que alguna vez tocaba
tu cabellera.

12

Bajo el alero
el espejo no copia
más que la luna.

13

Bajo la luna
la sombra que se alarga
es una sola.

14

¿Es un imperio
esa luz que se apaga
o una luciérnaga?

15

La luna nueva.
Ella también la mira
desde otra puerta.

16

Lejos un trino.
El ruiseñor no sabe
que te consuela.

17

La vieja mano
sigue trazando versos
para el olvido.

NIHON

He divisado, desde las páginas de Russell, la doctrina de los conjuntos, la *Mengenlehre*, que postula y explora los vastos números que no alcanzaría un hombre inmortal aunque agotara sus eternidades contando, y cuyas dinastías imaginarias tienen como cifras las letras del alfabeto hebreo. En ese delicado laberinto no me fue dado penetrar.

He divisado, desde las definiciones, axiomas, proposiciones y corolarios, la infinita sustancia de Spinoza, que consta de infinitos atributos, entre los cuales están el espacio y el tiempo, de suerte que si pronunciamos o pensamos una palabra, ocurren paralelamente infinitos hechos en infinitos orbes inconcebibles. En ese delicado laberinto no me fue dado penetrar.

Desde montañas que prefieren, como Verlaine, el matiz al color, desde la escritura que ejerce la insinuación y que ignora la hipérbole, desde jardines donde el agua y la piedra no importan menos que la hierba, desde tigres pintados por quienes nunca vieron un tigre y nos dan casi el arquetipo, desde el camino del honor, el *bushido*, desde una nostalgia de espadas, desde puentes, mañanas y santuarios, desde una música que es casi el silencio, desde tus muchedumbres en voz baja, he divisado tu superficie, oh Japón. En ese delicado laberinto…

A la guarnición de Junín llegaban hacia 1870 indios pampas, que no habían visto nunca una puerta, un llamador de bronce o una ventana. Veían y tocaban esas cosas, no menos raras para ellos que para nosotros Manhattan, y volvían a su desierto.

LA CIFRA

La amistad silenciosa de la luna
(cito mal a Virgilio) te acompaña
desde aquella perdida hoy en el tiempo
noche o atardecer en que tus vagos
ojos la descifraron para siempre
en un jardín o un patio que son polvo.
¿Para siempre? Yo sé que alguien, un día,
podrá decirte verdaderamente:
No volverás a ver la clara luna.
Has agotado ya la inalterable
suma de veces que te da el destino.
Inútil abrir todas las ventanas
del mundo. Es tarde. No darás con ella.
Vivimos descubriendo y olvidando
esa dulce costumbre de la noche.
Hay que mirarla bien. Puede ser última.

*UNAS NOTAS

Las dos catedrales. La filosofía y la teología son, lo sospecho, dos especies de la literatura fantástica. Dos especies espléndidas. En efecto, ¿qué son las noches de Sharazad o el hombre invisible, al lado de la infinita sustancia, dotada de infinitos atributos, de Baruch Spinoza o de los arquetipos platónicos? A éstos me he referido en el «Poema», así como en «Correr o ser» o en «Beppo». Recuerdo, al pasar, que ciertas escuelas de la China se preguntaron si hay un arquetipo, un *li*, del sillón y otro del sillón de bambú. El curioso lector puede interrogar *A Short History of Chinese Philosophy* (Macmillan, 1948), de Fung Yu-Lan.

Aquél. Esta composición, como casi todas las otras, abusa de la enumeración caótica. De esta figura, que con tanta felicidad prodigó Walt Whitman, sólo puedo decir que debe parecer un caos, un desorden y ser íntimamente un cosmos, un orden.

Eclesiastés, I, 9. En el versículo de referencia algunos han visto una alusión al tiempo circular de los pitagóricos. Creo que tal concepto es del todo ajeno a los hábitos del pensamiento hebreo.

Andrés Armoa. El lector debe imaginar que su historia ocurre en la provincia de Buenos Aires, hacia mil ochocientos setenta y tantos.

El tercer hombre. Esta página, cuyo tema son los secretos vínculos que unen a todos los seres del mundo, es fundamentalmente igual a la que se llama «El bastón de laca».

LOS CONJURADOS

(1985)

Escribir un poema es ensayar una magia menor. El instrumento de esa magia, el lenguaje, es asaz misterioso. Nada sabemos de su origen. Sólo sabemos que se ramifica en idiomas y que cada uno de ellos consta de un indefinido y cambiante vocabulario y de una cifra indefinida de posibilidades sintácticas. Con esos inasibles elementos he formado este libro. (En el poema, la cadencia y el ambiente de una palabra pueden pesar más que el sentido.)

De usted es este libro, María Kodama. ¿Será preciso que le diga que esta inscripción comprende los crepúsculos, los ciervos de Nara, la noche que está sola y las populosas mañanas, las islas compartidas, los mares, los desiertos y los jardines, lo que pierde el olvido y lo que la memoria transforma, la alta voz del muecín, la muerte de Hawkwood, los libros y las láminas?

Sólo podemos dar lo que ya hemos dado. Sólo podemos dar lo que ya es del otro. En este libro están las cosas que siempre fueron suyas. ¡Qué misterio es una dedicatoria, una entrega de símbolos!

J. L. B.

PRÓLOGO

A nadie puede maravillar que el primero de los elementos, el fuego, no abunde en el libro de un hombre de ochenta y tantos años. Una reina, en la hora de su muerte, dice que es fuego y aire; yo suelo sentir que soy tierra, cansada tierra. Sigo, sin embargo, escribiendo. ¿Qué otra suerte me queda, qué otra hermosa suerte me queda? La dicha de escribir no se mide por las virtudes o flaquezas de la escritura. Toda obra humana es deleznable, afirma Carlyle, pero su ejecución no lo es.

No profeso ninguna estética. Cada obra confía a su escritor la forma que busca: el verso, la prosa, el estilo barroco o el llano. Las teorías pueden ser admirables estímulos (recordemos a Whitman) pero asimismo pueden engendrar monstruos o meras piezas de museo. Recordemos el monólogo interior de James Joyce o el sumamente incómodo Polifemo.

Al cabo de los años he observado que la belleza, como la felicidad, es frecuente. No pasa un día en que no estemos, un instante, en el paraíso. No hay poeta, por mediocre que sea, que no haya escrito el mejor verso de la literatura, pero también los más desdichados. La belleza no es privilegio de unos cuantos nombres ilustres. Sería muy raro que este libro, que abarca unas cuarenta composiciones, no atesorara una sola línea secreta, digna de acompañarte hasta el fin.

En este libro hay muchos sueños. Aclaro que fueron dones de la noche o, más precisamente, del alba, no ficciones deliberadas. Apenas si me he atrevido a agregar uno que otro rasgo circunstancial, de los que exige nuestro tiempo, a partir de Defoe.

Dicto este prólogo en una de mis patrias, Ginebra.

J. L. B.
9 de enero de 1985

CRISTO EN LA CRUZ

Cristo en la cruz. Los pies tocan la tierra.
Los tres maderos son de igual altura.
Cristo no está en el medio. Es el tercero.
La negra barba pende sobre el pecho.
El rostro no es el rostro de las láminas.
Es áspero y judío. No lo veo
y seguiré buscándolo hasta el día
último de mis pasos por la tierra.
El hombre quebrantado sufre y calla.
La corona de espinas lo lastima.
No lo alcanza la befa de la plebe
que ha visto su agonía tantas veces.
La suya o la de otro. Da lo mismo.
Cristo en la cruz. Desordenadamente
piensa en el reino que tal vez lo espera,
piensa en una mujer que no fue suya.
No le está dado ver la teología,
la indescifrable Trinidad, los gnósticos,
las catedrales, la navaja de Occam,
la púrpura, la mitra, la liturgia,
la conversión de Guthrum por la espada,
la Inquisición, la sangre de los mártires,
las atroces Cruzadas, Juana de Arco,
el Vaticano que bendice ejércitos.
Sabe que no es un dios y que es un hombre
que muere con el día. No le importa.
Le importa el duro hierro de los clavos.
No es un romano. No es un griego. Gime.
Nos ha dejado espléndidas metáforas

y una doctrina del perdón que puede
anular el pasado. (Esa sentencia
la escribió un irlandés en una cárcel.)
El alma busca el fin, apresurada.
Ha oscurecido un poco. Ya se ha muerto.
Anda una mosca por la carne quieta.
¿De qué puede servirme que aquel hombre
haya sufrido, si yo sufro ahora?

Kioto, 1984

DOOMSDAY

Será cuando la trompeta resuene, como escribe san Juan el Teólogo.
Ha sido en 1757, según el testimonio de Swedenborg.
Fue en Israel (cuando la loba clavó en la cruz la carne de Cristo),
                                              [pero no sólo entonces.
Ocurre en cada pulsación de tu sangre.
No hay un instante que no pueda ser el cráter del Infierno.
No hay un instante que no pueda ser el agua del Paraíso.
No hay un instante que no esté cargado como un arma.
En cada instante puedes ser Caín o Siddharta, la máscara o el rostro.
En cada instante puede revelarte su amor Helena de Troya.
En cada instante el gallo puede haber cantado tres veces.
En cada instante la clepsidra deja caer la última gota.

CÉSAR

Aquí, lo que dejaron los puñales.
Aquí esa pobre cosa, un hombre muerto
que se llamaba César. Le han abierto
cráteres en la carne los metales.
Aquí la atroz, aquí la detenida
máquina usada ayer para la gloria,
para escribir y ejecutar la historia
y para el goce pleno de la vida.
Aquí también el otro, aquel prudente
emperador que declinó laureles,
que comandó batallas y bajeles
y que rigió el oriente y el poniente.
Aquí también el otro, el venidero
cuya gran sombra será el orbe entero.

TRÍADA

El alivio que habrá sentido César en la mañana de Farsalia, al pensar: Hoy es la batalla.

El alivio que habrá sentido Carlos Primero al ver el alba en el cristal y pensar: Hoy es el día del patíbulo, del coraje y del hacha.

El alivio que tú y yo sentiremos en el instante que precede a la muerte, cuando la suerte nos desate de la triste costumbre de ser alguien y del peso del universo.

LA TRAMA

Las migraciones que el historiador, guiado por las azarosas reliquias de la cerámica y del bronce, trata de fijar en el mapa y que no comprendieron los pueblos que las ejecutaron.

Las divinidades del alba que no han dejado ni un ídolo ni un símbolo.

El surco del arado de Caín.

El rocío en la hierba del Paraíso.

Los hexagramas que un emperador descubrió en la caparazón de una de las tortugas sagradas.

Las aguas que no saben que son el Ganges.

El peso de una rosa en Persépolis.

El peso de una rosa en Bengala.

Los rostros que se puso una máscara que guarda una vitrina.

El nombre de la espada de Hengist.

El último sueño de Shakespeare.

La pluma que trazó la curiosa línea: *He met the Nightmare and her name he told.*

El primer espejo, el primer hexámetro.

Las páginas que leyó un hombre gris y que le revelaron que podía ser don Quijote.

Un ocaso cuyo rojo perdura en un vaso de Creta.

Los juguetes de un niño que se llamaba Tiberio Graco.

El anillo de oro de Polícrates que el Hado rechazó.

No hay una sola de esas cosas perdidas que no proyecte ahora una larga sombra y que no determine lo que haces hoy o lo que harás mañana.

RELIQUIAS

El hemisferio austral. Bajo su álgebra
de estrellas ignoradas por Ulises,
un hombre busca y seguirá buscando
las reliquias de aquella epifanía
que le fue dada, hace ya tantos años,
del otro lado de una numerada
puerta de hotel, junto al perpetuo Támesis,
que fluye como fluye ese otro río,
el tenue tiempo elemental. La carne
olvida sus pesares y sus dichas.
El hombre espera y sueña. Vagamente
rescata unas triviales circunstancias.
Un nombre de mujer, una blancura,
un cuerpo ya sin cara, la penumbra
de una tarde sin fecha, la llovizna,
unas flores de cera sobre un mármol
y las paredes, color rosa pálido.

SON LOS RÍOS

Somos el tiempo. Somos la famosa
parábola de Heráclito el Oscuro.
Somos el agua, no el diamante duro,
la que se pierde, no la que reposa.
Somos el río y somos aquel griego
que se mira en el río. Su reflejo
cambia en el agua del cambiante espejo,
en el cristal que cambia como el fuego.
Somos el vano río prefijado,
rumbo a su mar. La sombra lo ha cercado.
Todo nos dijo adiós, todo se aleja.
La memoria no acuña su moneda.
Y sin embargo hay algo que se queda
y sin embargo hay algo que se queja.

LA JOVEN NOCHE

Ya las lustrales aguas de la noche me absuelven
de los muchos colores y de las muchas formas.
Ya en el jardín las aves y los astros exaltan
el regreso anhelado de las antiguas normas
del sueño y de la sombra. Ya la sombra ha sellado
los espejos que copian la ficción de las cosas.
Mejor lo dijo Goethe: *Lo cercano se aleja.*
Esas cuatro palabras cifran todo el crepúsculo.
En el jardín las rosas dejan de ser las rosas
y quieren ser la Rosa.

LA TARDE

Las tardes que serán y las que han sido
son una sola, inconcebiblemente.
Son un claro cristal, solo y doliente,
inaccesible al tiempo y a su olvido.
Son los espejos de esa tarde eterna
que en un cielo secreto se atesora.
En aquel cielo están el pez, la aurora,
la balanza, la espada y la cisterna.
Uno y cada arquetipo. Así Plotino
nos enseña en sus libros, que son nueve;
bien puede ser que nuestra vida breve
sea un reflejo fugaz de lo divino.
La tarde elemental ronda la casa.
La de ayer, la de hoy, la que no pasa.

ELEGÍA

Tuyo es ahora, Abramowicz, el singular sabor de la muerte, a nadie
negado, que me será ofrecido en esta casa o del otro lado del
mar, a orillas de tu Ródano, que fluye fatalmente como si fue-
ra ese otro y más antiguo Ródano, el Tiempo. Tuya será tam-
bién la certidumbre de que el Tiempo se olvida de sus ayeres
y de que nada es irreparable o la contraria certidumbre de
que los días nada pueden borrar y de que no hay un acto, o
un sueño, que no proyecte una sombra infinita. Ginebra te
creía un hombre de leyes, un hombre de dictámenes y de cau-
sas, pero en cada palabra, en cada silencio, eras un poeta.
Acaso estás hojeando en este momento los muy diversos li-
bros que no escribiste pero que prefijabas y descartabas y que
para nosotros te justifican y de algún modo son. Durante la
primera guerra, mientras se mataban los hombres, soñamos
los dos sueños que se llamaron Laforgue y Baudelaire. Des-
cubrimos las cosas que descubren todos los jóvenes: el igno-
rante amor, la ironía, el anhelo de ser Raskolnikov o el prín-
cipe Hamlet, las palabras y los ponientes. Las generaciones
de Israel estaban en ti cuando me dijiste sonriendo: *Je suis
très fatigué. J'ai quatre mille ans.* Esto ocurrió en la Tierra;
vano es conjeturar la edad que tendrás en el cielo.
No sé si todavía eres alguien, no sé si estás oyéndome.

Buenos Aires, 14 de enero de 1984

ABRAMOWICZ

Esta noche, no lejos de la cumbre de la colina de Saint Pierre, una valerosa y venturosa música griega nos acaba de revelar que la muerte es más inverosímil que la vida y que, por consiguiente, el alma perdura cuando su cuerpo es caos. Esto quiere decir que María Kodama, Isabelle Monet y yo no somos tres, como ilusoriamente creíamos. Somos cuatro, ya que tú también estás con nosotros, Maurice. Con vino rojo hemos brindado a tu salud. No hacía falta tu voz, no hacía falta el roce de tu mano ni tu memoria. Estabas ahí, silencioso y sin duda sonriente, al percibir que nos asombraba y maravillaba ese hecho tan notorio de que nadie puede morir. Estabas ahí, a nuestro lado, y contigo las muchedumbres de quienes duermen con sus padres, según se lee en las páginas de tu Biblia. Contigo estaban las muchedumbres de las sombras que bebieron en la fosa ante Ulises y también Ulises y también todos los que fueron o imaginaron los que fueron. Todos estaban ahí, y también mis padres y también Heráclito y Yorick. Cómo puede morir una mujer o un hombre o un niño, que han sido tantas primaveras y tantas hojas, tantos libros y tantos pájaros y tantas mañanas y noches.
Esta noche puedo llorar como un hombre, puedo sentir que por mis mejillas las lágrimas resbalan, porque sé que en la tierra no hay una sola cosa que sea mortal y que no proyecte su sombra. Esta noche me has dicho sin palabras, Abramowicz, que debemos entrar en la muerte como quien entra en una fiesta.

FRAGMENTOS DE UNA TABLILLA DE BARRO DESCIFRADA POR EDMUND BISHOP EN 1867

… Es la hora sin sombra. Melkart el dios rige desde la cumbre del
mediodía el mar de Cartago. Aníbal es la espada de Melkart.

Las tres fanegas de anillos de oro de los romanos que perecieron
en Apulia, seis veces mil, han arribado al puerto.

Cuando el otoño esté en los racimos habré dictado el verso final.

Alabado sea Baal, dios de los muchos cielos, alabada sea Tanith, la
cara de Baal, que dieron la victoria a Cartago y que me hi-
cieron heredar la vasta lengua púnica, que será la lengua del
orbe, y cuyos caracteres son talismánicos.

No he muerto en la batalla como mis hijos, que fueron capitanes
en la batalla y que no enterraré, pero a lo largo de las noches
he labrado el cantar de las dos guerras y de la exultación.

Nuestro es el mar. ¿Qué saben los romanos del mar?

Tiemblan los mármoles de Roma; han oído el rumor de los elefan-
tes de guerra.

Al fin de quebrantados convenios y de mentirosas palabras, hemos
condescendido a la espada.

Tuya es la espada ahora, romano; la tienes clavada en el pecho.

Canté la púrpura de Tiro, que es nuestra madre. Canté los trabajos
de quienes descubrieron el alfabeto y surcaron los mares.
Canté la pira de la clara reina. Canté los remos y los mástiles
y las arduas tormentas…

Berna, 1984

ELEGÍA DE UN PARQUE

Se perdió el laberinto. Se perdieron
todos los eucaliptos ordenados,
los toldos del verano y la vigilia
del incesante espejo, repitiendo
cada expresión de cada rostro humano,
cada fugacidad. El detenido
reloj, la entretejida madreselva,
la glorieta, las frívolas estatuas,
el otro lado de la tarde, el trino,
el mirador y el ocio de la fuente
son cosas del pasado. ¿Del pasado?
Si no hubo un principio ni habrá un término,
si nos aguarda una infinita suma
de blancos días y de negras noches,
ya somos el pasado que seremos.
Somos el tiempo, el río indivisible,
somos Uxmal, Cartago y la borrada
muralla del romano y el perdido
parque que conmemoran estos versos.

LA SUMA

Ante la cal de una pared que nada
nos veda imaginar como infinita
un hombre se ha sentado y premedita
trazar con rigurosa pincelada
en la blanca pared el mundo entero:
puertas, balanzas, tártaros, jacintos,
ángeles, bibliotecas, laberintos,
anclas, Uxmal, el infinito, el cero.
Puebla de formas la pared. La suerte,
que de curiosos dones no es avara,
le permite dar fin a su porfía.
En el preciso instante de la muerte
descubre que esa vasta algarabía
de líneas es la imagen de su cara.

ALGUIEN SUEÑA

¿Qué habrá soñado el Tiempo hasta ahora, que es, como todos los ahoras, el ápice? Ha soñado la espada, cuyo mejor lugar es el verso. Ha soñado y labrado la sentencia, que puede simular la sabiduría. Ha soñado la fe, ha soñado las atroces Cruzadas. Ha soñado a los griegos que descubrieron el diálogo y la duda. Ha soñado la aniquilación de Cartago por el fuego y la sal. Ha soñado la palabra, ese torpe y rígido símbolo. Ha soñado la dicha que tuvimos o que ahora soñamos haber tenido. Ha soñado la primer mañana de Ur. Ha soñado el misterioso amor de la brújula. Ha soñado la proa del noruego y la proa del portugués. Ha soñado la ética y las metáforas del más extraño de los hombres, el que murió una tarde en una cruz. Ha soñado el sabor de la cicuta en la lengua de Sócrates. Ha soñado esos dos curiosos hermanos, el eco y el espejo. Ha soñado el libro, ese espejo que siempre nos revela otra cara. Ha soñado el espejo en que Francisco López Merino y su imagen se vieron por última vez. Ha soñado el espacio. Ha soñado la música, que puede prescindir del espacio. Ha soñado el arte de la palabra, aún más inexplicable que el de la música, porque incluye la música. Ha soñado una cuarta dimensión y la fauna singular que la habita. Ha soñado el número de la arena. Ha soñado los números transfinitos, a los que no se llega contando. Ha soñado al primero que en el trueno oyó el nombre de Thor. Ha soñado las opuestas caras de Jano, que no se verán nunca. Ha soñado la luna y los dos hombres que caminaron por la luna. Ha soñado el pozo y el péndulo. Ha soñado a Walt Whitman, que decidió ser todos los hombres, como la divinidad de Spinoza. Ha soñado el jazmín, que no puede saber que lo sueñan. Ha soñado las generaciones de las hormigas y las generaciones de los reyes. Ha soñado la vasta red que tejen todas las arañas del mundo. Ha soñado el arado y el martillo, el cáncer y la rosa, las campanadas del insomnio y el ajedrez. Ha soñado la enumeración que los tratadistas llaman caótica y que, de hecho, es cósmica, porque todas las cosas están unidas por vínculos secretos. Ha soñado a mi abuela Frances Haslam en la guarnición de Junín, a un trecho de las lanzas del desierto, leyendo su Biblia y su Dickens. Ha soñado que en las batallas los tártaros cantaban. Ha soñado la mano de Hokusai, trazando una línea que será muy pronto una ola. Ha soñado a Yorick, que vive para siempre en unas palabras del ilusorio Hamlet. Ha soñado los arquetipos. Ha soñado que a lo largo de los veranos, o en un cielo anterior a los veranos, hay una sola rosa. Ha soñado las caras de tus muertos, que ahora son empañadas fotografías. Ha soñado la primer mañana de Uxmal. Ha soñado el acto de la sombra. Ha soñado las cien puertas de Tebas. Ha soñado los pasos del laberinto. Ha soñado el nombre secreto de Roma, que era su verdadera muralla. Ha soñado la vida de los espejos. Ha soñado los signos que trazará el escriba sentado. Ha soñado una esfera de marfil que guarda otras esferas. Ha soñado el calidoscopio, grato a los ocios del enfermo y del niño. Ha soñado el desierto. Ha soñado el alba que acecha. Ha soñado el Ganges y el Támesis, que son nombres del agua. Ha soñado mapas que Ulises no habría comprendido. Ha soñado a Alejandro de Macedonia. Ha soñado el muro del Paraíso, que detuvo a Alejandro. Ha soñado el mar y la lágrima. Ha soñado el cristal. Ha soñado que Alguien lo sueña.

ALGUIEN SOÑARÁ

¿Qué soñará el indescifrable futuro? Soñará que Alonso Quijano puede ser don Quijote sin dejar su aldea y sus libros. Soñará que una víspera de Ulises puede ser más pródiga que el poema que narra sus trabajos. Soñará generaciones humanas que no reconocerán el nombre de Ulises. Soñará sueños más precisos que la vigilia de hoy. Soñará que podremos hacer milagros y que no los haremos, porque será más real imaginarlos. Soñará mundos tan intensos que la voz de una sola de sus aves podría matarte. Soñará que el olvido y la memoria pueden ser actos voluntarios, no agresiones o dádivas del azar. Soñará que veremos con todo el cuerpo, como quería Milton desde la sombra de esos tiernos orbes, los ojos. Soñará un mundo sin la máquina y sin esa doliente máquina, el cuerpo. La vida no es un sueño pero puede llegar a ser un sueño, escribe Novalis.

SHERLOCK HOLMES

No salió de una madre ni supo de mayores.
Idéntico es el caso de Adán y de Quijano.
Está hecho de azar. Inmediato o cercano
lo rigen los vaivenes de variables lectores.

No es un error pensar que nace en el momento
en que lo ve aquel otro que narrará su historia
y que muere en cada eclipse de la memoria
de quienes lo soñamos. Es más hueco que el viento.

Es casto. Nada sabe del amor. No ha querido.
Ese hombre tan viril ha renunciado al arte
de amar. En Baker Street vive solo y aparte.
Le es ajeno también ese otro arte, el olvido.

Lo soñó un irlandés, que no lo quiso nunca
y que trató, nos dicen, de matarlo. Fue en vano.
El hombre solitario prosigue, lupa en mano,
su rara suerte discontinua de cosa trunca.

No tiene relaciones, pero no lo abandona
la devoción del otro, que fue su evangelista
y que de sus milagros ha dejado la lista.
Vive de un modo cómodo: en tercera persona.

No va jamás al baño. Tampoco visitaba
ese retiro Hamlet, que muere en Dinamarca
y que no sabe casi nada de esa comarca
de la espada y del mar, del arco y de la aljaba.

(*Omnia sunt plena Jovis*. De análoga manera
diremos de aquel justo que da nombre a los versos
que su inconstante sombra recorre los diversos
dominios en que ha sido parcelada la esfera.)

Atiza en el hogar las encendidas ramas
o da muerte en los páramos a un perro del infierno.
Ese alto caballero no sabe que es eterno.
Resuelve naderías y repite epigramas.

Nos llega desde un Londres de gas y de neblina
un Londres que se sabe capital de un imperio
que le interesa poco, de un Londres de misterio
tranquilo, que no quiere sentir que ya declina.

No nos maravillemos. Después de la agonía,
el hado o el azar (que son la misma cosa)
depara a cada cual esa suerte curiosa
de ser ecos o formas que mueren cada día.

Que mueren hasta un día final en que el olvido,
que es la meta común, nos olvide del todo.
Antes que nos alcance juguemos con el lodo
de ser durante un tiempo, de ser y de haber sido.

Pensar de tarde en tarde en Sherlock Holmes es una
de las buenas costumbres que nos quedan. La muerte
y la siesta son otras. También es nuestra suerte
convalecer en un jardín o mirar la luna.

UN LOBO

Furtivo y gris en la penumbra última,
va dejando sus rastros en la margen
de este río sin nombre que ha saciado
la sed de su garganta y cuyas aguas
no repiten estrellas. Esta noche,
el lobo es una sombra que está sola
y que busca a la hembra y siente frío.
Es el último lobo de Inglaterra.
Odín y Thor lo saben. En su alta
casa de piedra un rey ha decidido
acabar con los lobos. Ya forjado
ha sido el fuerte hierro de tu muerte.
Lobo sajón, has engendrado en vano.
No basta ser cruel. Eres el último.
Mil años pasarán y un hombre viejo
te soñará en América. De nada
puede servirte ese futuro sueño.
Hoy te cercan los hombres que siguieron
por la selva los rastros que dejaste,
furtivo y gris en la penumbra última.

MIDGARTHORMR

Sin fin el mar. Sin fin el pez, la verde
serpiente cosmogónica que encierra,
verde serpiente y verde mar, la tierra,
como ella circular. La boca muerde
la cola que le llega desde lejos,
desde el otro confín. El fuerte anillo
que nos abarca es tempestades, brillo,
sombra y rumor, reflejos de reflejos.
Es también la anfisbena. Eternamente
se miran sin horror los muchos ojos.
Cada cabeza husmea crasamente
los hierros de la guerra y los despojos.
Soñado fue en Islandia. Los abiertos
mares lo han divisado y lo han temido;
volverá con el barco maldecido
que se arma con las uñas de los muertos.
Alta será su inconcebible sombra
sobre la tierra pálida en el día
de altos lobos y espléndida agonía
del crepúsculo aquel que no se nombra.
Su imaginaria imagen nos mancilla.
Hacia el alba lo vi en la pesadilla.

NUBES

I

No habrá una sola cosa que no sea
una nube. Lo son las catedrales
de vasta piedra y bíblicos cristales
que el tiempo allanará. Lo es la *Odisea*,
que cambia como el mar. Algo hay distinto
cada vez que la abrimos. El reflejo
de tu cara ya es otro en el espejo
y el día es un dudoso laberinto.
Somos los que se van. La numerosa
nube que se deshace en el poniente
es nuestra imagen. Incesantemente
la rosa se convierte en otra rosa.
Eres nube, eres mar, eres olvido.
Eres también aquello que has perdido.

II

Por el aire andan plácidas montañas
o cordilleras trágicas de sombra
que oscurecen el día. Se las nombra
nubes. Las formas suelen ser extrañas.
Shakespeare observó una. Parecía
un dragón. Esa nube de una tarde
en su palabra resplandece y arde
y la seguimos viendo todavía.
¿Qué son las nubes? ¿Una arquitectura
del azar? Quizá Dios las necesita
para la ejecución de Su infinita
obra y son hilos de la trama oscura.
Quizá la nube sea no menos vana
que el hombre que la mira en la mañana.

ON HIS BLINDNESS

Al cabo de los años me rodea
una terca neblina luminosa
que reduce las cosas a una cosa
sin forma ni color. Casi a una idea.
La vasta noche elemental y el día
lleno de gente son esa neblina
de luz dudosa y fiel que no declina
y que acecha en el alba. Yo querría
ver una cara alguna vez. Ignoro
la inexplorada enciclopedia, el goce
de libros que mi mano reconoce,
las altas aves y las lunas de oro.
A los otros les queda el universo;
a mi penumbra, el hábito del verso.

EL HILO DE LA FÁBULA

El hilo que la mano de Ariadna dejó en la mano de Teseo (en la otra estaba la espada) para que éste se ahondara en el laberinto y descubriera el centro, el hombre con cabeza de toro o, como quiere Dante, el toro con cabeza de hombre, y le diera muerte y pudiera, ya ejecutada la proeza, destejer las redes de piedra y volver a ella, a su amor.

Las cosas ocurrieron así. Teseo no podía saber que del otro lado del laberinto estaba el otro laberinto, el del tiempo, y que en algún lugar prefijado estaba Medea.

El hilo se ha perdido; el laberinto se ha perdido también. Ahora ni siquiera sabemos si nos rodea un laberinto, un secreto cosmos, o un caos azaroso. Nuestro hermoso deber es imaginar que hay un laberinto y un hilo. Nunca daremos con el hilo; acaso lo encontramos y lo perdemos en un acto de fe, en una cadencia, en el sueño, en las palabras que se llaman filosofía o en la mera y sencilla felicidad.

Cnossos, 1984

POSESIÓN DEL AYER

Sé que he perdido tantas cosas que no podría contarlas y que esas perdiciones, ahora, son lo que es mío. Sé que he perdido el amarillo y el negro y pienso en esos imposibles colores como no piensan los que ven. Mi padre ha muerto y está siempre a mi lado. Cuando quiero escandir versos de Swinburne, lo hago, me dicen, con su voz. Sólo el que ha muerto es nuestro, sólo es nuestro lo que perdimos. Ilión fue, pero Ilión perdura en el hexámetro que la plañe. Israel fue cuando era una antigua nostalgia. Todo poema, con el tiempo, es una elegía. Nuestras son las mujeres que nos dejaron, ya no sujetos a la víspera, que es zozobra, y a las alarmas y terrores de la esperanza. No hay otros paraísos que los paraísos perdidos.

ENRIQUE BANCHS

Un hombre gris. La equívoca fortuna
hizo que una mujer no lo quisiera;
esa historia es la historia de cualquiera
pero de cuantas hay bajo la luna
es la que duele más. Habrá pensado
en quitarse la vida. No sabía
que esa espada, esa hiel, esa agonía,
eran el talismán que le fue dado
para alcanzar la página que vive
más allá de la mano que la escribe
y del alto cristal de catedrales.
Cumplida su labor, fue oscuramente
un hombre que se pierde entre la gente;
nos ha dejado cosas inmortales.

SUEÑO SOÑADO EN EDIMBURGO

Antes del alba soñé un sueño que me dejó abrumado y que trataré de ordenar.

Tus mayores te engendran. En la otra frontera de los desiertos hay unas aulas polvorientas o, si se quiere, unos depósitos polvorientos, y en esas aulas o depósitos hay filas paralelas de pizarrones cuya longitud se mide por leguas o por leguas de leguas y en los que alguien ha trazado con tiza letras y números. Se ignora cuántos pizarrones hay en conjunto pero se entiende que son muchos y que algunos están abarrotados y otros casi vacíos. Las puertas de los muros son corredizas, a la manera del Japón, y están hechas de un metal oxidado. El edificio entero es circular, pero es tan enorme que desde afuera no se advierte la menor curvatura y lo que se ve es una recta. Los apretados pizarrones son más altos que un hombre y alcanzan hasta el cielo raso de yeso, que es blanquecino o gris. En el costado izquierdo del pizarrón hay primero palabras y después números. Las palabras se ordenan verticalmente, como en un diccionario. La primera es *Aar*, el río de Berna. La siguen los guarismos arábigos, cuya cifra es indefinida pero seguramente no infinita. Indican el número preciso de veces que verás aquel río, el número preciso de veces que lo descubrirás en el mapa, el número preciso de veces que soñarás con él. La última palabra es acaso *Zwingli* y queda muy lejos. En otro desmedido pizarrón esta inscrita *neverness* y al lado de esa extraña palabra hay ahora una cifra. Todo el decurso de tu vida está en esos signos.

No hay un segundo que no esté royendo una serie.

Agotarás la cifra que corresponde al sabor del jengibre y seguirás viviendo. Agotarás la cifra que corresponde a la lisura del cristal y seguirás viviendo unos días. Agotarás la cifra de los latidos que te han sido fijados y entonces habrás muerto.

LAS HOJAS DEL CIPRÉS

Tengo un solo enemigo. Nunca sabré de qué manera pudo entrar en mi casa, la noche del 14 de abril de 1977. Fueron dos las puertas que abrió: la pesada puerta de calle y la de mi breve departamento. Prendió la luz y me despertó de una pesadilla que no recuerdo, pero en la que había un jardín. Sin alzar la voz me ordenó que me levantara y vistiera inmediatamente. Se había decidido mi muerte y el sitio destinado a la ejecución quedaba un poco lejos. Mudo de asombro, obedecí. Era menos alto que yo pero más robusto y el odio le había dado su fuerza. Al cabo de los años no había cambiado; sólo unas pocas hebras de plata en el pelo oscuro. Lo animaba una suerte de negra felicidad. Siempre me había detestado y ahora iba a matarme. El gato Beppo nos miraba desde su eternidad, pero nada hizo para salvarme. Tampoco el tigre de cerámica azul que hay en mi dormitorio, ni los hechiceros y genios de los volúmenes de *Las mil y una noches.* Quise que algo me acompañara. Le pedí que me dejara llevar un libro. Elegir una Biblia hubiera sido demasiado evidente. De los doce tomos de Emerson mi mano sacó uno, al azar. Para no hacer ruido bajamos por la escalera. Conté cada peldaño. Noté que se cuidaba de tocarme, como si el contacto pudiera contaminarlo.

En la esquina de Charcas y Maipú, frente al conventillo, aguardaba un cupé. Con un ceremonioso ademán que significaba una orden hizo que yo subiera primero. El cochero ya sabía nuestro destino y fustigó al caballo. El viaje fue muy lento y, como es de suponer, silencioso. Temí (o esperé) que fuera interminable también. La noche era de luna y serena y sin un soplo de aire. No había un alma en las calles. A cada lado del carruaje las casas bajas, que eran todas iguales, trazaban una guarda. Pensé: Ya estamos en el Sur. Alto en la sombra vi el reloj de una torre; en el gran disco luminoso no había ni guarismos ni agujas. No atravesamos, que yo sepa, una sola avenida. Yo no tenía miedo, ni siquiera miedo de tener miedo, ni siquiera miedo de tener miedo de tener miedo, a la infinita manera de los eleatas, pero cuando la portezuela se abrió y tuve que bajar, casi me caí. Subimos por unas gradas de piedra. Había canteros singularmente lisos y eran muchos los árboles. Me condujo al pie de uno de ellos y me ordenó que me tendiera en el pasto, de espaldas, con los brazos en cruz. Desde esa posición divisé una loba romana y supe dónde estábamos. El árbol de mi muerte era un ciprés. Sin proponérmelo repetí la línea famosa: *Quantum lenta solent inter viburna cupressi.*

Recordé que *lenta*, en ese contexto, quiere decir «flexible», pero nada tenían de flexibles las hojas de mi árbol. Eran iguales, rígidas y lustrosas y de materia muerta. En cada una había un monograma. Sentí asco y alivio. Supe que un gran esfuerzo podía salvarme. Salvarme y acaso perderlo, ya que, habitado por el odio, no se había fijado en el reloj ni en las monstruosas ramas. Solté mi talismán y apreté el pasto con las dos manos. Vi por primera y última vez el fulgor del acero. Me desperté; mi mano izquierda tocaba la pared de mi cuarto.

Qué pesadilla rara, pensé, y no tardé en hundirme en el sueño.

Al día siguiente descubrí que en el anaquel había un hueco; faltaba el libro de Emerson, que se había quedado en el sueño. A los diez días me dijeron que mi enemigo había salido de su casa una noche y que no había regresado. Nunca regresará. Encerrado en mi pesadilla, seguirá descubriendo con horror, bajo la luna que no vi, la ciudad de relojes en blanco, de árboles falsos que no pueden crecer y nadie sabe qué otras cosas.

CENIZA

Una pieza de hotel, igual a todas.
La hora sin metáfora, la siesta
que nos disgrega y pierde. La frescura
del agua elemental en la garganta.
La niebla tenuemente luminosa
que circunda a los ciegos, noche y día.
La dirección de quien acaso ha muerto.
La dispersión del sueño y de los sueños.
A nuestros pies un vago Rhin o Ródano.
Un malestar que ya se fue. Esas cosas
demasiado inconspicuas para el verso.

HAYDÉE LANGE

Las naves de alto bordo, las azules
espadas que partieron de Noruega,
de tu Noruega y depredaron mares
y dejaron al tiempo y a sus días
los epitafios de las piedras rúnicas,
el cristal de un espejo que te aguarda,
tus ojos que miraban otras cosas,
el marco de una imagen que no veo,
las verjas de un jardín junto al ocaso,
un dejo de Inglaterra en tu palabra,
el hábito de Sandburg, unas bromas,
las batallas de Bancroft y de Kohler
en la pantalla silenciosa y lúcida,
los viernes compartidos. Esas cosas,
sin nombrarte te nombran.

OTRO FRAGMENTO APÓCRIFO

Uno de los discípulos del maestro quería hablar a solas con él, pero no se atrevía. El maestro le dijo:

–Dime qué pesadumbre te oprime.

El discípulo replicó:

–Me falta valor.

El maestro dijo:

–Yo te doy el valor.

La historia es muy antigua, pero una tradición, que bien puede no ser apócrifa, ha conservado las palabras que esos hombres dijeron, en los linderos del desierto y del alba.

Dijo el discípulo:

–He cometido hace tres años un gran pecado. No lo saben los otros pero yo lo sé, y no puedo mirar sin horror mi mano derecha.

Dijo el maestro:

–Todos los hombres han pecado. No es de hombres no pecar. El que mirare a un hombre con odio ya le ha dado muerte en su corazón.

Dijo el discípulo:

–Hace tres años, en Samaria, yo maté a un hombre.

El maestro guardó silencio, pero su rostro se demudó y el discípulo pudo temer su ira. Dijo al fin:

–Hace diecinueve años, en Samaria, yo engendré a un hombre. Ya te has arrepentido de lo que hiciste.

Dijo el discípulo:

–Así es. Mis noches son de plegaria y de llanto. Quiero que tú me des tu perdón.

Dijo el maestro:

–Nadie puede perdonar, ni siquiera el Señor. Si a un hombre lo juzgaran por sus actos, no hay quien no fuera merecedor del infierno y del cielo. ¿Estás seguro de ser aún aquel hombre que dio muerte a su hermano?

Dijo el discípulo:

–Ya no entiendo la ira que me hizo desnudar el acero.

Dijo el maestro:

–Suelo hablar en parábolas para que la verdad se grabe en las almas, pero hablaré contigo como un padre habla con su hijo. Yo no soy aquel hombre que pecó; tú no eres aquel asesino y no hay razón alguna para que sigas siendo su esclavo. Te incumben los deberes de todo hombre: ser justo y ser feliz. Tú mismo tienes que salvarte. Si algo ha quedado de tu culpa yo cargaré con ella.

Lo demás de aquel diálogo se ha perdido.

LA LARGA BUSCA

Anterior al tiempo o fuera del tiempo (ambas locuciones son vanas) o en un lugar que no es del espacio, hay un animal invisible, y acaso diáfano, que los hombres buscamos y que nos busca.

Sabemos que no puede medirse. Sabemos que no puede contarse, porque las formas que lo suman son infinitas.

Hay quienes lo han buscado en un pájaro, que está hecho de pájaros; hay quienes lo han buscado en una palabra o en las letras de esa palabra; hay quienes lo han buscado, y lo buscan, en un libro anterior al árabe en que fue escrito, y aún a todas las cosas; hay quien lo busca en la sentencia Soy El Que Soy.

Como las formas universales de la escolástica o los arquetipos de Whitehead, suele descender fugazmente. Dicen que habita los espejos, y que quien se mira Lo mira. Hay quienes lo ven o entrevén en la hermosa memoria de una batalla o en cada paraíso perdido.

Se conjetura que su sangre late en tu sangre, que todos los seres lo engendran y fueron engendrados por él y que basta invertir una clepsidra para medir su eternidad.

Acecha en los crepúsculos de Turner, en la mirada de una mujer, en la antigua cadencia del hexámetro, en la ignorante aurora, en la luna del horizonte o de la metáfora.

Nos elude de segundo en segundo. La sentencia del romano se gasta, las noches roen el mármol.

DE LA DIVERSA ANDALUCÍA

Cuántas cosas. Lucano que amoneda
el verso y aquel otro la sentencia.
La mezquita y el arco. La cadencia
del agua del Islam en la alameda.
Los toros de la tarde. La bravía
música que también es delicada.
La buena tradición de no hacer nada.
Los cabalistas de la judería.
Rafael de la noche y de las largas
mesas de la amistad. Góngora de oro.
De las Indias el ávido tesoro.
Las naves, los aceros, las adargas.
Cuántas voces y cuánta bizarría
y una sola palabra. *Andalucía*.

GÓNGORA

Marte, la guerra. Febo, el sol. Neptuno,
el mar que ya no pueden ver mis ojos
porque lo borra el dios. Tales despojos
han desterrado a Dios, que es Tres y es Uno,
de mi despierto corazón. El hado
me impone esta curiosa idolatría.
Cercado estoy por la mitología.
Nada puedo. Virgilio me ha hechizado.
Virgilio y el latín. Hice que cada
estrofa fuera un arduo laberinto
de entretejidas voces, un recinto
vedado al vulgo, que es apenas, nada.
Veo en el tiempo que huye una saeta
rígida y un cristal en la corriente
y perlas en la lágrima doliente.
Tal es mi extraño oficio de poeta.
¿Qué me importan las befas o el renombre?
Troqué en oro el cabello, que está vivo.
¿Quién me dirá si en el secreto archivo
de Dios están las letras de mi nombre?

Quiero volver a las comunes cosas:
el agua, el pan, un cántaro, unas rosas...

TODOS LOS AYERES, UN SUEÑO

Naderías. El nombre de Muraña,
una mano templando una guitarra,
una voz, hoy pretérita que narra
para la tarde una perdida hazaña
de burdel o de atrio, una porfía,
dos hierros, hoy herrumbre, que chocaron
y alguien quedó tendido, me bastaron
para erigir una mitología.
Una mitología ensangrentada
que ahora es el ayer. La sabia historia
de las aulas no es menos ilusoria
que esa mitología de la nada.
El pasado es arcilla que el presente
labra a su antojo. Interminablemente.

PIEDRAS Y CHILE

Por aquí habré pasado tantas veces.
No puedo recordarlas. Más lejana
que el Ganges me parece la mañana
o la tarde en que fueron. Los reveses
de la suerte no cuentan. Ya son parte
de esa dócil arcilla, mi pasado,
que borra el tiempo o que maneja el arte
y que ningún augur ha descifrado.
Tal vez en la tiniebla hubo una espada,
acaso hubo una rosa. Entretejidas
sombras las guardan hoy en sus guaridas.
Sólo me queda la ceniza. Nada.
Absuelto de las máscaras que he sido,
seré en la muerte mi total olvido.

MILONGA DEL INFIEL

Desde el desierto llegó
en su azulejo el infiel.
Era un pampa de los toldos
de Pincén o de Catriel.

Él y el caballo eran uno,
eran uno y no eran dos.
Montado en pelo lo guiaba
con el silbido o la voz.

Había en su toldo una lanza
que afilaba con esmero;
de poco sirve una lanza
contra el fusil ventajero.

Sabía curar con palabras,
lo que no puede cualquiera.
Sabía los rumbos que llevan
a la secreta frontera.

De tierra adentro venía
y a tierra adentro volvió;
acaso no contó a nadie
las cosas raras que vio.

Nunca había visto una puerta,
esa cosa tan humana
y tan antigua, ni un patio
ni el aljibe y la roldana.

No sabía que detrás
de las paredes hay piezas
con su catre de tijera,
su banco y otras lindezas.

No lo asombró ver su cara
repetida en el espejo;
la vio por primera vez
en ese primer reflejo.

Los dos indios se miraron,
no cambiaron ni una seña.
Uno –¿cuál?– miraba al otro
como el que sueña que sueña.

Tampoco lo asombraría
saberse vencido y muerto;
a su historia la llamamos
la Conquista del Desierto.

MILONGA DEL MUERTO

Lo he soñado en esta casa
entre paredes y puertas.
Dios les permite a los hombres
soñar cosas que son ciertas.

Lo he soñado mar afuera
en unas islas glaciales.
Que nos digan lo demás
la tumba y los hospitales.

Una de tantas provincias
del interior fue su tierra.
(No conviene que se sepa
que muere gente en la guerra.)

Lo sacaron del cuartel,
le pusieron en las manos
las armas y lo mandaron
a morir con sus hermanos.

Se obró con suma prudencia,
se habló de un modo prolijo.
Les entregaron a un tiempo
el rifle y el crucifijo.

Oyó las vanas arengas
de los vanos generales.
Vio lo que nunca había visto,
la sangre en los arenales.

Oyó vivas y oyó mueras,
oyó el clamor de la gente.
Él sólo quería saber
si era o si no era valiente.

Lo supo en aquel momento
en que le entraba la herida.
Se dijo *No tuve miedo*
cuando lo dejó la vida.

Su muerte fue una secreta
victoria. Nadie se asombre
de que me dé envidia y pena
el destino de aquel hombre.

Un cúmulo de polvo se ha formado en el fondo del anaquel, detrás de la fila de libros. Mis ojos no lo ven. Es una telaraña para mi tacto.

Es una parte ínfima de la trama que llamamos la historia universal o el proceso cósmico. Es parte de la trama que abarca estrellas, agonías, migraciones, navegaciones, lunas, luciérnagas, vigilias, naipes, yunques, Cartago y Shakespeare.

También son parte de la trama esta página, que no acaba de ser un poema, y el sueño que soñaste en el alba y que ya has olvidado.

¿Hay un fin en la trama? Schopenhauer la creía tan insensata como las caras o los leones que vemos en la configuración de una nube. ¿Hay un fin de la trama? Ese fin no puede ser ético, ya que la ética es una ilusión de los hombres, no de las inescrutables divinidades.

Tal vez el cúmulo de polvo no sea menos útil para la trama que las naves que cargan un imperio o que la fragancia del nardo.

JUAN LÓPEZ Y JOHN WARD

Les tocó en suerte una época extraña.

El planeta había sido parcelado en distintos países, cada uno provisto de lealtades, de queridas memorias, de un pasado sin duda heroico, de derechos, de agravios, de una mitología peculiar, de próceres de bronce, de aniversarios, de demagogos y de símbolos. Esa división, cara a los cartógrafos, auspiciaba las guerras.

López había nacido en la ciudad junto al río inmóvil; Ward, en las afueras de la ciudad por la que caminó Father Brown. Había estudiado castellano para leer el *Quijote*.

El otro profesaba el amor de Conrad, que le había sido revelado en una aula de la calle Viamonte.

Hubieran sido amigos, pero se vieron una sola vez cara a cara, en unas islas demasiado famosas, y cada uno de los dos fue Caín, y cada uno, Abel.

Los enterraron juntos. La nieve y la corrupción los conocen.

El hecho que refiero pasó en un tiempo que no podemos entender.

LOS CONJURADOS

En el centro de Europa están conspirando.

El hecho data de 1291.

Se trata de hombres de diversas estirpes, que profesan diversas religiones y que hablan en diversos idiomas.

Han tomado la extraña resolución de ser razonables.

Han resuelto olvidar sus diferencias y acentuar sus afinidades.

Fueron soldados de la Confederación y después mercenarios, porque eran pobres y tenían el hábito de la guerra y no ignoraban que todas las empresas del hombre son igualmente vanas.

Fueron Winkelried, que se clava en el pecho las lanzas enemigas para que sus camaradas avancen.

Son un cirujano, un pastor o un procurador, pero también son Paracelso y Amiel y Jung y Paul Klee.

En el centro de Europa, en las tierras altas de Europa, crece una torre de razón y de firme fe.

Los cantones ahora son veintidós. El de Ginebra, el último, es una de mis patrias.

Mañana serán todo el planeta.

Acaso lo que digo no es verdadero; ojalá sea profético.

ÍNDICE

LUNA DE ENFRENTE (1925)

Cuaderno San Martín (1929)

El Hacedor (1960)

EL OTRO, EL MISMO (1964)

PARA LAS SEIS CUERDAS (1965)

EL ORO DE LOS TIGRES (1972)

LA ROSA PROFUNDA (1975)

LA MONEDA DE HIERRO (1976)

LA CIFRA (1981)